Lernu Esperanton kun la Plej Persekutata Popolo en la Historio

Esperanta B2 Legaĵo

Brian Smith

Copyright 2023

Brian Smith

Esperanto Graded Readers

For more books and E-book options visit:

www.briansmith.de

Babilonanoj

En la jaro 586 a.K., okazis grava evento en la historio de la antikva Proksima Oriento kaj judismo: la detruo de la Templo de Salomono fare de la Babilonanoj. Tiu evento markis decidan turnopunkton, kaj en la religia kaj kultura identeco de la juda popolo, kaj en la politikaj kaj sociaj strukturoj de tiu epoko.

La historia kunteksto de tiu evento estis karakterizita per politikaj streĉoj kaj militaj konfliktoj. La Regno de Judujo, kiu inkluzivis Jerusalemon kaj la Templon de Salomono, troviĝis en ĉiam pli danĝera situacio fronte al la potenca Babilona Imperio. La kreskanta tensio fine kondukis al la sieĝo de Jerusalemo fare de la Babilonanoj.

La Templo de Salomono, elstara simbolo de la juda kredo kaj majstroverko de arkitekturo, estis detruita dum tiu sieĝo. Ĝia detruo ne nur signifis militan venkon por la Babilonanoj, sed ankaŭ estis doloriga bato por la popolo de Judujo. La perdo de ilia spirita centro estis profunda humiligo kaj grava kultura malvenko.

La sekvoj de tiuj eventoj estis grandaj kaj profundaj. La detruo de la Templo kaj la posta deportado de granda parto de la loĝantaro al Babilono markis la komencon de la tiel nomata Babilona Ekzilo. Tiu periodo de devigita migrado kaj ekzilo ne nur havis sociekonomiajn sekvojn, sed ankaŭ daŭre influis la religian kaj kulturan identecon de la juda popolo. La diasporo, kiu formiĝis el tiu ekzilo, devigis la judojn nove difini kaj adapti sian identecon kaj siajn religiajn praktikojn en fremda lando.

La Falo

La Ombro super Jerusalemo

En la mallarĝaj, homplenaj stratoj de Jerusalemo, Abiatar rapide moviĝis, reflektante sian internan maltrankvilon. Kiel juna pastro el la Levi-gento, li estis profunde enradikiĝinta en la ĉiutagaj ritoj kaj ceremonioj de la Templo. Sed la Jerusalemo, kiun li amis, ne estis plu la sama. La urbo, ombrita de la Babilonanoj, suferis sub sieĝo, kiu ĉiutage ĉiam pli sufokis ĝian vivoforton.

Abiatar eniris la modestan hejmon de sia familio, loko, kiu iam estis plena de varmego kaj rido, sed nun regis malgaja silento. Lia patrino, Mirjam, sidis ĉe la fenestro, zorgoplene rigardante eksteren, dum lia patro, Eleazar, kun lacaj okuloj rigardis la malmultajn manĝaĵojn sur la tablo. Lia pli juna fratino, Dina, provis krei iom da gajeco preparante simplan manĝon.

"Abiatar, ĉu vi revenis? Kiel statas la Templo?" demandis lia patrino per voĉo markita de zorgo.

"Jes, panjo. La ceremonioj daŭras, sed la streĉo estas sentebla ĉie. La pastroj nur flustras inter si," li respondis kaj sidiĝis apud ŝi.

Eleazar rigardis supren. "Ni povas nur preĝi, ke tiu ĉi frenezaĵo baldaŭ finiĝos. Jerusalemo jam suferis tro longe."

Abiatar silente kapjesis. La sieĝo ne nur interrompis la provizadon de la urbo, sed ankaŭ frapis la spiritan koron. La Templo, la loko, kie li sentis sin plej proksima al Dio, nun estis simbolo de la premita espero de lia popolo.

La familio dividis la modestan manĝon, ago de unueco en tempo, kiam ĉiu peco da pano estis altvalora. Dina provis levi la etoson per rakonto el sia infanaĝo, sed ŝiaj vortoj perdiĝis en la pezo de la ĉambro.

Pli poste, kiam Abiatar staris sur la tegmento de ilia domo kaj rigardis super la urbo, li sentis, kiel la timo kaj necerteco kuŝis kiel malhela mantelo super Jerusalemo. La iamaj viglaj bazaroj estis malplenaj, la stratoj silentaj, interrompitaj nur de la okazaj vokoj de la gardistoj sur la muroj.

En la venontaj tagoj, la situacio plimalboniĝis. Novaĵoj pri bataloj kaj malvenkoj atingis la urbon. La muroj de Jerusalemo, kiuj iam ŝajnis nevenkeblaj, komencis kraki sub la senkompata premo de la Babilonanoj.

Iun vesperon, kiam la familio kunvenis, Eleazar parolis per peza voĉo: "Ni devas prepari nin por la plej malbona. Mi aŭdis onidirojn, ke la Babilonanoj baldaŭ povus trarompi."

Mirjam metis sian manon sur lian brakon. "Kio tiam okazos al ni? Kio okazos al nia kredo, nia Templo?"

Abiatar sentis, kiel la pezo de tiuj vortoj premegis lin. La penso pri la detruo de la Templo, la koro de ilia kredo, estis neeltenebla. Li rememoris la horojn pasigitajn en la Templo, la senton de proksimeco al Dio, kiun li trovis tie. Ĉio tio nun ŝajnis tiel malproksima, preskaŭ neatingebla.

Tiun nokton li apenaŭ povis dormi. La pensoj pri la alproksimiĝanta falo de Jerusalemo kaj de la Templo ne forlasis lin. Li sciis, ke la venontaj tagoj estos provo por lia kredo kaj forto, provo, kiu frapos ne nur lin, sed la tutan judan popolon.

Kiam la unuaj sunradioj de la nova tago enpenetris tra la fenestro, Abiatar leviĝis, firme decidita plenumi siajn devojn en la Templo, malgraŭ la premeganta mallumo, kiu superis Jerusalemon. Tio estis pli ol nur rutino; ĝi estis ago de rezisto, silenta atesto pri la neestingebla spirito de lia popolo.

La Falo

La sorto de Jerusalemo estis klare videbla ĉe la horizonto. La suno subiris, kiam la Babilonanoj fine trarompis la murojn de Jerusalemo, kaj la aero pleniĝis de miksaĵo de polvo, fumo, kaj la surdiga bruo de bataloj. Abiatar, kiu rigardis de la tegmento de sia domo, ne povis kredi, ke la tago, kiun li tiom timis, finfine alvenis.

Li rapidis malsupren al sia familio. "Ni devas kaŝi nin," li kriis, dum li enkuris tra la pordo. Lia patrino, kun larmoj en la okuloj, silente kapjesis. La penso pri fuĝo estis nur iluzio; ili sciis, ke ili ne povus eskapi la minacan danĝeron.

Dum ili kuris tra la ruiniĝantaj str,toj, ili vidis, kiel la Babilonanoj prirabas la urbon. Abiatar gvidis sian familion al malvasta strateto, esperante trovi tie provizoran rifuĝon. La sonoj de la batalo atingis iliajn orelojn kiel la tondrado de malproksima ŝtormo.

Sed ilia rifuĝo ne daŭris longe. Babilonaj soldatoj trovis ilin kaj eltiris ilin el sia kaŝejo. Abiatar estis apartigita de sia familio, kiam ili, kune kun aliaj Judoj, estis katenitaj kaj forkondukitaj.

La marŝo tra la urbo estis turmenta. Ĉie ĉirkaŭ li estis signoj de detruo, la stratoj ruĝaj de la sango de murditaj Judoj. Sed nenio frapis lin pli forte ol la vido de la Templo, kiu brulis en flamoj. Lia koro rompiĝis ĉe tiu vidaĵo. La Templo, la centro de lia kredo kaj komunumo, estis detruata antaŭ liaj okuloj.

Li aŭdis la ploron kaj malesperon de siaj samlandanoj ĉirkaŭ li. "Kiel ili povis detrui nian plej sanktan lokon?" li aŭdis iun singulti.

Abiatar povis nur silente kapjesi, larmoj fluante laŭ liaj vangoj. La Templo estis pli ol nur konstruaĵo; ĝi estis simbolo de ilia ligo al Dio, loko, kiu donis sekurecon kaj esperon al generacioj de Judoj.

La kaptitoj estis kondukitaj ekster la urbomurojn, kie ili atendis sian sorton. Abiatar malespere ĉirkaŭrigardis, esperante ekvidi sian familion, sed vane. Ili perdiĝis en la amaso de kaptitoj, ĉiu kaptita en sia propra doloro.

Tiun nokton, sub la malferma ĉielo, ĉirkaŭita de siaj suferantaj samlandanoj, Abiatar sentis sin tute perdita. La perdo de la Templo kaj la necerteco pri la sorto de lia familio estis pezo, kiun li apenaŭ povis porti.

La sekvan tagon, la kaptitoj estis devigitaj komenci longan marŝon al kaptiteco. La vojo gvidis ilin tra senesperaj pejzaĝoj, malproksime de la hejmo, kiun ili konis kaj amis. Dum la marŝo, ili interŝanĝis rakontojn, memorojn pri la Jerusalemo, kiu ne plu ekzistis, kaj revojn pri reveno, kiu ŝajnis ĉiam malpli verŝajna.

Abiatar trovis konsolon en la vortoj de siaj kunkaptitoj, kiuj, malgraŭ sia malespero, ne perdis sian kredon. "Ni ne rezignu pri espero," diris maljuna viro apud li. "Dio ne forlasos nin, eĉ se nia vojo estas tre malfacila."

Tiuj vortoj donis al Abiatar la forton pluiri, kvankam lia koro restis peza. La tagoj fariĝis semajnoj, kaj la semajnoj monatoj. La longa marŝo al la Babilona kaptiteco ne estis nur fizika vojaĝo, sed ankaŭ spirita, plena je kredo, espero, kaj la neskuebla forto de popolo, kiu pluvivis malgraŭ la plej mallumaj horoj de sia historio.

La longa marŝo al Babilono

La suno senkompate brulis en la ĉielo, dum Abiatar kaj la aliaj ekzilitoj pluiris laŭ la senfina vojo al Babilono. Polvovualoj kirliĝis ĉirkaŭ iliaj lacaj piedoj, dum ili marŝis tra la senespera pejzaĝo. Ilia vojaĝo estis markita de suferoj, malsato, kaj la konstanta necerteco pri tio, kio atendis ilin.

Abiatar, iam respektata pastro en la Templo de Jerusalemo, nun troviĝis en mondo tiom malproksima de ĉio, kion li iam konis. Liaj pensoj senĉese turniĝis ĉirkaŭ lia familio. 'Ĉu ili ankoraŭ vivas? Ĉu ni iam revidos unu la alian?', li sin demandis senĉese.

Apud li marŝis Eliezer, maljuna viro, kiu iam estis komercisto en Jerusalemo. Malgraŭ la malfacilaĵoj de la marŝo kaj la senespera stato de ilia situacio, Eliezer konservis trankvilan kaj konstantan kredon. „Dio provas nin, Abiatar. Sed Li ne forlasis nin," li diris unuvespere, kiam ili sidis elĉerpitaj ĉe la tendarfajro.

„Foje mi demandas min, ĉu Dio ankoraŭ aŭskultas," respondis Abiatar amare.

Eliezer metis manon sur la ŝultron de Abiatar. „Mi komprenas vian doloron. Sed nia kredo gvidos nin tra ĉi tiu mallumo. Ni ne rajtas perdi esperon."

Tagoj kaj noktoj pasis en nebula ritmo de marŝado, malabundaj manĝoj, kaj maltrankvilaj dormoj. La memoroj pri Jerusalemo komencis paliĝi, forpuŝitaj de la malmola realo de ilia ĉiutaga lukto por pluvivo.

En trankvilaj momentoj, la ekzilitoj dividis rakontojn pri sia antaŭa vivo, pri festotagoj en la Templo, la vigla tumulto en la bazaroj, kaj la varmo de familia kunvivado. Tiuj rakontoj estis kiel malforta lumradio en la mallumo, mallonga rememoro pri perdita mondo.

Abiatar sentis sin ĉiam pli fremda al la viro, kiu li iam estis. Lia rolo kiel pastro, lia spirita ligo, kaj lia kredo ŝajnis tiel foraj. La konstanta ĉeesto de la Babilonaj gardistoj, kiuj akompanis ilin, estis konstanta memorigilo, ke ilia sorto nun estis en la manoj de aliaj.

Unu nokton, dum ili kuŝis sub la steloj, Abiatar parolis kun juna viro nomata Benjamin, kiu perdis siajn gepatrojn dum la konkero de Jerusalemo. „Mi tiom sopiras mian patrinon kaj mian patron,” diris Benjamin mallaŭte. „Foje mi demandas min, ĉu ĉio ĉi entute havas sencon.”

Abiatar ne havis respondojn por li. Lia propra koro estis plena de duboj kaj demandoj, por kiuj ne ekzistis facilaj respondoj.

Kiam ili finfine atingis Babilonon, sento de elĉerpiĝo kaj senkonsola konscio disvastiĝis inter la ekzilitoj. La potencaj muroj kaj la pendantaj ĝardenoj de la urbo estis imponaj, sed ankaŭ timigaj vidaĵoj.

La Babilonanoj asignis al ili loĝejon, apartigitan de la resto de la urbo. „Jen estos nia nova hejmo,” diris Eliezer, kiam ili ekloĝis en la setlejo. „Ni devas fari la plej bonan el ĉi tio.”

Abiatar rigardis la fremdajn stratojn kaj konstruaĵojn, kiuj disvastiĝis antaŭ li. Li sentis sin perdita en ĉi tiu nova mondo, kaptito en fremda lando. Tamen, profunde en sia interno, li sciis, ke li devas trovi manieron konservi sian kredon kaj identecon en ĉi tiu nova realo. Li devis trovi manieron krei esperon por si mem kaj por la aliaj ekzilitoj, en mondo, kiu tiom malmulte rememorigis pri tiu, kiun ili iam nomis sia hejmo.

La Vivo en Ekzilo

La vivo en Babilono estis por Abiatar kaj la aliaj ekzilitoj konstanta defio. Ili estis devigitaj adaptiĝi al fremda kulturo, dum ili samtempe klopodis konservi siajn proprajn tradiciojn kaj sian kredon.

Abiatar ofte trovis sin en la mallarĝaj, homplenaj stratoj de Babilono, ĉirkaŭita de ekzotaj odoroj, fremdaj lingvoj, kaj la kolora diverseco de la bazaro. La tumulto estis tiom malsama ol tiu en Jerusalemo; li sentis, kvazaŭ li estus translokigita al tute alia mondo.

Unu tagon, dum li promenis tra la bazaro, li renkontis grupon de judaj ekzilitoj, kiuj estis kolektiĝintaj ĉirkaŭ pli aĝa viro. La viro, kies nomo estis Ezra, pasie parolis pri la graveco de resti fidelaj al siaj tradicioj. „Ni ne rajtas perdi nian identecon," li emfazis. „Ni devas festi niajn festojn, praktiki nian kredon, kaj rakonti niajn historiojn por resti vivaj."

Abiatar tuj sentis sin allogita al ĉi tiu grupo. Li pasigis multan tempon kun ili, lernante iliajn rakontojn kaj dividante siajn proprajn. Tiuj renkontiĝoj fariĝis grava parto de lia vivo en Babilono kaj donis al li senton de komunumo kaj aparteno.

Tamen, la vivo en ekzilo ne estis sen konfliktoj. La interagado kun la babilona socio ofte alportis miskomprenojn kaj tensiojn. Multaj Babilonanoj rigardis la ekzilitojn kun suspekto aŭ eĉ malestimo. Abiatar kaj liaj kunuloj devis lerni, kiel elteni en ĉi tiu nova medio, sen perdi sian propran identecon.

Abiatar ankaŭ spertis momentojn de proksimiĝo kaj interŝanĝo. Li renkontis Babilonanojn, kiuj estis scivolemaj pri lia kulturo kaj pretaj lerni de la ekzilitoj. En tiaj momentoj, li sentis fajreron de espero, ke kompreno kaj respekto povus esti eblaj.

Sed la defioj estis ĉieaj. La plenumado de religiaj ceremonioj kaj festoj ofte estis delikata ekvilibro, ĉar la babilonaj aŭtoritatoj ne ĉiam toleris ilin. La ekzilitoj devis esti kreemaj por sekrete kaj tamen signife aranĝi siajn ritojn.

Iam, Ezra organizis sekretan feston de Purim en kaŝita ĉambro. La komunumo silente kunvenis por aŭskulti la historion de Ester kaj festi, ke ili sukcesis konservi sian identecon. „Niaj rakontoj donas al ni forton," flustris Ezra. „Ili memorigas nin pri tio, kiuj ni estas kaj ke ni povas trovi lumon eĉ en la plej malluma tempo."

Abiatar trovis konsolon en tiuj vortoj. Ili rememorigis lin, ke malgraŭ ĉiuj malfacilaĵoj, la perdo de ilia hejmlando kaj la doloro de ekzilo, ili ankoraŭ estis komunumo, ligita per sia historio, sia kredo, kaj siaj esperoj.

Dum la jaroj pasis, la ekzilitoj malrapide adaptiĝis al la vivo en Babilono. Ili kreis novajn komunumojn, fondis familiojn, kaj trovis manierojn por gajni sian vivtenon. Tamen, profunde en siaj koroj, la sopiro al Jerusalemo, al la lando de siaj prapatroj, restis konstanta akompananto.

Por Abiatar, la vivo en ekzilo signifis ne nur supervivon en fremda lando, sed ankaŭ la konservadon de sia identeco kiel Judo. Li komprenis, ke ilia kulturo kaj kredo vivas en ili, kie ajn ili troviĝus. En tiu konscio, li trovis novan specon de paco kaj decidon vivi vivon en fremda lando, kiu tamen restis profunde enradikiĝinta en la tradicioj kaj konvinkoj, kiuj tiom multe signifis por li.

La Flustro de Espero

Dum la jaroj de ekzilo en Babilono, la judaj komunumoj disvolvis novajn formojn de diservo kaj komunumorganizado. Abiatar observis kaj partoprenis en ĉi tiuj ŝanĝoj, kiuj fariĝis grava parto de lia vivo.

Unu tagon, dum li promenis tra la polvaj stratoj de Babilono, li aŭdis pri kunveno, kiu okazus en kaŝita ĉambro. Scivolema, li akceptis la inviton kaj trovis sin en ĉambro plena de viroj, virinoj, kaj infanoj, kiuj venis por preĝi kaj studi la Toron. La ĉambro estis simpla, sed por Abiatar ĝi sentis kvazaŭ li estus denove hejme.

Pli aĝa viro nomata Mordekajo gvidis la kunvenon. Li parolis pri la graveco resti fidelaj al siaj radikoj kaj pri la espero, kiu vivas en iliaj koroj. „Niaj tradicioj estas la lumo, kiu gvidas nin tra ĉi tiuj malhelaj tempoj," li diris per firma voĉo.

Abiatar estis kortuŝita de la vortoj de Mordekajo kaj baldaŭ fariĝis regula vizitanto de ĉi tiuj kunvenoj. Li trovis konsolon en la preĝoj kaj en la studo de la skribaĵoj. Kun la tempo, li mem komencis preni pli malgrandajn taskojn, legante el la Torao kaj diskutante kun aliaj pri la signifoj de la tekstoj. Tiuj spertoj riĉigis lian vivon kaj helpis lin adaptiĝi al la vivo en ekzilo.

La jaroj pasis, kaj de tempo al tempo aperis onidiroj kaj espero pri reveno al Jerusalemo. Tiuj konversacioj ofte estis farataj mallaŭte kaj singarde, kvazaŭ ili timus, ke tro da espero povus esti danĝera.

Iun vesperon, post kunveno, Abiatar sidiĝis kun kelkaj amikoj. „Ĉu vi aŭdis?" komencis unu el ili, juna viro nomata Eli. „Estas onidiroj, ke persa reĝo povus konkeri Babilonon kaj permesi al ni reveni."

La grupo aŭskultis atente. „Ĉu vi kredas, ke tio estas ebla?" demandis pli aĝa virino nomata Sara. „Post tiom multaj jaroj ĉi tie, ĉu ni vere povus reveni?"

„Ni devas konservi la esperon," diris Abiatar. „Jerusalemo ĉiam estos nia hejmo, sendepende de kiom longe ni estas ĉi tie. Ni ne rajtas ĉesi revi kaj preĝi."

La konversacioj pri ebla reveno donis al la ekzilitoj ion, al kio ili povis kroĉi sin. Por Abiatar, tiuj momentoj estis kiel lumradio en la mallumo. Ili rememorigis lin, ke ilia historio ankoraŭ ne estis finita kaj ke ĉiam ekzistas loko por espero.

Dum ĉi tiu tempo de atendado kaj necerteco, Abiatar plifortiĝis en sia rolo en la komunumo. Li fariĝis respektata instruisto kaj konsilanto, al kiu homoj venis kiam ili bezonis konsilon aŭ konsolon. Li trovis profundan plenumon en ĉi tiu rolo kaj sentis, ke malgraŭ la perdo de sia hejmo kaj la Templo, li havis celon en la vivo.

Sed profunde en sia koro, la sopiro al Jerusalemo daŭre brulis. En silentaj momentoj, kiam li estis sola, liaj pensoj ofte vagis reen al la stratoj de Jerusalemo, al la rememoroj pri sia infanaĝo kaj juneco. Tiuj pensoj estis samtempe dolĉaj kaj doloraj, konstanta memorigilo pri tio, kio estis perdita kaj kio eble iam povus reveni.

La espero pri reveno al Jerusalemo restis mallaŭta flustro en la komunumo, delikata fajro, kiu brulis en iliaj koroj. Ĝi estis espero, kiu portis Abiataron kaj la aliajn ekzilitojn tra la plej malhelaj tagoj, promeso, kiu briletis en la malproksimo kaj donis al ili la forton daŭrigi. Ili ne sciis, kion la estonteco alportos, sed ili sciis, ke dum ili staras kune kaj tenas sin al siaj tradicioj, ili povus venki ĉiun defion, kiu starus antaŭ ili.

La Revo pri Reveno

En Babilono, la politika pejzaĝo komencis ŝanĝiĝi, dum la Persa Imperio akiris potencon. Tiuj ŝanĝoj alportis novajn diskutojn kaj spekuladojn inter la ekzilitoj, precipe pri ilia estonteco kaj la ebleco de reveno al Jerusalemo.

Abiatar, nun en maljunaĝo, pasigis multan tempon pripensante la signifon de hejmo kaj la Templo. Li rememoris la belecon de la Templo, la forton de ĝiaj muroj, kaj la profundecon de la kredo, kiun li tie sentis. „Kion signifus reveni post tiom da jaroj?" li ofte demandis al si.

Unu tagon, dum Abiatar estis en la komunumo, venis ekscita novaĵo: la persa reganto anoncis, ke la Judoj rajtos reveni al Jerusalemo. La novaĵo disvastiĝis rapide, kaj baldaŭ la tuta komunumo pleniĝis de konversacioj kaj planoj por la ebla reveno.

Abiatar estis superŝutita de miksitaj sentoj. Unuflanke, li ĝojis pri la perspektivo revidi Jerusalemon, sed aliflanke, li demandis sin, kio atendus ilin tie. „Kiom da aferoj ŝanĝiĝis? Kiom da Jerusalemo restas el la urbo, kiun ni konis?" li pensis.

La sekvan sabaton, la komunumo kunvenis por diskuti la novaĵon. Mordekajo, la pli aĝa viro, kiu gvidis la kunvenojn, parolis al la amaso: „Jen momento, kiun ni tiel longe atendis. Ni staras antaŭ granda decido. Iuj el ni iros, aliaj restos. Sed negrave, kion ni elektos, ni restas komunumo, ligita per nia kredo kaj nia historio."

La diskutoj daŭris en la venontaj semajnoj. Abiatar pasigis multajn horojn parolante kun aliaj, aŭskultante iliajn pensojn kaj timojn. Li sentis sin disŝirita. Unuflanke, li sentis fortan allogon al Jerusalemo, sed aliflanke, li konstruis vivon en Babilono, havis amikojn kaj komunumon, kiujn li kare amis.

Unu vesperon, dum li sidis en sia modesta hejmo, liaj nepoj venis al li. „Avo, ĉu vi revenos al Jerusalemo?" demandis la plej juna, scivolema knabo nomata Daniel.

Abiatar rigardis en la atendoplenajn okulojn de sia nepo kaj sentis, kiel profunde tiu demando resonis. „Mi ankoraŭ ne scias, Daniel," li respondis milde. „Jerusalemo estas parto de mi, sed mi ankaŭ konstruis ĉi tie vivon."

En la venontaj tagoj, Abiatar intense pripensis sian decidon. Li promenis tra la stratoj de Babilono, preterpasis la lokojn, kiuj fariĝis konataj al li dum la jaroj de ekzilo. Li pensis pri la homoj, kiujn li tie konis, pri la komunumo, kiun li konstruis, kaj pri la junuloj, kiuj neniam konis alian hejmon.

Iun matenon, kiam li sidis ĉe la bordo de la rivero kaj rigardis en la malproksimon, Abiatar sentis profundan klarecon en sia koro. Li sciis, kion li devis fari. Li revenis al la komunumo kaj anoncis sian decidon. „Mi restos en Babilono," li diris. „Mia koro apartenas al Jerusalemo, sed mi estas tro maljuna por la longa vojo, kaj mia tasko estas ĉi tie, kun vi, en ĉi tiu komunumo, kiun ni kune konstruis. Mi estos kun vi en viaj koroj, kiam vi revenos al Jerusalemo."

La anonco estis akceptita kun miksitaj reagoj. Iuj estis malĝojaj, ke Abiatar ne venos kun ili, aliaj komprenis kaj respektis lian decidon. Por Abiatar, ĝi estis dolĉamara momento, adiaŭo al revo, sed ankaŭ konfirmo de lia ligo al la homoj kaj la vivo, kiun li trovis en Babilono.

Dum la tagoj de foriro alproksimiĝis, Abiatar helpis en la preparoj kaj subtenis la komunumon. Li donis konsilojn, dividis sian saĝon, kaj certigis, ke tiuj, kiuj foriros, estu bone pretaj.

Je la tago de foriro, Abiatar staris ĉe la urbopordo kaj adiaŭis tiujn, kiuj foriris. Estis larmoj kaj brakumoj, vortoj de konsolo kaj espero. Kiam la karavano ekiris, Abiatar rigardis ilin for, ĝis ili malaperis ĉe la horizonto.

Li revenis al sia hejmo, kiu nun estis pli silenta kaj pli malplena. Sed li ne sentis sin sola. Li sciis, ke li estas grava parto de la komunumo, ke lia rolo ĉi tie ankoraŭ ne estis finita. Li sidiĝis ĉe sia tablo, prenis skribrulaĵon kaj komencis verki, registrante siajn pensojn kaj sentojn, siajn esperojn kaj revojn. Ĝi estis nova komenco, nova ĉapitro en lia vivo, kaj li estis preta alfronti ĝin kun sincera koro.

La Reveno

Dum la grupo de ekzilitoj prepariĝis por la vojaĝo al Jerusalemo, la etoso en la komunumo estis miksita. Estis adiaŭo al Babilono, loko, kiu dum multaj jaroj signifis kaj suferon kaj kreskon.

Mordekajo, la gvidanto de la revenantoj, staris antaŭ sia familio kaj amikoj, liaj okuloj plenaj de decidemo kaj espero. „Ni lasas multon malantaŭ ni," li diris, „sed ni revenas por rekonstrui nian patrujon. Ni portas la memorojn pri niaj prapatroj kun ni, kaj ni revivigos Jerusalemon."

La vojaĝopreparoj estis intensaj. Ĉiu familio pakis la plej necesajn aferojn, lasante multajn objektojn kaj memoraĵojn. La adiaŭo al tiuj, kiuj decidis resti en Babilono, estis korŝira. Fluis larmoj, brakumoj estis interŝanĝitaj, kaj adiaŭaj vortoj estis diritaj.

La vojaĝo mem estis longa kaj elĉerpa. La karavano trairis vastajn dezertojn kaj transiris krutajn montojn. Dumvoje estis momentoj de ĝojo kaj kanto, sed ankaŭ tempoj de silento kaj reflekto.

Daniel, la nepo de Abiatar, kiu decidis reveni kun sia familio al Jerusalemo, ofte sidis ĉe la tendarfajro kaj rigardis en la flamojn. „Mi demandas min, kiel Jerusalemo aspektos," li diris al sia patrino, Mirjam. „Avo tiom multe parolis pri ĝi, sed mi apenaŭ povas imagi, kiel ĝi vere estas.”

Mirjam metis sian brakon ĉirkaŭ li. „Ĝi estos malsama ol ĝi estis,” ŝi diris milde. „Sed ni konstruos tie novan vivon, kune kun la aliaj.”

Post semajnoj da vojaĝo, ili finfine atingis la montetojn de Judujo. La aero estis plena de miksaĵo de ekscito kaj nervozeco. Kiam ili proksimiĝis al Jerusalemo, profunda silento ekregis la grupon.

La unuaj vidoj de Jerusalemo estis ŝokaj. La iam glora urbo kuŝis en ruinoj. La muroj estis detruitaj, kaj la Templo, iam la koro de la juda kredo, estis nur amaso da ŝtonoj.

Mordekajo haltis, kiam li vidis la ruinojn. „Jen nia Jerusalemo,” li diris per voĉo sufokita de larmoj. „Sed ĉi tio ne estas la fino. Ĝi estas komenco. Ni rekonstruos ĉi tie, ŝtono post ŝtono, espero post espero.”

La grupo eniris la urbon kun sento de respekto kaj admiro. Ili iris tra la stratoj, preter la detruitaj domoj kaj placoj, ĉiu paŝo estis atesto de la pasinteco kaj paŝo al la estonteco.

En la sekvaj tagoj, ili komencis purigi kaj rekonstrui. Estis giganta tasko, sed ili estis deciditaj. Sub la ruinoj ili trovis fragmentojn de la pasinta vivo – rompitajn potojn, bruligitajn skribrulaĵojn, forgesitajn ludilojn.

Mordekajo organizis kunvenon por plani la estontecon. „Ni revenis por rekonstrui nian heredon,” li diris. „Ĉiu el ni havas rolon por ludi. Ni rekonstruos ne nur niajn domojn, sed ankaŭ nian komunumon kaj nian kredon.”

La tagoj estis malfacilaj kaj longaj, sed la komunumo laboris senlace. Ili dividis manĝaĵon kaj akvon, helpis unu la alian en la konstruado de loĝejoj kaj en la starigo de provizora sinagogo.

Daniel, la juna nepo de Abiatar, trovis meze de la ruinoj malgrandan, nedifektitan olivarbon. „Rigardu, panjo,” li diris. „Tio estas signo. Signo de vivo kaj espero.”

Mirjam ridetis kaj brakumis sian filon. „Jes, Daniel," ŝi diris. „Ĝi estas ĝuste tio. Signo, ke la vivo daŭras, eĉ meze de detruo kaj perdo. Ni kreskos, kiel tiu arbo, fortaj kaj rezistemaj."

Dum la suno subiris super la novaj muroj de Jerusalemo, la homoj sidis kune, dividante rakontojn kaj planojn por la estonteco. Estis dolĉamara momento – funebro pri la perdoj, sed ankaŭ ĝojo kaj espero pri tio, kio ankoraŭ venos.

En Babilono, Abiatar sidis en sia hejmo kaj pensis pri sia familio kaj amikoj en Jerusalemo. Li ekbruligis kandelon kaj preĝis por ilia sekureco kaj sukceso. „Ke Dio ilin gvidu kaj protektu," li flustris. „Ke Jerusalemo denove brilu, en lumo kaj paco."

La rakonto finiĝas ĉi tie, sed ĝi estas pli ol nur rakonto pri reveno; ĝi estas atesto pri la homa rezisto kaj kredo, rakonto pri perdo kaj espero, pri detruo kaj rekonstruo, pri funebro kaj ĝojo. Ĝi estas rakonto, kiu ankoraŭ vivas en la koroj kaj en la kredo de multaj homoj.

La persekutoj sub Antioĥo IV Epifano

En la jaroj 168-167 a.K., la antikva Judismo travivis unu el siaj plej malhelaj kaj turmentaj periodoj sub la regado de Antioĥo IV Epifano, la reĝo de la Seleŭkida Imperio. Tiu ĉi periodo estas karakterizita per severaj subpremoj de judaj ritoj kaj la hontinda profanado de la Dua Templo en Jerusalemo. Por plene kompreni la amplekson kaj sekvojn de tiuj eventoj, estas grave klarigi la fonon de la regado de Antioĥo en Judujo.

Antioĥo IV Epifano ekregis danke al sia heredo de la Seleŭkida Imperio, unu el la posteulaj ŝtatoj de Aleksandro la Granda. La Seleŭkida Imperio, kiu etendiĝis tra grandaj partoj de la Proksima Oriento, falis sub la kontrolon de diversaj diadoĥoj, do posteuloj aŭ generaloj de Aleksandro, post lia morto kaj la posta disfalo de lia imperio. Antioĥo, kiel posteulo de tiuj diadoĥoj, heredis la regadon super tiu ĉi imperio.

La kontrolo super Judujo, kiu antaŭe estis parto de la Ptolemea Imperio, alia posteula ŝtato de Aleksandro, venis en la manojn de la Seleŭkidoj per politikaj kaj militaj manovroj. Tamen, dum la tempo de Antioĥo IV Epifano, la Seleŭkida Imperio komencis alfronti internajn kaj eksterajn malfacilaĵojn, inkluzive de kreskanta premo fare de la Romia Imperio kaj riberoj en siaj propraj provincoj.

En ĉi tiu streĉita situacio, Antioĥo IV entreprenis radikalajn paŝojn por fortigi la unuecon kaj grekan kulturon de sia imperio, inkluzive de la subpremado de ĉiuj ne-grekaj kulturoj kaj religioj. En Judujo, tio rezultigis malpermeson de judaj religiaj praktikoj kaj la enkondukon de grekaj kultoj. La profanado de la Dua Templo, sankta centro de la juda kredo, per la starigo de statuo de Zeŭso kaj la plenumo de ne-judaj oferoj, estis kulmino de ĉi tiu persekutado.

Tiuj agoj kaŭzis amasajn ribelojn, kulminante en la Makabea Ribelo, kiu fariĝis centra fazo en la juda historio, ne nur kiel religia rezisto, sed ankaŭ kiel nacia liberiga batalo.

Rubo kaj Triumfo

Mondo en Ŝanĝo

La vivo en la eta vilaĝo proksime al Jerusalemo estis simpla kaj profunde religiema. Eliana, juna virino en siaj fruaj dudekaj jaroj, ofte pasigis siajn tagojn en la ĉirkaŭaj kampoj, kie ŝi kolektis herbojn, aŭ en la eta sinagogo, kie ŝi studis la skribaĵojn. Ŝia patro, Simon, respektata maljunulo en la vilaĝo, instruis al ŝi la gravecon de kredo kaj tradicio.

Unu matenon, dum Eliana dispecigis kuracajn herbojn, ŝi aŭdis rapidajn paŝojn. Ŝia patrino, Miriam, eniris kun zorgoplena vizaĝo. "Eliana, rapide, venu! Via patro havas novaĵojn el la urbo," ŝi vokis. Eliana, maltrankvile, sekvis sian patrinon al la sinagogo.

En la sinagogo regis streĉa silento. La vilaĝanoj estis kolektitaj por aŭskulti la vortojn de Simon. Per peza voĉo, li komencis: "Fratoj kaj fratinoj, estas novaĵoj el Jerusalemo. Reĝo Antioĥo IV eldonis novajn leĝojn, kiuj minacas nian vivmanieron. Li malpermesas niajn sanktajn ritojn, eĉ la cirkumcidon, la sabaton kaj la studadon de niaj leĝoj." Murmuro trapasis la homamason.

Eliana sentis malvarman tremon tra sia dorso. "Kion tio signifas por ni, patro?" ŝi demandis mallaŭte.

Simon rigardis ŝin per malĝojaj okuloj. "Ĝi signifas, ke ni alfrontas provon de nia kredo kaj forto."

En la sekvaj tagoj, la vivo en la vilaĝo draste ŝanĝiĝis. La vilaĝanoj praktikis siajn ritojn sekrete, kaj multaj timis forlasi siajn hejmojn. Eliana helpis kie ajn ŝi povis, zorgante pri la malsanuloj kaj konsolante la timigitajn. Ŝi vidis, kiel pli aĝaj homoj, kiuj iam fiere praktikis sian religion, nun vivis en timo kaj necerteco.

Unu tagon, juna viro nomata Joelo venis al la vilaĝo. Li estis fuĝinta el Jerusalemo kaj alportis novaĵojn pri la persekutoj tie. "Ili profanis la Templon," li raportis per tremanta voĉo. "Ili starigis statuon de Zeŭso kaj faris nesanktajn oferojn."

La vilaĝo estis ŝokita. La profanado de la Templo estis peza bato por la vilaĝanoj, kiu profunde vundis iliajn korojn. Eliana povis vidi larmojn en la okuloj de multaj vilaĝanoj.

Dum la noktoj, ŝi ofte parolis kun sia patro pri siaj timoj. "Kiel ni povas konservi nian kredon en tiaj tempoj, patro?" ŝi demandis.

"Eliana, nia kredo fariĝos nur pli forta pro ĉi tiuj provoj," respondis Simon. "Ni devas resti unuiĝintaj kaj trovi nian vojon. Dio gvidos nin."

Eliana sentis sin fortigita de tiuj vortoj, sed ankaŭ la necerteco restis. Ŝi sciis, ke malfacilaj tempoj estis antaŭ ili, sed ŝi estis decidita protekti sian kredon kaj sian komunumon.

En la sekvaj semajnoj, la subpremo intensiĝis. La novaĵoj el Jerusalemo kaj aliaj urboj fariĝis ĉiam pli maltrankviligaj. Eliana kaj ŝia vilaĝo staris ĉe la rando de grandega ŝanĝo, kiu ŝanĝos ilian mondon por ĉiam.

La Profanado

Eliana sentis fortan deziron vidi per siaj propraj okuloj, kio okazis en Jerusalemo. Malgraŭ la avertoj de sia patro, ŝi ekiris. La vojaĝo estis danĝera, kaj ŝi envolviĝis por ne altiri atenton. Kiam ŝi eniris la sanktan urbon, ŝi sentis sin kvazaŭ en fremda mondo. Ĉie estis la soldatoj de la reĝo, kaj la aero estis saturita de timo kaj malfido.

Kiam ŝi alproksimiĝis al la Dua Templo, ŝia spiro haltis. La Templo, iam loko de pureco kaj dediĉo, nun estis malbeligita de fremdaj idoloj. Eliana sentis, kiel ŝia koro dolorigis en la brusto. Ŝiaj okuloj plenigis je larmoj, kiam ŝi vidis, kiel la soldatoj de la Seleŭkidoj rabas la trezorojn de la Templo kaj oferas nesanktajn oferojn sur la altaro.

Ŝi renkontis grupon de Judoj, kiuj sidis kunpremitaj en angulo de la korto de la Templo, iliaj vizaĝoj markitaj de malĝojo kaj malespero. Unu el ili, maljuna viro kun malgajaj okuloj, diris al ŝi: "Ĉu vi vidas, filino, kion ili faris al nia plej sankta loko? Kiel ni nun povas plu kredi je la boneco de Dio?"

Eliana ne havis respondon. Ŝi sentis profundan malplenon en si, kvazaŭ parto de ŝia animo estus detruita kune kun la Templo. Ŝi vagis tra la stratoj de Jerusalemo kaj vidis, kiel malespero kaj timo reflektiĝis en la vizaĝoj de la homoj. Ĉie estis la eĥo de sufero.

En malgranda strateto ŝi renkontis grupon de junaj viroj, kiuj sekrete studis la skribaĵojn. Unu el ili, Jonatano, rimarkis ŝin kaj parolis al ŝi. "Ĉu vi venis por serĉi konsolon en la vortoj de Dio?" li demandis. Eliana kapjesis silente.

Ŝi sidiĝis apud ili, kaj dum ili legis la antikvajn tekstojn, ŝi sentis, kiel fajrero de espero ekflamis en ŝi. "Ni ne rajtas rezigni pri nia kredo, negrave kio okazos," diris Jonatano pasie. "Tio estas tio, kio tenas nin kune kiel popolo."

Eliana pasigis la tagon kun la grupo, kaj kiam ŝi pretis foriri, Jonatano diris: "Revenu al via vilaĝo kaj rakontu al ili, ke la spirito de nia popolo ne estas rompita. Ni daŭre vivos nian kredon, kaŝe, se necese."

Sur la vojo reen al la vilaĝo, Eliana pripensis tion, kion ŝi vidis kaj travivis. La profanado de la Templo estis grava bato, sed la vortoj de Jonatano vekis en ŝi novan decidon. Ŝi sciis, ke la venontaj tagoj estos plenaj de defioj, sed ŝi sentis sin pli bone preparita por alfronti ilin.

Kiam ŝi revenis al la vilaĝo, ŝi estis brakumita de sia familio kaj la vilaĝanoj. Ŝia patro rigardis ŝin maltrankvile, sed ankaŭ kun fajrero de fiero en la okuloj. "Vi revenis, Eliana. Kion vi vidis?" li demandis.

Eliana rakontis pri la profanado de la Templo, pri la malespero de la homoj en Jerusalemo, kaj pri la grupo de junaj viroj, kiuj malgraŭ ĉio konservis sian kredon. "Ni ne rajtas permesi, ke nia kredo mortu," ŝi diris decide. "Ni devas trovi manieron daŭrigi niajn tradiciojn, eĉ se estas danĝere."

La vortoj de Eliana vekis novan spiriton en la vilaĝo. Ili komencis organizi sekretajn kunvenojn por daŭrigi siajn ritojn kaj preĝojn. Eliana sentis sin respondeca gvidi tiujn renkontiĝojn, inspirita de la forto kaj decido, kiujn ŝi trovis en Jerusalemo.

La sekvaj semajnoj kaj monatoj estis markitaj de konstanta lukto. La vilaĝanoj devis esti singardaj por ne esti malkovritaj, sed ilia decidemo nur plifortiĝis. En la koro de Eliana ekestis neskuigebla kredo, kredo, kiu gvidos ŝin tra la plej malhelaj tempoj.

Rezisto en Kaŝiteco

La novaĵoj pri malgrandaj grupoj, kiuj kontraŭstaris la ordonojn de reĝo Antioĥo IV, disvastiĝis kiel fajro inter la Judoj. Eliana unuafoje aŭdis pri la Makabeoj, familio sufiĉe kuraĝa por leviĝi kaj batali por sia kredo. Tiuj rakontoj plenigis la homojn per nova sento de espero, kaj Eliana sentis sin profunde inspirita.

En sia propra vilaĝo, Eliana daŭrigis la organizadon de sekretaj kunvenoj por preĝoj kaj ritoj. La risko estis enorma, sed la bezono konservi sian kredon kaj tradiciojn donis al ili la forton daŭrigi. Eliana rapide evoluis en specon de gvidanto de tiuj sekretaj kunvenoj; ŝia natura aŭtoritato kaj forta kredo donis al la aliaj vilaĝanoj subtenon kaj sekurecon.

Kiel filino de resanigisto, Eliana havis iom da scio pri kuracado. Ŝi komencis uzi tiujn kapablojn por subteni la reziston. Ŝi resanigis vundojn kaj malsanojn de tiuj, kiuj sekrete kontraŭstaris la seleŭkidajn soldatojn. Ŝia kabano fariĝis rifuĝejo por vunditoj kaj persekutitoj.

Unu vesperon, kiam la suno subiris kaj malvarma vento blovis tra la stratetoj de la vilaĝo, oni mallaŭte frapis ĉe ŝia pordo. Zorgeme ŝi malfermis, kaj trovis junan viron, kiu portis vunditon sur sia dorso. "Bonvolu, ĉu vi povas helpi lin?" li petis urĝe. La vundito estis ano de la Makabeoj, vundita en bataleto kontraŭ la soldatoj.

Eliana rapide lasis ilin eniri. Ŝi laboris la tutan nokton por kuraci la vundojn de la viro. La juna Makabeo, kiu alportis lin, prezentis sin kiel Matatiaso. Li rakontis al ŝi pri iliaj planoj daŭrigi la batalon kontraŭ la Seleŭkidoj kaj petis ŝian pluan subtenon.

"Ni bezonas homojn kiel vi, kiuj povas helpi nin resti sanaj, por ke ni povu daŭrigi la batalon," li diris. Eliana, kvankam zorgoplena pri la plia danĝero, konsentis. Ŝi sentis, ke tio estis grava rolo, kiun ŝi povis ludi en la lukto por la libereco de sia popolo.

En la sekvaj semajnoj, Eliana tage okupiĝis pri siaj kutimaj taskoj en la vilaĝo, kaj nokte ŝi prizorgis vunditajn Makabeojn. Ŝi lernis uzi herbojn kaj plantojn por kuracaj celoj, kaj ŝia kabano fariĝis centro de la rezisto. Ŝiaj gepatroj, kvankam komence zorgoplenaj, subtenis ŝin silente, helpante kaŝi ŝiajn agadojn.

La praktiko de judaj ritoj en sekreto restis konstanta defio. Eliana kaj la vilaĝanoj devis esti tre singardaj por ne esti malkovritaj. Ili disvolvis sistemon de signoj kaj signaloj por averti unu la alian, se soldatoj estis proksime.

Unu nokton, kiam ili ĵus festis la Ĥanuka-feston en eta grupo, ili subite aŭdis paŝojn ekstere. Ili rapide estingis la lumojn kaj kaŝis la Ĥanukion. Eliana sentis, kiel ŝia koro batis rapide, kiam ŝi aŭdis la paŝojn proksimiĝi. Tamen, feliĉe, la soldatoj preterpasis sen malkovri la kaŝejon. Kiam ili denove estis solaj, ĉiuj spiris senpeze, sed la timo de malkovro ĉiam restis ĉe ili.

Malgraŭ la konstanta danĝero, la decidemo de la vilaĝanoj kaj la Makabeoj nur plifortiĝis. Eliana sentis, kiel la komunumo kunligiĝis pli forte, instigita de la komuna celo defendi sian liberecon kaj kredon. Ŝi sciis, ke la vojo estos longa kaj danĝera, sed la espero kaj kuraĝo, kiujn ŝi vidis en la koroj de la homoj, donis al ŝi la forton daŭrigi.

En silentaj momentoj, kiam Eliana sidis sola en sia kabano, ŝi pripensis la eventojn, kiuj tiel fundamente ŝanĝis ŝian vivon. Ŝi pensis pri tiuj, kiuj suferis kaj ankoraŭ suferas, kaj pri tiuj, kiuj riskas sian vivon en la batalo por siaj konvinkoj. En tiuj momentoj, ŝi sentis profundan ligon al sia popolo kaj sia kredo, ligon, kiu pro la provoj kaj suferoj nur plifortiĝis. Ŝi sciis, ke ŝi, kio ajn okazos, restos firma kaj batalos por tio, kion ŝi kredis.

En la Ombro de la Luno

En la densaj arbaroj, kaŝitaj for de la atentaj okuloj de la soldatoj, Eliana kaj la vilaĝanoj prepariĝis por sekreta festado de la

Sukot-festo. Ili trovis malgrandan, izolitan lokon, ĉirkaŭitan de altaj arboj, kiu provizis sufiĉan protekton por kaŝi ilian planon.

Eliana estis la ĉefa movforto malantaŭ la organizado de ĉi tiu festo. Ŝi komprenis, kiom grave estis konservi la judajn tradiciojn kaj ritojn vivaj, precipe por la pli juna generacio, kiu riskis perdi sian kulturan identecon. Kun ŝia helpo, la vilaĝanoj konstruis provizoran sukkon, kabanon kovritan per folioj kaj branĉoj. Ŝi klarigis al la infanoj la signifon de la festo, la historion de la vagado tra la dezerto, kaj la gravecon de dankemo.

Kiam la nokto falis kaj la luno leviĝis en la ĉielon, ili komencis la festadon. Eliana gvidis la preĝojn kaj disdonis fruktojn kaj panon, kiujn ili sekrete preparis. La atmosfero estis miksaĵo de ĝojo kaj singardemo, la aero plenplena de mallaŭtaj kantoj kaj la susuro de folioj en la vento.

Subite, meze de la festo, ili aŭdis bruojn—fendon de branĉoj kaj subpremitajn voĉojn de viroj. Ĉiuj tuj silentis. Eliana sentis, kiel ŝia koro ekbatis pli rapide. La soldatoj de Antioĥo IV devis esti proksime. Ŝi rapide flustris al la aliaj kaŝiĝi kaj forlasi la sukkon.

En profunda silento ili atendis, dum la bruoj alproksimiĝis. Eliana kaŝiĝis kun kelkaj infanoj sub densaj arbustoj. Ŝi retenis la spiron, kiam ŝi aŭdis la voĉojn de la soldatoj, kiuj traserĉis la areon. Ŝajnis, ke ili direktiĝas rekte al iliaj kaŝejoj. Sed tiam, eble pro iu feliĉa hazardo, la soldatoj retiriĝis en alian direkton. La danĝero estis for, sed la mesaĝo estis klara: neniu loko plu estis sekura.

Post kiam la soldatoj malaperis, ĉiuj denove kuniĝis. La etoso estis subpremita, la realo de ilia situacio denove trafis ilin. Eliana vidis la zorgoplenajn vizaĝojn de la vilaĝanoj kaj sciis, ke ŝi devis esti forta. "Ni ne rajtas rezigni," ŝi diris mallaŭte, sed firme. "Dum ni restas kune kaj tenas niajn tradiciojn, ili ne povas rompi nin."

En la sekvaj tagoj, Eliana intensigis siajn klopodojn por fortigi la kredon kaj tradiciojn inter la vilaĝanoj, precipe inter la infanoj. Ŝi organizis sekretajn kunvenojn por plu disvastigi la rakontojn kaj instruojn de Judismo. Tiuj renkontiĝoj estis ne nur ago de rezisto, sed ankaŭ fonto de espero kaj unueco.

Unu vesperon, dum ŝi preĝis la Ŝema Jisrael kun malgranda grupo, pli aĝa viro, Jakobo, ekparolis. "Eliana, via forto kaj kuraĝo estas lumo por ni ĉiuj," li diris kun larmoj en la okuloj. "Vi tenas nin kune, memorigante nin, kiuj ni estas. Pro tio ni estas profunde dankaj al vi."

Tiuj vortoj profunde tuŝis Elianan. Ŝi ne atendis, ke ŝi ludos tian rolon en sia komunumo, sed nun, kiam ŝi havis tiun respondecon, ŝi estis decidita fari ĉion eblan. Ŝi komprenis, ke ŝiaj agoj ne nur influas ŝian propran vivon, sed ankaŭ la vivon de ĉiuj ĉirkaŭ ŝi.

En la venontaj semajnoj kaj monatoj, Eliana daŭrigis sian laboron, malgraŭ la konstanta danĝero. La minaco de la soldatoj de Antioĥo IV estis ĉiam ĉeestanta, sed la volo konservi sian kulturon kaj kredon donis al ili la forton daŭrigi. Ĉiu sekreta kunveno, ĉiu flustre disdonita instruo, kaj ĉiu silenta preĝo estis eta venko, signo de rezisto kontraŭ la subpremo.

Eliana sciis, ke la vojo estis ankoraŭ longa kaj nesekura. Sed sub la lumo de la luno, sub la atentaj okuloj de siaj prapatroj, ŝi sentis profundan ligon al sia historio kaj sia popolo. Tiu ligo donis al ŝi la forton kaj la kuraĝon, kiujn ŝi bezonis por esti lumo de espero en tiuj malhelaj tempoj.

Perdo kaj Defio

La novaĵo pri la morto de Reuven, tre estimata membro de la juda komunumo, trafis Eliana-n kiel bato. Reuven ne estis nur spirita gvidanto, sed ankaŭ simbolo de paca rezisto. Lia aresto kaj la posta martireco sub la manoj de la soldatoj de Antioĥo IV estis detrua frapo por la tuta vilaĝo.

En la tagoj post la tragika novaĵo, la vilaĝanoj kolektiĝis en la domo de Eliana por serĉi konsolon kaj subtenon. La etoso estis peza, saturita de malĝojo kaj timo. Ankaŭ Eliana sentis profundan malplenon en si, sed samtempe kreskantan koleron.

"Kiel ili povis fari tion?" demandis Sara, proksima amikino de Eliana, dum ŝi, plorante, sidis apud ŝi. "Reuven neniun malbonon faris. Li estis bona viro."

Eliana metis konsolan brakon ĉirkaŭ Sara. "Ili volas nin rompi," ŝi diris mallaŭte sed firme. "Sed ni ne rajtas permesi tion. Reuven vivis por nia kredo kaj niaj tradicioj – kaj li mortis pro tio. Ni devas daŭrigi, por li kaj por ĉiuj ni."

En la sekvaj tagoj, Eliana rimarkis ŝanĝon en sia propra sinteno. La perdo de Reuven estigis en ŝi ne nur malĝojon, sed ankaŭ decideman koleron. Ŝi konsciis, ke pasiva rezisto jam ne sufiĉas. Estis tempo fari plian paŝon.

Ŝi komencis organizi sekretajn kunvenojn kun aliaj vilaĝanoj por paroli pri pli aktiva rezisto. Formiĝis grupo decidita agi pli forte kontraŭ la persekuto. Eliana neatendite trovis sin en la rolo de gvidanto.

"Ni ne plu povas kaŝiĝi kaj esperi, ke ĉi tio simple pasos," ŝi diris dum unu el tiuj kunvenoj. "Ni devas agi, organizi nin. Ni povas disvastigi mesaĝojn, serĉi subtenon de aliaj komunumoj, kaj eble eĉ establi fuĝvojon por tiuj, kiuj ne plu povas resti ĉi tie."

La grupo jesis kapjesante. Sub la gvidado de Eliana, ili komencis plani siajn agojn. Ili aranĝis sekretajn renkontiĝojn kaj pasvortojn, organizis manĝaĵon kaj rifuĝejojn por persekutitoj, kaj kolektis informojn pri la movadoj de la soldatoj.

Unu vesperon, kiam Eliana revenis hejmen post unu el tiuj kunvenoj, ŝi renkontis junan viron nomatan Benjamin, kiu estis nova en la vilaĝo. Li estis aŭdinta pri ŝia kuraĝo kaj gvidkapabloj kaj volis helpi.

"Mi vidis, kio okazis," li diris kun decidema voĉo. "Mi ne volas senfare rigardi. Mi volas batali, por niaj rajtoj, por nia libereco."

Eliana rigardis lin en la okulojn kaj rekonis la fajron de rezisto, kiu brulis ankaŭ en ŝi. "Do vi estas ĝuste en la taŭga loko," ŝi respondis.

En la sekvaj semajnoj, la rezisto intensiĝis. Mesaĝoj kaj instrukcioj estis sekrete interŝanĝitaj inter la vilaĝoj, kaj malrapide sed certe formiĝis reto de rezisto. Eliana ĉiam pli fariĝis gvidanto, kiu ne nur donis konsilojn, sed ankaŭ inspiris kuraĝon kaj esperon.

Sed kun la kreskanta agado ankaŭ kreskis la danĝero. La soldatoj de Antioĥo IV fariĝis pli atentaj kaj pli brutalaj en siaj klopodoj subpremi la reziston. Ĉiu tago alportis novajn riskojn, kaj la timo esti malkovritaj estis ĉiam ĉeestanta.

Malgraŭ la danĝeroj, Eliana ne lasis sin timigi. La morto de Reuven montris al ŝi, kio estis en risko. Temis ne nur pri ŝia propra vivo, sed pri la supervivo de ŝia kulturo, ŝia kredo, kaj ŝia komunumo.

"Ni devas resti firmaj," ŝi diris unu vesperon al sia grupo. "Ĉiu eta ago, ĉiu elparolita rezista vorto, ĉiu vivita tradicio estas ago de defio kontraŭ tiuj, kiuj volas nian ekstermon. Ni estas la eĥo de niaj prapatroj, kaj nia eĥo resonos longe post ni."

Eliana fariĝis simbolo de la rezisto, lumturo de espero en tempo de mallumo kaj malespero. Ŝia kuraĝo kaj decido inspiris multajn en ŝia vilaĝo kaj pretere. En ŝi kunfluis la kolero, malĝojo, kaj neskuigebla kredo de ŝia popolo. Ŝi fariĝis la voĉo de tiuj, kiuj ne plu volis silenti.

La Fajrero de la Ribelo

La suno klinis sin al la horizonto, kiam Eliana atingis la kaŝitan rendevuejon, profunde en la koro de la arbaro. Ŝi estis survoje por renkonti grupon de Makabeoj, sufiĉe kuraĝaj por fari malkaŝan reziston. Ŝia koro batis rapide, ne nur pro ekscito, sed ankaŭ pro timo. Ĉi tio estis decidiga paŝo, for de kaŝita rezisto kaj rekte alfronten al konfronto kun la subpremantoj.

Ŝi estis salutita de Judas Makabeo, la gvidanto de la grupo. "Eliana, ni aŭdis pri viaj agoj. Via helpo en kaŝiteco estis neprezebla, sed mi sentas, ke vi estas preta fari pli."

Eliana kapjesis, ŝia voĉo estis firma kiam ŝi respondis: "Mi ne volas plu agi nur en la ombroj. Estas tempo fariĝi videbla, tempo agi rekte. Kion ajn mi povas fari, mi pretas."

En la venontaj semajnoj, Eliana aliĝis al la Makabeoj en diversaj operacioj. Ili faris celitajn batojn kontraŭ la potenco de la Seleŭkidoj, sabotojn kaj gerilajn atakojn. Kun ĉiu sukcesa ago, la sento de espero kreskis en la komunumo. La novaĵoj pri malgrandaj venkoj disvastiĝis rapide kaj flamigis novan senton de fiero kaj memfido.

Eliana ofte troviĝis en la rolo de resanigisto kaj konsilanto. Ŝi traktis vunditojn, donis moralan subtenon, kaj helpis en la planado de la agoj. Ŝia rilato kun la Makabeoj, precipe kun Judas, profundiĝis, kaj ŝi sentis sin ĉiam pli parto de familio, unuiĝinta en la lukto kontraŭ komunaj malamikoj.

Unu vesperon, post sukcesa atako kontraŭ seleŭkida proviza konvojo, ili sidis kune ĉirkaŭ tendarfajro. La etoso estis ĝoja, kaj Judas parolis al siaj homoj: "Ĉiu eta venko alproksimigas nin al nia celo. Ni batalas ne nur por nia libereco, sed ankaŭ por konservi niajn tradiciojn kaj nian kredon."

Eliana konsentis kaj aldonis: "Nia kredo donas al ni la forton persisti, eĉ en la plej malhelaj tempoj. Ĉiu festo, kiun ni kaŝe festas, ĉiu preĝo, kiun ni flustras, estas ago de rezisto."

Sed malgraŭ la sukcesoj, la defioj restis grandaj. La danĝero estis ĉie, kaj la konstanta timo pri perfido kaj malkovro pezis sur ili. La seleŭkida subpremo intensiĝis, kaj kun ĉiu tago kreskis la risko por Eliana kaj ŝiaj kamaradoj.

En interparolo kun Judas, Eliana esprimis siajn zorgojn: "Ĉiu venko, kiun ni atingas, fortigas nin, sed ĝi ankaŭ pliigas la danĝeron por ni kaj niaj familioj. Kiel ni povas konservi nian kredon, se ni devas vivi ĉiutage kun tia timo?"

Judas penseme rigardis en la flamojn. "Nia kredo estas tio, kio tenas nin kune, Eliana. Ĝi estas la kialo, kial ni batalas. Ni ne rajtas permesi, ke la timo venku nin. Ni devas resti fortaj, por ni kaj por tiuj, kiujn ni amas."

En la sekvaj semajnoj, la konflikto intensiĝis. Eliana kaj la Makabeoj efektivigis plurajn aŭdacajn operaciojn por subfosi la moralan kaj militistan forton de la Seleŭkidoj. Kun ĉiu sukceso, tamen, ankaŭ kreskis la premo de la seleŭkidaj regantoj, kaj la venĝaj agoj fariĝis pli kruelaj.

Malgraŭ la danĝeroj, Eliana kaj ŝiaj kamaradoj restis fidelaj al sia kredo. Ili organizis sekretajn religiajn servojn kaj festojn por konservi la tradiciojn vivaj. Tiuj momentoj donis al ili forton kaj esperon, memorante ilin pri tio, por kio ili batalis.

En precipe malgaja nokto, kiam la danĝero de malkovro estis tre granda, malgranda grupo kolektiĝis por diri la Ŝabato-preĝon. Eliana staris meze de ili, ŝia vizaĝo lumigita de kandela lumo. "En ĉi tiuj flamoj ni vidas la lumon de nia kredo, kiu neniam estingiĝos, negrave kiel malluma estas la nokto," ŝi flustris.

Tiu momento simbolis la decidemon de la komunumo konservi sian kredon kaj tradiciojn spite al ĉiuj malfacilaĵoj. Por Eliana, ĝi estis signo de espero, pruvo, ke eĉ en la plej profunda mallumo, fajrero de ribelo kaj kredo povis plu bruli.

Tagiĝo de Libereco

La tagiĝo alvenis, kiam Eliana kaj la Makabeoj prepariĝis por la decidiga batalo. Hodiaŭ estus decidita la sorto de ilia popolo. La batalo por la rekonkero de la Dua Templo staris antaŭ ili, kun ĝi la ebleco restarigi centran simbolon de ilia kredo.

Eliana staris kun firma rigardo sur monteto, de kie ŝi povis vidi la terenon de la Templo. Ŝi sentis, kiel ŝia koro batis samtempe kun espero kaj timo. Apud ŝi staris Judas Makabeo, la gvidanto, kies decidemo estis neskuigebla. "Hodiaŭ estas la tago, kiam ni ricevos nian liberecon," li diris per firma voĉo.

La Makabeoj eniris la batalon, decideme kaj kuraĝe. La batalo estis malfacila kaj furioza, sed ilia persistemo kaj kredo donis al ili forton. Eliana, kvankam ŝi ne estis militistino, kontribuis per prizorgado de la vunditoj kaj subtenado de la moralo de la batalantoj.

Post horoj de intensaj bataloj, ili sukcesis ricevi la Templon. La momento, kiam ili eniris la Templan terenon, estis superforta. La ruinoj kaj la spuroj de la profanado profunde vundis Elianan en ŝia koro, sed samtempe estis sento de triumfo.

La sekvaj tagoj estis markitaj de la restarigo de la Templo. Eliana helpis forigi la spurojn de la detruo kaj pretigi la Templon por la nova konsekro. Ŝi memoris la vortojn de sia patro, kiu, kiam ŝi estis infano, rakontis al ŝi pri la graveco de la Templo. Nun ŝi estis parto de ĝia restarigo, momento de historia graveco.

La nova konsekro de la Templo estis kortuŝa okazo. Kiam la Menoro estis ekbruligita kaj ĝia lumo lumigis la mallumon, Eliana sentis profundan ligon al sia historio kaj kredo. La komunumo kunvenis por festi ĉi tiun okazon, feston kiu poste fariĝis konata kiel Ĥanuko, la Festo de Lumo.

En la tagoj post la konsekro de la Templo, Eliana trovis tempon por pripensi sian vojaĝon. Ŝi pensis pri la defioj, kiujn ŝi venkis, pri la perdoj, kiujn ŝi suferis, kaj pri la forto, kiun ŝi trovis en sia kredo. Ŝiaj spertoj formis ŝin, faris ŝin pli forta kaj donis al ŝi profundan ligon al sia popolo kaj ĝiaj tradicioj.

"Ni spertis tiom multe," ŝi diris unu tagon al Judas, dum ili rigardis super la Templajn murojn. "Sed tio faris nin pli fortaj. Mi sentas, ke nia popolo nun eniros novan epokon, epokon de espero kaj rekonstruo."

Judas kapjesis jese. "Jes, Eliana. Via kuraĝo kaj via kredo donis forton al multaj el ni. Kion ni atingis, eniros en la historion. Sed nia tasko ankoraŭ ne estas finita. Ni devas plu batali por nia libereco kaj niaj rajtoj."

Eliana rigardis la urbon kaj ĝiajn homojn, kiuj pleniĝis de nova vivo. Ŝi sciis, ke multaj defioj ankoraŭ atendis ilin, sed ŝi ankaŭ sentis, ke ŝia popolo, fortigita per la kredo kaj la komunumo, estis preta por alfronti ilin.

Tiun nokton, dum ŝi rigardis la ĉielon, ŝi vidis la stelojn pli helaj kaj klaraj ol iam ajn. Estis kvazaŭ la lumo de la ĉielo gvidis ŝian popolon sur la vojo al pli bona estonteco. Kun sento de dankemo kaj fiero en sia koro, Eliana sciis, ke ŝia historio – la historio de ŝia popolo – daŭros, markita de rezisto, kredo, kaj neskuigebla espero.

La detruo de la Dua Templo en la jaro 70 p.K. kaj la rolo de Flavio Josifo

En la jaro 70 post Kristo okazis grava evento en la historio de antikva judismo kaj la Romia Imperio: la detruo de la Dua Templo en Jerusalemo fare de romiaj trupoj. Ĉi tiu drameca ago, kiu okazis dum la Juda Milito (66-73 p.K.), simbolis ne nur la finon de longa kaj amara konflikto inter la judoj kaj la romianoj, sed ankaŭ markis profundan turnopunkton en la juda historio kaj identeco.

La detruo de la Templo devas esti komprenata en la kunteksto de la streĉitaj rilatoj inter la juda popolo kaj la romia okupanta potenco. Kreskanta malkontento kaj religiaj tensioj fine kaŭzis malfermitan ribelon kontraŭ la romianoj, kiu komenciĝis en la jaro 66 post Kristo. Malgraŭ komencaj sukcesoj de la judaj fortoj, la romianoj sukcesis subpremi la ribelon kaj reakiri kontrolon super Jerusalemo. La kulmino de ĉi tiu milita konflikto estis la detruo de la Dua Templo, evento de granda religia kaj kultura signifo por la juda popolo.

Grava figuro de tiu epoko estis Flavio Josifo, juda historiisto kaj iama komandanto, kiu poste transiris al la romianoj. Liaj verkoj, precipe "La Judaj Antikvaĵoj" kaj "La Juda Milito", estas esencaj fontoj por nia kompreno de ĉi tiu periodo. La rakontoj de Josifo donas unikajn enrigardojn en la politikajn, sociajn kaj religiajn dinamikaĵojn de la epoko. Tamen, ili ankaŭ estas markitaj de lia persona historio kaj lia statuso kiel transfuĝinto, kio faras la interpretadon de liaj raportoj kompleksa.

Post la detruo de la Dua Templo en la jaro 70 p.K., restis nur partoj de la eksteraj muroj. La plej konata parto de ĉi tiuj restaĵoj estas la Okcidenta Muro, ankaŭ konata kiel la Ploromuro. Ĉi tiu muro dum jarcentoj ludis centran rolon en la juda kredo kaj identeco.

En moderna tempo, la Ploromuro estas simbolo de la konstanteco kaj daŭrema kredo de la juda popolo. Ĝi ĉiujare altiras milionojn da vizitantoj el la tuta mondo. Por judoj, ĝi estas la plej proksima punkto al la Plejsanktejo de la detruita Templo kaj tial estas konsiderata speciale sankta. Ĉi tie, kredantoj kunvenas por preĝi kaj por enmeti petojn aŭ dankojn en formo de notoj en la fendojn de la muro.

Krome, la Ploromuro ankaŭ ludas gravan rolon en israela politiko kaj kulturo. Ĝi estas centra loko por gravaj ŝtataj kaj religiaj ceremonioj, inkluzive de festadoj de naciaj ferioj kaj bar-micva ceremonioj. La muro simbolas ankaŭ la profundan ligon de la judoj kun Jerusalemo kaj havas gravan signifon en la diskutoj pri la statuso kaj estonteco de la urbo.

La Ploromuro do ne nur staras kiel historia monumento, sed ankaŭ kiel vivanta simbolo de la juda historio, kredo, kaj la daŭranta signifo de Jerusalemo por la juda popolo. Pli vaste, ĝi reflektas la kompleksecon kaj profundon de la rilato inter religio, kulturo kaj politiko en la moderna mondo.

La Cindro de Jerusalemo

La Semoj de la Ribelo

En la mallarĝaj, viglaj stratoj de Jerusalemo, ĉirkaŭitaj de la odoroj de freŝa pano kaj la murmuro de la bazaro, komenciĝis la rakonto de Flavio Josifo. Li estis viro kaptita inter du mondoj, formita de sia juda deveno kaj modelita de la romia kulturo.

Josifo ne estis ordinara judo. Naskita en respektata sacerdota familio, li frue montris sian lernemon, kaj jam je la aĝo de 14 jaroj li regis la skribojn de la Torao kaj impresis la saĝulojn de Jerusalemo per sia scio. Sian junecon li pasigis en lernado, studante la judajn leĝojn, la historion de sia popolo, kaj la diversajn religiajn fluojn, kiuj influis la spiritan vivon de la urbo.

Dum Josifo estis mergita en la instruoj de siaj prapatroj, tamen mallumaj nuboj komencis kolektiĝi ĉe la horizonto. La romia okupado, kiu iam estis rigardata kiel simpla ĝeno, transformiĝis en fonton de konstanta streĉo. La romiaj guberniestroj, indiferentaj al la religiaj kutimoj kaj sentemoj de la judoj, praktikis severan regadon, kiu ofte degeneris en perforton kaj maljustecon.

Unu tagon, dum Josifo paŝis tra la mallarĝaj stratetoj, li estis atestanto de sceno, kie romiaj soldatoj senkaŭze batis judan viron. La homamaso mokis kaj kraĉis, sed neniu kuraĝis interveni. Josifo, ŝokita kaj senparola, sentis pikilon de kolero kaj senpoveco. Li komencis kompreni, ke la fendaĵo inter la romianoj kaj la judoj ne estis nur politika, sed ankaŭ profunde kultura kaj religia.

En la vesperaj horoj, kiam la varmo de la tago malpliiĝis, Josifo renkontis sian malnovan amikon Natan. Ili sidiĝis en la modesta loĝejo de Natan, ĉirkaŭitaj de papirusruloj kaj religiaj tekstoj. Natan, ĉiam realisto, parolis malkaŝe pri la kreskantaj streĉoj.

"Ĉu vi ne vidas, Josifo, kio okazas antaŭ niaj okuloj? La romianoj ne respektas niajn tradiciojn. Ĉiun tagon ni pli forte sentas ilian subpremadon," diris Natan kun serioza mieno.

Josifo, kiu ankoraŭ troviĝis inter sia amo al sia kulturo kaj sia intereso pri la romia mondo, respondis penseme: "Mi vidas la suferon de nia popolo, Natan. Sed mi demandas min, ĉu perforto estas la ĝusta vojo. Ĉu ne ekzistas maniero, kiel ni povus kunekzisti sen verŝi sangon?"

Natan skuis la kapon, liaj okuloj spegulis la doloron de longa historio de subpremo. "Josifo, foje paco estas nur alia nomo por submetiĝo. Ni devas leviĝi, antaŭ ol estos tro malfrue."

Kiam Josifo tiun nokton revenis hejmen, la ĉielo super Jerusalemo estis plenigita de steloj. La konversacioj de la tago resonis en lia kapo, kune kun la krio de la batita viro. Li sentis, ke io vekiĝas en li, miksaĵo de timo kaj stranga, nova decidemo. Li sciis, ke io grandioza kaj eble ankaŭ terura venos. Sed li ankoraŭ ne estis certa, kia rolo atendis lin en la venontaj eventoj.

En la sekvaj semajnoj, la streĉoj kreskis. Onidiroj pri ribeloj, sekretaj kunvenoj kaj flustraj konversacioj pri insurekcio trairis la stratetojn de Jerusalemo. Josifo sentis, kiel la urbo, kiun li amis, ŝanĝiĝis. Estis kvazaŭ ĝi retenus sian spiron, atendante necertan estontecon.

Unu matenon, kiam la unuaj sunradioj prilumis la tegmentojn de Jerusalemo, Josifo aŭdis la bruon de marŝantaj botoj kaj la tintiĝon de kirasoj. Romiaj trupoj marŝis en impona, sed minaca parado tra la stratoj. Ĝi estis demonstracio de potenco, silenta averto al ĉiuj, kiuj kuraĝus ribeli. Josifo observis ilin de balkono, lia koro peza pro sento, kiun li ne povis tute identigi.

Tio estis la komenco de tumulto, kiu ne nur ŝanĝus la vivon de Josifo, sed ankaŭ la tutan judan popolon por ĉiam.

La Flustrado de la Milito

La aero en Galileujo estis ŝarĝita de timo kaj atendado. La novaĵoj pri la baldaŭa ribelo atingis ankaŭ ĉi tiun foran regionon, kaj la homoj komencis prepariĝi por la neevitebla. En ĉi tiu streĉa atmosfero, Josifo, viro kaptita inter du mondoj, estis nomumita komandanto en Galileujo.

Ĝi estis pozicio, kiun li nek serĉis nek atendis, sed Josifo akceptis ĝin, pelata de sento de devo al sia popolo. Kiel komandanto, li estis respondeca ne nur pri la milita defendo, sed ankaŭ pri la bonfarto de la homoj en sia regiono.

Unu matenon, baldaŭ post sia nomumo, Josifo staris sur monteto kaj rigardis la mildajn montetojn de Galileujo. Li pensis pri la baldaŭa konfrontiĝo kun la romianoj kaj demandis sin, ĉu li vere taŭgas por ĉi tiu tasko. Lia amiko kaj konsilanto, Mikaelo, alproksimiĝis al li.

"Josifo, vi ŝajnas maltrankvila," diris Mikaelo.

"Jes, mi estas," agnoskis Josifo. "Mi komprenas militadon, sed mi ne estas soldato. Mi demandas min, ĉu mi vere povos helpi la homojn en Galileujo."

"Vi estas saĝa kaj justa, Josifo. Tio valoras pli ol la kapablo svingi glavon," respondis Mikaelo.

Josifo kapjesis, sed liaj zorgoj restis.

En la sekvaj semajnoj, la situacio rapide plimalboniĝis. Novaĵoj pri romiaj kruelaĵoj atingis Galileujon – vilaĝoj estis forbruligitaj, senkulpaj homoj torturitaj kaj mortigitaj. Ĉiufoje, kiam mesaĝisto alportis tiaj novaĵojn, Josifo sentis, kiel parto de lia koro fariĝis pli peza.

Unu vesperon, dum li sidis en sia provizora ĉefstabejo, ĉirkaŭita de mapoj kaj raportoj, li aŭdis laŭtajn voĉojn el la apuda ĉambro. Li stariĝis kaj iris tien, kie li trovis ekscititan debaton inter kelkaj el siaj oficiroj.

"Ni devas ataki! Ni ne povas resti spektantoj dum nia popolo suferas!" kriis unu el la oficiroj, juna viro nomata Benjameno.

"Kaj kion vi proponas? Malferman militon kontraŭ la romianoj? Tio estus memmortigo!" kontraŭis pli maljuna oficiro, Samuelo.

Josifo eniris, kaj la viroj silentiĝis. "Kio okazas ĉi tie?" li demandis.

Benjameno turnis sin al li. "Josifo, ni devas agi. La romianoj ne montras kompaton. Ni devas ataki ilin, antaŭ ol estos tro malfrue."

"Kaj se ni faros tion, ni riskos la vivon de multaj senkulpaj homoj. Ni devas agi saĝe, Benjameno," respondis Josifo.

Sed Benjameno skuis la kapon. "Singardo alportis al ni nenion. Estas tempo batali."

Josifo rigardis la decidajn vizaĝojn de siaj oficiroj kaj sentis la pezon de respondeco. Li devis fari decidon, kiu influus la sorton de multaj.

La sekvaj tagoj estis markitaj de preparoj kaj planado. Josifo klopodis disvolvi strategion, kiu estu kaj efika kaj zorgema. Nokte, kiam li estis sola en sia ĉambro, li pripensis la minacan danĝeron kaj demandis sin, ĉu paco iam denove eblos.

Tiam, unu matenon, venis la novaĵo, kiun ĉiuj timis: granda romia armeo marŝis al Galileujo. Josifo sentis, kiel lia stomako kuntiriĝis. Estis tempo pruvi siajn gvidkapablojn.

En la sekvaj horoj, li kunvokis siajn trupojn kaj preparis ilin por la baldaŭa konfrontiĝo. Li parolis al ili, provante kuraĝigi ilin, sed en liaj vortoj estis ankaŭ spuro de timo. Li sciis, ke multaj el tiuj viroj kaj virinoj eble ne revenos.

Kiam la romiaj legianoj aperis ĉe la horizonto, Josifo staris ĉe la fronto de siaj trupoj, lia koro batante forte. Li povis vidi la ferajn kirasojn kaj la brilantajn kaskojn de la romiaj soldatoj en la malproksimo.

"Hodiaŭ ni staras ĉi tie por defendi nian landon, niajn familiojn kaj nian liberecon," li kriis al siaj trupoj. "Ni staras ĉi tie antaŭ granda potenco, sed ni estas fortaj pro nia kredo kaj nia decidemo. Ni montru, ke ni ne estas sklavoj!"

Kun tiuj vortoj, Josifo kondukis siajn trupojn en la batalon, ne sciante, ĉu ĉi tio estis la komenco de la fino aŭ la fino de la komenco. La milito komenciĝis, kaj kun ĝi komenciĝis nova fazo en la vivo de Josifo – fazo, kiu por ĉiam markos lin kaj la judan popolon.

La Sieĝo de Jerusalemo

La sieĝo de Jerusalemo estis evento de neimagebla skalo, kiu sigelis la sorton de multaj. Josifo, iam gvidanto de la juda ribelo, nun troviĝis en la manoj de la romianoj, kaptita, sed tamen vivanta. Li estis asignita al la romia komandanto Vespasiano kiel konsilisto, rolo kiu por li estis kaj ŝanco kaj enorma ŝarĝo.

La aero en la urbo estis saturita de timo kaj malespero. La homoj en Jerusalemo suferis grandegajn malfacilaĵojn pro la sieĝo. Manĝaĵo kaj akvo malabundis, malsanoj disvastiĝis, kaj la konstanta bombardado de la romianoj skuis la urbomurojn.

En sia provizora loĝejo, asignita de la romianoj, Josifo sidis ĉe malgranda tablo, la frunto sulkigita de zorgoj. Antaŭ li kuŝis mapo de Jerusalemo, kaj li provis antaŭvidi la sekvajn paŝojn de la romia armeo. La pordo malfermiĝis, kaj Vespasiano eniris.

"Josifo, kiaj estas viaj taksoj?" li demandis.

Josifo rigardis supren. "La urbo ne falos facile, Vespasiano. La homoj tie estas malesperaj kaj batalos ĝis la lasta viro."

"Mi konscias pri tio. Sed ni ne povas atendi eterne. Mi bezonas vian helpon por fini ĉi tiun konflikton," diris Vespasiano.

Josifo sentis pikilon de perfido en sia koro, dum li respondis, "Rekta konfrontiĝo kaŭzus multajn viktimojn ĉe ambaŭ flankoj."

"Tio estas la prezo de milito, Josifo. Vi scias tion pli bone ol iu ajn alia," malvarme respondis Vespasiano.

Josifo malrapide kapjesis, lia koro peza pro la sciado de tio, kio alproksimiĝis.

En la sekvaj tagoj, la romianoj intensigis sian atakon kontraŭ Jerusalemo. Josifo povis vidi de sia loĝejo la fumon kaj la ĥaoson de la bataloj. Ĉiufoje, kiam li aŭdis la ĝemojn de la vunditoj kaj la ploron de infanoj, li sentis sin disŝirita inter sia devo al la romianoj kaj sia lojaleco al sia popolo.

Unu vesperon, kiam li estis sola en sia ĉambro, lin vizitis malnova amiko el Jerusalemo, Benjameno, kiu iel sukcesis trairi la liniojn.

"Josifo, kiel vi povas? Kiel vi povas sidi ĉi tie kaj spekti, kiel via popolo suferas?" akuzis lin Benjameno.

Josifo levis la rigardon, lia vizaĝo markita de doloro. "Benjameno, vi ne komprenas. Mi provas malpliigi la sangoverŝadon. Mi provas trovi manierojn por savi kiel eble plej multajn vivojn."

"Sed je kia kosto, Josifo? Je kia kosto?" demandis Benjameno kun larmoj en la okuloj.

La demando resonis en la kapo de Josifo, dum Benjameno malaperis en la nokton. Sola kun siaj pensoj, Josifo sentis sin pli senpova ol iam ajn antaŭe.

La sieĝo daŭris, kaj la situacio en Jerusalemo fariĝis ĉiam pli netolerebla. Josifo devis spekti, kiel lia iam floranta urbo kuŝis en ruinoj, kiel lia popolo suferis kaj mortis.

Unu matenon, mesaĝisto alportis novaĵon pri rompo en la urbomuro. Josifo sciis, ke tio signifis la finon. La romianoj baldaŭ transprenos la kontrolon.

Li staris tie, lia rigardo fiksite al la brulanta urbo, kaj sentis profundan malĝojon en si. Ĉio, kion li konis, estis perdita. Lia popolo, lia hejmo, lia kredo – ĉio estis en flamoj.

Kiam Vespasiano alportis al li la novaĵon pri la baldaŭa falo de Jerusalemo, Josifo povis nur kapjesi. Li ne havis plu vortojn. Lia koro estis plena de malĝojo kaj kulpo.

En la lastaj momentoj de la sieĝo, Josifo meditis pri sia vivo, pri la decidoj, kiujn li faris, kaj pri la sekvoj, kiujn ili havis. Li demandis sin, ĉu estis alia vojo, ĉu li povus fari ion por eviti ĉi tiun teruran finon.

Sed profunde en sia koro, li sciis, ke la fluon de historio ne eblas tiel facile ŝanĝi. Li faris tion, kion li kredis ĝusta, eĉ se tio nun turmentis lin. Josifo rigardis, kiel Jerusalemo falis, kaj kun ĝi, parto de lia animo enfalis en la mallumon.

La Falo de Urbo

La falo de Jerusalemo estis katastrofa evento, kiu lasis profundajn cikatrojn en la historio. La urbo, iam brila simbolo de juda identeco kaj kredo, nun staris ĉe la rando de detruo. La romiaj legianoj, gvidataj de Vespasiano kaj lia filo Tito, trapasis la eksterajn defendoliniojn kaj nehaltigeble eniris la urbon.

Josifo staris ĉe observejo, de kie li povis klare vidi la tragedion, kiu disvolviĝis sub li. La stratoj de Jerusalemo estis plenaj de batalo, doloro kaj malespero. La aero estis saturita de la krioj de la batalantoj kaj la plendoj de la vunditoj. Fumo leviĝis de brulantaj konstruaĵoj, kaj la ĉielo malheliĝis pro cindro.

Meze de ĉi tiu kaoso, Josifo provis ludi peran rolon inter la romianoj kaj la judaj defendantoj. Li iris al la romiaj komandantoj por peteji pri kompato kaj honora fino por sia popolo. Sed liaj petoj falis sur surdajn orelojn.

"Josifo, via lojaleco estas laŭdinda, sed viaj homoj elektis militon," diris Tito, kiu staris antaŭ li kun decidema mieno.

"Ĉi tio ne estas nur milito, ĝi estas buĉado. Mi petas vin, ĉesigu la sangoverŝadon," petegis Josifo.

"Ili faris sian elekton. Nun ili devas porti la konsekvencojn," senkompate respondis Tito.

La provoj de Josifo paroli kun siaj propraj homoj estis same senfruktaj. Ili rigardis lin kiel perfidulon, iun, kiu vendis sian animon al la malamiko. Dum li paŝis tra la mallarĝaj stratetoj por paroli kun la gvidantoj de la defendo, lin renkontis malamegaj rigardoj kaj malestimo.

"Vi ne estas plu filo de Jerusalemo, Josifo. Vi estas romiano," kriis al li iamaj kunbatalantoj, kiam li provis trairi grupon de batalantoj.

La vortoj trafis Josifon kiel sagoj. Li sentis la doloron de ĉiu riproĉo; ĉiu akuzo tranĉis profunde en lian koron.

La scenaro ene de Jerusalemo estis apokalipsa. Familioj desperis protekti siajn amatojn kaj trovi sekurecon ie ajn. La Templo, iam la koro de la juda kredo, nun estis loko de sufero kaj morto.

Kiam la romiaj trupoj atingis la Templon, ekflamis furioza batalo. Josifo, observante de pli alta loko, apenaŭ povis kredi tion, kion li vidis. La sanktaj haloj, en kiuj li kreskis kaj kiuj tiel multe signifis por li, staris en flamoj. La sanktejo, la centro de la juda kredo, transformiĝis en cindron kaj fumon.

La krioj de la homoj, la krakado de falantaj konstruaĵoj, kaj la senkompata bruo de la batalo kreis simfonion de detruo. Josifo sentis sin paralizita, nekapabla fari ion por haltigi la neeviteblan.

Tiun nokton, kiam la flamoj de la Templo lumigis la ĉielon, Josifo sidis sola en sia ĉambro, la vizaĝon enterigita en siaj manoj. Li pensis pri sia familio, siaj amikoj, sia hejmo – ĉio, kion li perdis.

"Ĉu ĉi tio estas la prezo de paco?" li demandis sin, dum larmoj fluis laŭ liaj vangoj.

En la fruaj horoj de la mateno, kiam la unuaj radioj de la suno prilumis la fumplenajn stratojn de Jerusalemo, Josifo stariĝis kaj rigardis la ruinojn de la urbo. Jerusalemo, la urbo de paco, kuŝis en ruinoj, ĝiaj homoj estis rompitaj kaj perditaj.

Dum li vagis tra la detruitaj stratoj, Josifo rigardis la ruinojn kaj sentis profundan malĝojon en si. Li sciis, ke ĉi tio estis la fino de epoko, la fino de io granda kaj signifoplena. Sed en lia koro restis flamo de espero, ke iam el la cindro elkreskos nova vivo.

La Templo en Flamoj

La tago, kiam la Dua Templo ekbrulis, markis la finon de epoko por la juda popolo. Ĝi estis tago de neimagebla perdo, kiu profunde gravuriĝus en la kolektiva memoro de la judoj.

Josifo, kiu jam atestis la detruon de Jerusalemo, nun alfrontis plian doloran realaĵon: la baldaŭan neniigon de la Dua Templo. Ĉi tiu sankta monumento ne estis nur fizika konstruaĵo; ĝi estis la koro de la juda identeco, la loko, kie ĉielo kaj tero kuniĝis.

Kun sento de urĝeco, Josifo serĉis Titon, la romian komandanton, esperante malhelpi la plej malbonon.

"Tito, mi petegas vin. La Templo estas pli ol nur ŝtono kaj ligno. Ĝi estas la simbolo de nia kredo, nia historio," diris Josifo, apenaŭ povante kaŝi la malesperon en sia voĉo.

Tito, kiu komprenis la signifon de la Templo por la juda popolo, ŝajnis momente pripensi antaŭ ol respondi. "Josifo, vi scias, ke mi respektas vian kredon. Sed ĉi tiu Templo estas simbolo de rezisto. Ĝia detruo estas neevitebla."

La koro de Josifo peziĝis. La rifuzo de lia peto sentiĝis kiel mortbato por liaj esperoj. Li sciis, ke pluaj diskutoj estus senutilaj.

Kiam la romiaj trupoj atingis la Templon, la atmosfero estis elektra. La judaj defendantoj batalis kun malespera decidemo, sed iliaj klopodoj ŝajnis vanaj kontraŭ la superforta potenco de la romianoj.

Tiam okazis la neimagebla: ekbrulis fajro. La flamoj rapide disvastiĝis, konsumante lignon kaj ŝtonon kaj leviĝante ĝis la ĉielo. La vidaĵo de la brulanta Templo lasis Josifon sen spiro. Li sentis, kiel larmoj nehaltigeble fluas laŭ liaj vangoj.

Ĉirkaŭ li, homoj falis en malesperon. Iuj ploris, aliaj preĝis, kaj ankoraŭ aliaj nur mutis rigardis la inferon, nekapablaj deturni la okulojn. La fumo mallumigis la ĉielon super Jerusalemo, kvazaŭ ĝi estus apokalipsa vizio.

"Do tiel mortas nia sankta loko," Josifo murmuris al si. La doloro en lia voĉo estis preskaŭ palpebla. Ŝajnis, kvazaŭ kun la Templo brulus parto de lia propra animo.

Meze de la kaoso, Josifo subite troviĝis en diskuto kun kelkaj judaj rezistantoj, kiuj kolektiĝis proksime al la brulanta Templo.

"Ĉu vi vidas, kion viaj romianoj faras?" kriis unu el ili, kolero kaj malespero en la okuloj.

"Mi ne estas aliancano de la romianoj," respondis Josifo per malĝoja voĉo. "Mi funebras pri nia Templo same kiel vi."

"Sed vi pluvivas, dum ni mortas," diris alia amare. "Vi vivos por atesti nian suferon."

Josifo ne trovis vortojn por respondi. Li sciis, ke neniu argumento povus mildigi la perdon aŭ kvietigi la koleron de sia popolo.

Kiam la flamoj iom post iom malfortiĝis kaj restis nur fumo kaj cindro de la Templo, Josifo sentis profundan malplenon en si. Li sciis, ke ĉi tiu momento por ĉiam estos gravurita en la historio de lia popolo, simbolo de perdo, funebro kaj neskuebla espero.

En la sekvaj tagoj, kiam la romianoj transprenis la kontrolon de la detruita urbo kaj estingis la lastajn rezistajn poŝojn, Josifo retiriĝis. Li pasigis horojn skribante la eventojn, pelata de la neceso atesti, por ke la mondo neniam forgesu tion, kio okazis en Jerusalemo.

La Sekvoj

Post la falo de la Templo kaj la definitiva konkero de Jerusalemo fare de la romianoj, etendiĝis atmosfero de rezigno kaj malespero super la urbo. La stratoj, iam plenaj de vivo kaj vigleco, nun fariĝis scenoj de detruo kaj homa sufero.

Josifo, kiu estis atestanto de ĉi tiuj katastrofaj eventoj, ne povis eviti profundajn reflektadojn pri la estonteco de judismo kaj sia propra rolo en ĝia konservado.

Dum la romianoj komencis prirabi la trezorojn de la Templo kaj konduki la judan popolon en sklavecon, Josifo sentis miksaĵon de doloro kaj senpoveco. Li vidis, kiel la sanktaj objektoj, kiuj dum jarcentoj estis konservitaj en la plej sanktaj ĉambroj de la Templo, estis forportitaj de romiaj soldatoj.

"Kiel ili povas fari tion?" demandis maljunulo apud Josifo, dum li rigardis, kiel romia soldato forportis oran menoraon.

Josifo ne havis respondon. Li povis nur rigardi, kiel la fizikaj simboloj de lia kredo estis detruitaj aŭ profanitaj. Tamen, en ĉi tiu momento de malespero, ekĝermis en li penso: la fizikajn simbolojn oni povus preni, sed la historio kaj la instruoj de lia popolo povus esti konservitaj per vortoj kaj memoro.

Dum la tagoj pasis, Josifo observis la ŝanĝojn en la urbo. La juda loĝantaro, iam fiera kaj sendependa, nun estis katenita kaj kondukata al la sklavmerkatoj de la Romia Imperio. Familioj estis disigitaj, kaj la socia strukturo de la juda komunumo detruita.

Meze de ĉi tiu kaoso, Josifo faris decidon, kiu markos lian estontan vivon. Li komencis skribi siajn spertojn kaj observojn, firme decidita konservi la historion de sia popolo por estontaj generacioj.

Josifo renkontis postvivantojn, kolektis iliajn rakontojn kaj kombinis ilin kun siaj propraj memoroj. Li verkis pri la venkoj kaj malvenkoj, la esperoj kaj timoj, la amo kaj la perdo.

En aparte kortuŝa sceno, kiun Josifo priskribis, li rememoris renkontiĝon kun juna virino, kies tuta familio pereis en la tumulto de la milito.

"Ili prenis ĉion... mian familion, mian hejmon, mian estontecon," ŝi diris, kun larmoj en la okuloj.

"Iliaj rakontoj vivos plu," Josifo respondis milde. "Mi certigos, ke la mondo neniam forgesos tion, kio ĉi tie okazis."

Ĉi tiuj renkontoj plifortigis la decidon de Josifo rakonti la historion de sia popolo. Li komprenis, ke kvankam li ne povis malhelpi la fizikan detruon de Jerusalemo kaj la Templo, li povus konservi la memoron pri ili per siaj skribaĵoj.

En la monatoj kaj jaroj, kiuj sekvis, Josifo daŭrigis sian laboron, malgraŭ la tristeco kaj doloro, kiuj ofte superfortis lin. Li sciis, ke liaj notoj estus unu el la malmultaj fontoj, per kiuj postaj generacioj ekscius pri la okazintaĵoj en Jerusalemo.

La verkoj de Josifo fariĝis kroniko de la juda popolo - historio de triumfo kaj tragedio, kredo kaj malespero. Per siaj vortoj, li fariĝis unu el la plej gravaj historiistoj de sia tempo kaj neanstataŭigebla atestanto de unu el la plej malhelaj epokoj en la historio de sia popolo.

La Heredaĵo de la Vortoj

Post la detrua malvenko de Jerusalemo kaj la falo de la Dua Templo, Josifo trovis sin en nova, neatendita rolo. Li fariĝis kronikisto, konservanto de la historio de sia popolo, implikita en reto de memoroj, kulposentoj, kaj la urĝa bezono atesti.

La vivo de Josifo draste ŝanĝiĝis. Iam estimata komandanto, li nun estis en la rolo de historiisto, profunde mergita en la laboro pri sia epokfara verko "La Juda Milito." Ĉi tiu projekto estis por li samtempe ŝarĝo kaj vokacio.

Kun ĉiu vorto, kiun li skribis, Josifo batalis kontraŭ siaj internaj demonoj. Li luktis kun la sento de kulpo, kiu konstante persekutis lin – kulpo devenanta de lia supervivo, lia perfido laŭ la opinio de kelkaj el liaj samlandanoj, kaj lia senpova atestado de la detruo.

Unu vesperon, dum li laboris en sia provizora studejo, vizitis lin malnova amiko, Aarono, postvivanto de la ribelo.

"Josifo, kiel vi povas skribi por ili?" demandis Aarono kun spuro de amareco en la voĉo.

"Mi ne skribas por ili, Aarono," respondis Josifo trankvile. "Mi skribas por la estonteco. Por ke la mondo sciu, kio okazis al ni."

"Sed viaj vortoj..." komencis Aarono, sed Josifo interrompis lin.

"Miaj vortoj estas ĉio, kio restas al mi, por fari justecon al la vero de nia popolo."

En siaj momentoj de reflekto, Josifo ofte pensis pri la efiko de la detruo sur la juda identeco kaj kredo. La detruo de la Templo ne estis nur fizika perdo; ĝi ankaŭ simbolis profundan spiritan krizon por la juda popolo.

"Ni perdis nian centron," li diris unu tagon al juna lernanto, kiu vizitis lin dum li laboris. "Sed ni ne rajtas perdi nian kredon, nian historion. Tio nun estas pli grava ol iam ajn."

La laboro pri "La Juda Milito" ne estis facila tasko. Josifo pasigis sennombrajn horojn rekonstruante eventojn, kolektante atestaĵojn, kaj pripensante siajn proprajn memorojn. Li volis certigi, ke lia verko ne estu nur kroniko de la okazaĵoj, sed ankaŭ spegulo de homaj spertoj – kun ĉiuj iliaj doloroj, esperoj, kaj nesubigebla volo.

Unu tagon, dum li verkis pri aparte dolora memoro, li haltis kaj fermis la okulojn. La bildoj de la brulanta Templo, la krioj de malespero, kaj la batalo reviviĝis en lia menso.

"Ĝi devas esti skribita," li flustris al si mem. "Ĝi devas esti memorata."

Josifo ĉiam pli konsciis, ke lia verko estis pli ol nur historia registro. Ĝi estis heredaĵo, testamento de la juda popolo kaj ĝia nevenkebla vivoforto. Kun ĉiu vorto, kiun li skribis, li fariĝis ne nur historiisto, sed ankaŭ konservanto de kulturo, identeco, kaj kredo.

En la pli postaj jaroj de sia vivo, Josifo ofte pripensis la efikon de sia verko. Li esperis, ke liaj vortoj helpus la postvivantojn retrovi sian kredon kaj identecon en mondo, kiu tiel brutale ŝanĝiĝis. Kaj por la estontaj generacioj, li volis lasi ateston – ateston pri la tragedioj kaj triumfoj de sia popolo.

"Kion mi skribis, estas pli ol nur la historio de milito," li iam diris. "Ĝi estas la historio de popolo, ĝiaj bataloj, ĝiaj revoj, kaj ĝia neĉesebla espero. Ke tiuj vortoj eĥu eterne."

La Ribelo de Bar-Kokhba

En la jaro 135 p.K., la longe subkuŝanta konflikto inter la juda popolo kaj la Romia Imperio atingis eksplodan kulminon: la Ribelo de Bar-Kokhba. Ĉi tiu evento markis decidigan turnopunkton en la historio de antikva judismo kaj lasis daŭran heredaĵon, kiu restas ĝis hodiaŭ.

La radikoj de la ribelo kuŝis en kombinaĵo de religiaj, sociaj, kaj politikaj streĉoj. Post la detruo de la Dua Templo en la jaro 70 p.K. sub la regado de la Romia Imperio, la situacio de la Judoj en Judujo plimalboniĝis. La detruo ne estis nur fizika perdo; ĝi ankaŭ simbolis profundan spiritan krizon kaj la perdon de nacia identeco.

Imperiestro Hadriano, kiu en la jaro 117 p.K. transprenis la potencon, unue ŝajnis sekvi politikon de religia toleremo. Tamen, lia decido transformi Jerusalemon en romian kolonion kaj starigi statuon de Jupitero sur la tereno de la eksa Templo estis perceptita de multaj Judoj kiel fina profanaĵo kaj provoko.

En ĉi tiu streĉita atmosfero naskiĝis mesia movado ĉirkaŭ la figuro de Simon Bar Kokhba, kiu elstaris kiel milita kaj spirita gvidanto. Bar Kokhba, kies nomo signifas "Filo de la Stelo", estis vidata de multaj kiel la atendita Mesio, kiu gvidos la Judojn al libereco kaj sendependeco.

La ribelo, kiu komenciĝis ĉirkaŭ la jaro 132 p.K., komence estis markita de sukcesoj. La judaj fortoj sukcesis venki plurajn romiajn garnizonojn kaj establi sendependan administradon en partoj de Judujo. Sed la Romianoj reagis per vasta milita ofensivo, gvidata de generalo Sextus Julius Severus. La romiaj trupoj, famaj pro sia brutaleco kaj efikeco, dispremis la ribelon kun senkompata krueleco.

La Ribelo de Bar-Kokhba finiĝis en katastrofo por la juda popolo. Miloj da Judoj estis mortigitaj, sklavigitaj aŭ devigitaj fuĝi. Jerusalemo estis malpermesita al Judoj, kaj la judismo mem venis sub romian subpremadon. La malvenko kaŭzis gravan diasporon kaj fundamente ŝanĝis la kurson de la juda historio.

La Ribelo de Bar-Kokhba estas signifa ne nur pro siaj tujaj konsekvencoj, sed ankaŭ pro sia influo sur la juda identeco kaj tradicio. Malgraŭ la katastrofa malvenko, la memoro pri la ribelo restas simbolo de la juda rezisto kaj la nesuperigebla spirito de popolo, kiu, malgraŭ jarcentoj da persekutoj kaj diasporo, konservis sian identecon kaj kredon.

La Eĥo de Libereco

La Fajreroj de Rezisto

La suno malrapide subiris super la mildaj montetoj de Judujo, banante la pejzaĝon en milda, oruĝa lumo. En modesta domo ĉe la rando de Jerusalemo sidis Elazar, impona viro mezaĝa kun penetraj okuloj, kiuj spegulis profundan, internan fajron. Liaj pensoj vagis foren, perdiĝintaj en zorgoj pri sia popolo.

Apud li sidis lia edzino Mirah, milda virino kun amemaj okuloj, kiuj rigardis lin zorgoplene. Ŝi sciis, ke la kreskantaj streĉoj inter Judoj kaj Romianoj profunde okupis lian menson. Iliaj infanoj, la dekdujara Joas kaj la dekjara Abigail, ludis kviete en angulo de la ĉambro, senkonsciaj pri la pezaj pensoj de siaj gepatroj.

"Vi estas tiel silenta hodiaŭ," diris Mirah milde, metante sian manon sur lian. "Kio tiel multe premas vin?"

Elazar elspiris profunde. "Temas pri nia popolo, Mirah. Ĉie en Judujo mi sentas maltrankvilon, kreskantan malesperon. La Romianoj... ilia krueleco ne plu konas limojn. Mi timas, ke baldaŭ okazos ribelo."

La okuloj de Mirah pleniĝis je zorgo. "Ribelo? Sed tio povus esti detrua. Ni ja estas nome kaj milite superataj de la Romianoj."

"Mi scias," respondis Elazar, "sed temas ne plu nur pri armiloj aŭ nombroj. Temas pri nia digno, nia libereco, nia kredo. Kiom longe ni ankoraŭ eltenu subpremadon kaj humiligon?"

Mirah kapjesis malrapide, ŝiaj pensoj iris al la multaj familioj, kiuj jam suferis sub la regado de la Romianoj. "Kaj kion vi intencas fari?"

"Mi renkontiĝos kun aliaj, kiuj dividas mian malkontenton. Eble estas tempo, ke ni organiziĝu, por pli efike defendi niajn rajtojn," diris Elazar decideme.

Ekstere, sur la stratoj de Jerusalemo, la etoso estis streĉa. La novaĵo pri la planoj de Hadriano transformi Jerusalemon en romian kolonion sur la ruinoj de la detruita Templo disvastiĝis kiel fajro.

Ĉie en la urbo grupoj da viroj kaj virinoj kolektiĝis, diskutante vigle, foje laŭte.

En forlasita strateto, Elazar kaj kelkaj konataj vizaĝoj renkontiĝis en la ombroj de la nokto. Ĉiu el ili portis la ŝarĝon de subpremado sur siaj ŝultroj, ĉiu brulis pro deziro al ŝanĝo.

"Ni ne plu povas resti silentaj," komencis Elazar. "Ĉiun tagon nia situacio plimalboniĝas. Niaj plej sanktaj lokoj estas malpurigitaj, nia popolo mistraktita. Ni devas agi!"

Maljuna viro nomata Joakim kapjesis. "Elazar pravas. Ni ne povas permesi, ke nia identeco estu forviŝita. Ni devas montri, ke ni ankoraŭ estas popolo, popolo kun fiereco kaj digno."

"Sed kiel ni povus ribeli kontraŭ la Romianoj? Ili havas legiojn, ni apenaŭ havas armilojn," rimarkigis juna viro nomata Benjamin.

"Temas ne nur pri armiloj," respondis Elazar. "Temas pri la spirito. Se ni agas unuanime, se ni enportas nian kredon kaj nian kuraĝon en la batalon, ni povas multe atingi. Ni sendu mesaĝistojn al aliaj komunumoj, kreu retojn, kolektu subtenon."

La viroj kaj virinoj kapjesis konsente, iliaj okuloj brilis en la lumo de kandeloj. Miksitaĵo de timo kaj espero pendis en la aero. Ili sciis, ke la vojo estos danĝera, sed la alternativo – vivo sub subpremado kaj humiligo – fariĝis neeltenebla.

Kiam Elazar revenis hejmen malfrue en la nokto, li trovis Mirah vekita, atendanta. "Kiel ĝi iris?" ŝi demandis mallaŭte.

Elazar sidiĝis apud ŝi kaj prenis ŝian manon. "Ĝi komenciĝas, Mirah. Ĝi ne estos facila, kaj mi timas pri nia sekureco. Sed mi kredas, ke ĝi estas la sola vojo. Por ni, por niaj infanoj, por nia popolo."

Mirah kapjesis, larmoj en la okuloj. Ŝi ĉirkaŭprenis lin firme. "Kien ajn ĉi tiu vojo nin kondukos, mi staros ĉe via flanko."

Tiun nokton peza silento regis en la domo. Ekstere, la steloj brilis en la ĉielo super Judujo, atestantoj de la naskiĝanta ribelo, kiu ŝanĝos la sorton de tuta popolo.

La Glavo de la Kredo

La matenlumo eniris tra la fenestroj de la domo de Elazar, dum li kaj liaj plej proksimaj kunuloj diskutis la planojn por la ribelo. Sur kruda mapo de Judujo estis markitaj lokoj de strategia graveco.

"Ni devas agi rapide kaj decide," diris Elazar, montrante per fingro la itineron de planata operacio. "La Romianoj ne rajtas subtaksi nin."

Lia amiko, Benjamin, juna kaj energia viro, kapjesis aprobe. "Sed ni devas ankaŭ esti singardaj, Elazar. Niaj rimedoj estas limigitaj."

"Prave," konsentis Elazar. "Tial ni devas agi saĝe, koni la fortojn de niaj malamikoj kaj utiligi niajn proprajn avantaĝojn."

Pli malfrue en la tago, Elazar vizitis la sinagogon, lokon, kie multaj zorgoplenaj civitanoj kunvenis. La novaĵo pri la alproksimiĝanta ribelo disvastiĝis, kaj la opinioj pri ĝi estis dividitaj.

Maljuna viro, Jaĥin, leviĝis kaj parolis: "Mi komprenas nian doloron, sed ĉu ribelo vere estas la ĝusta vojo? Ĉu ni ne povas trovi alian manieron kunvivi kun la Romianoj?"

Elazar paŝis antaŭen. "Jaĥin, mi respektas vian saĝon, sed ni suferis sufiĉe longe. Ni devas nun agi por defendi nian liberecon kaj nian kredon."

La kunveno estis dividita; kelkaj kapjesis konsente, aliaj rigardis maltrankvile. La streĉo estis sentebla, tamen Elazar firme staris ĉe sia konvinko.

Vespere, Elazar sidis kun sia familio dum la vespermanĝo. La atmosfero estis streĉa, ĉiu mordo ŝajnis pli peza ol kutime. Mirah rigardis zorgoplene sian edzon, dum la infanoj silente manĝis.

"Paĉjo, ĉu estos milito?" demandis Joas mallaŭte.

Elazar rigardis sian filon, en liaj okuloj miksiĝis fiereco kaj malĝojo. "Joas, mi esperas, ke ne necesos milito. Sed ni devas batali por tio, kio estas ĝusta. Foje tio signifas fari malfacilajn decidojn."

"Sed ni timas," diris Abigail mallaŭte. "Ni timas, ke io okazos al vi."

Elazar milde metis sian manon sur ŝian. "Mi scias, kara. Sed memoru, ni faras tion por pli bona estonteco. Por vi, por ĉiuj judaj infanoj."

Mirah prenis la manon de Elazar. "Ni estas kun vi, Elazar. Sed bonvolu, estu singarda."

En tiu momento, ŝajnis kvazaŭ la pezo de la mondo kuŝus sur la ŝultroj de Elazar, tamen la amo de lia familio donis al li forton kaj fidon.

Malfrue en la nokto, Elazar kaj liaj batalantoj denove renkontiĝis. "Morgaŭ ni komencos," diris Elazar decide. "Ni atakos la romiajn garnizonojn kaj sendos klaran kaj fortan mesaĝon: Ni estas libera popolo, kaj ni ne plu estos subpremataj."

La viroj kaj virinoj ĉirkaŭ li kapjesis. Kelkaj prenis siajn armilojn, simbola ago, kiu emfazis ilian decidemon.

"Ni preĝu," diris Elazar. "Preĝu por protekto, por forto, kaj por la saĝo fari la ĝustajn decidojn."

En la silento de la ĉambro, ĉiuj fermis la okulojn, kaj profunda, spirita konekto plenigis la spacon — ŝajnis kvazaŭ ili ĉiuj kune portus la pezon de la baldaŭa batalo.

Kiam la mateno ekbriliĝis, Elazar kaj liaj batalantoj ekiris. La stratoj de Jerusalemo estis silentaj, nur la malforta sonorado de iliaj armiloj rompis la trankvilon.

Elazar ĵetis lastan rigardon al sia domo, al la hejmo, kiun li konis kaj amis. Li sciis, ke la venontaj tagoj estos decidaj, ne nur por li kaj lia familio, sed por la tuta juda popolo.

Kun firma paŝo kaj decidema koro, li gvidis siajn homojn en la unuan batalon de la ribelo — ribelo, kiu enirus la historion kiel kuraĝa batalo por kredo kaj libereco.

La Flamoj de la Batalo

En la fruaj matenhoroj, kiam la unuaj sunradioj karesis la tegmentojn de Jerusalemo, Elazar ekprenis la iniciaton. Kun malgranda grupo da deciditaj batalantoj, li kaŝe proksimiĝis al roma antaŭposteno ĉe la rando de la urbo. La aero estis malvarma kaj peza, saturita de miksaĵo de timo kaj decidemo.

"Hodiaŭ komenciĝas nia batalo por libereco," flustris Elazar, dum ili alproksimiĝis al la antaŭposteno. La gardistoj estis nepreparitaj, kaj la surprizatako estis sukcesa, kvankam sangoverŝa. Elazar gvidis siajn virojn kun precizeco, sed la buĉado lasis profundan impreson sur li.

La novaĵo pri la ribelo rapide disvastiĝis, kaj baldaŭ la stratoj de Jerusalemo fariĝis scenejo de furiozaj bataloj. La trupoj de Elazar, fortigitaj per pliaj volontuloj, batalis kuraĝe kontraŭ la pli bone ekipitaj romiaj legioj.

Elazar staris ĉe la frontlinio, lia glavo dancis en la batalo. Li estis inspiro por siaj batalantoj, sed kun ĉiu falinta amiko, kun ĉiu krio de vundita kamarado, li sentis la pezon de la milito sur siaj ŝultroj.

La realeco de la milito fariĝis ankoraŭ pli dolora, kiam novaĵo pri lia hejmo atingis lin. Roma taĉmento atakis lian kvartalon. La koro de Elazar sinkis, kiam li eksciis, ke lia plej juna filo, Joas, estis grave vundita.

Ĉe la lito de sia filo, ĉirkaŭita de la mallaŭtaj ĝemoj de la vunditoj, Elazar tenis la manon de la knabo. "Paĉjo, ĉu mi batalis kuraĝe?" flustris Joas malforte.

"Jes, mia filo, tre kuraĝe," respondis Elazar kun larmoj en la okuloj, lia voĉo sufokita de doloro.

La Prezo de Libereco

La Romianoj, nun plene alarmitaj, lanĉis senkompatan kontraŭofensivon. Sub la gvido de senindulga komandanto, Lucius, ili bruligis domojn kaj efektivigis arbitrajn ekzekutojn.

La stratoj de Jerusalemo, iam plenaj de infana rido kaj la bruo de komercistoj, nun fariĝis scenejo de neimageblaj kruelaĵoj. Elazar kaj liaj trupoj estis puŝitaj reen, sed ili obstine daŭrigis la batalon.

En la silentaj momentoj inter la bataloj, Elazar ofte trovis sin pensema. "Kion ni atingis?" li demandis al si mem. "Ĉu ĉi tiu vojo al libereco vere valoras tiel multe da sufero?"

Lia edzino Mirah, ĉiam ĉe lia flanko, provis lin konsoli. "Vi batalas por tio, kion vi kredas," ŝi diris. "Sed ĉi tiu milito... ĝi ŝanĝas nin ĉiujn."

La familio spertis la teruraĵojn de la milito el proksima distanco. Ilia filino Abigail, iam vivĝoja knabino, fariĝis silenta kaj retiriĝema. La novaĵoj pri parencoj kaj amikoj, kiuj falis en la bataloj, amasiĝis.

Unu vesperon, dum Elazar paŝis tra la detruita kvartalo, li vidis malgrandan knabinon plorantan apud la kadavro de sia patrino. Tiu vidaĵo rompis lian koron kaj dolorigis lin, rememorante lin pri tio, kion ĉi tiu milito vere signifis.

En la mallumo de la nokto, Elazar rigardis la ruinojn de Jerusalemo, liaj pensoj pezigataj de la ŝarĝoj de la milito. La batalo por libereco estis sankta, sed la prezo, kiun ili pagis, estis senmezura. En lia koro kreskis la konscio, ke ĉi tiu batalo ne temis nur pri lando aŭ potenco, sed pri la animo de lia popolo.

La Larmoj de Jerusalemo

Tagoj pasis, kaj kun ĉiu sunleviĝo la situacio por Elazar kaj liaj batalantoj fariĝis pli senespera. La Romianoj plifortigis sian sieĝon, kaj la provizoj en Jerusalemo preskaŭ elĉerpiĝis. Malsato kaj malsano disvastiĝis inter la loĝantoj.

Elazar, elĉerpita kaj turmentata de internaj duboj, staris sur la muregoj kaj rigardis la malamikajn tendarojn. "Kiom longe ni ankoraŭ povas rezisti?" li demandis al si mem. Li pensis pri sia familio, pri la multaj oferoj, kiujn ili jam faris.

La Romianoj lanĉis grandegan atakon, kiu rompis la lastan defendolinion de la ribeluloj. Elazar batalis flanke de siaj viroj, sed la superforto estis premeganta. La stratoj de Jerusalemo fariĝis riveroj de sango kaj larmoj.

Elazar kaj Mirah, kune kun siaj infanoj, fuĝis tra la mallarĝaj stratetoj, ĉirkaŭitaj de la kaoso de la kolapsanta rezisto. Ĉie ili vidis la spurojn de la detruo – brulantaj domoj, kadavroj, plorantaj postvivantoj.

"Elazar, ni devas foriri de ĉi tie," kriis Mirah malespere, kiam brulanta konstruaĵo kolapsis apud ili.

Ili atingis la domon de amiko, kie ili trovis rifuĝon. Tie ili ricevis la novaĵon, ke Joas, ilia filo, falis en la bataloj. La familio estis detruita.

"Li estis tiel juna...", plorsingultis Mirah, dum Elazar staris silente, nekapabla esprimi sian doloron. Abigail brakumis sian patrinon, kaj larmoj fluis laŭ ŝiaj palaj vangoj.

Elazar retiriĝis, rigardis al la ĉielo kaj demandis sin, ĉu la Dio, je kiu li kredis, forlasis ilin ĉiujn. "Kian mondon ni lasas al niaj infanoj?" li pensis.

La sekvaj tagoj estis nebulo de malĝojo kaj malespero. Elazar, iam fiera gvidanto, nun sentis sin senhelpa, superfortita de la ŝarĝo de siaj decidoj.

En trankvila nokto, kiam la cindro ankoraŭ estis varma, Elazar sidiĝis apud sia edzino. "Mi pensis, ke ni batalis por la ĝusta afero. Sed la prezo... estis tro alta."

Mirah prenis lian manon. "Ni faris ĉion eblan," ŝi diris mallaŭte. "Sed foje aferoj eskapas el nia kontrolo. Ni devas lerni vivi kun niaj decidoj."

Elazar rigardis sian filinon, kiu dormis maltrankvile. Li pensis pri la estonteco, kiu atendis ŝin en ĉi tiu disŝirita mondo. La doloro estis neeltenebla, sed en tiu momento de silento li trovis ian akcepton. La sorto de Jerusalemo kaj de lia familio estis sigelita, sed ilia heredaĵo kaj iliaj rakontoj vivos plu.

En la mallumo de tiu nokto, ĉirkaŭitaj de la ruinoj de sia vivo, la familio restis kune, eta lumo de espero en mondo plena de malespero. Jerusalemo ploris, kaj ŝiaj larmoj rakontis la historion de popolo, kiu malgraŭ ĉiaj malfacilaĵoj provis konservi sian identecon kaj kredon.

La Silento post la Ŝtormo

La suno leviĝis super ŝanĝita Jerusalemo. La iam vigla urbo kuŝis en ruinoj, kaj ĝiaj stratoj estis malplenaj. Post la falo de la lastaj fortikaĵoj, la Romianoj montris neniun kompaton. Ili rabatakis, bruligis, seksperfortis, kaj mortigis. La Judoj, kiuj iam loĝis ĉi tie, estis aŭ mortigitaj aŭ forpelitaj el siaj hejmoj.

Elazar, Mirah, kaj Abigail estis inter tiuj, kiuj sukcesis eskapi. Kune kun miloj da aliaj, ili vagis, perditaj kaj sen celo, tra la lando. La funebro pro Joas kaj la detruo de ilia hejmlando peze ŝarĝis iliajn korojn.

En la noktoj, kiam ĉio estis trankvila, Elazar pripensis la ribelon. Ĉu ĝi havis sencon? Ĉu la batalo por libereco kaj identeco valoris tiel multe perdi?

"Ni batalis, ĉar ni devis," li diris al Mirah, dum ili sidis kune unu vesperon. "Sed nun mi demandas min, ĉu ekzistis alia vojo."

Mirah rigardis lin malĝoje. "Eble ne ekzistas simplaj respondoj, Elazar. Ni agis laŭ tio, kion ni kredis ĝusta. Neniu povas atendi pli de ni."

Tiuj vortoj donis al Elazar iom da konsolo, sed la dubo restis. La estonteco de la juda popolo ŝajnis pli malcerta ol iam ajn.

La familio fine trovis rifuĝon en eta komunumo malproksime de Jerusalemo. La vivo estis malfacila; ili devis komenci de nulo, sen sia hejmo, sen sia pasinteco.

Elazar helpis konstrui la novan komunumon. Li laboris en la kampoj kaj instruis la infanojn. Sed ĝi estis alia vivo, vivo en la ombro de tio, kio iam estis.

Abigail trovis konsolon en la komunumo. Ŝi helpis kie ajn ŝi povis kaj lernis, kiel adaptiĝi al ĉi tiu nova mondo. Sed ankaŭ ŝi funebris pri sia frato kaj la perdita Jerusalemo.

"Kio fariĝos el ni, Paĉjo?" Abigail demandis unu tagon, dum ili laboris kune. "Ĉu ni iam estos denove kiel antaŭe?"

Elazar rigardis en la malproksimon. "Ni neniam plu estos kiel antaŭe," li diris mallaŭte. "Sed ni daŭrigos. Ni estas ankoraŭ popolo, Abigail. Nia historio, niaj tradicioj – tion neniu povas forpreni de ni."

Tiuj vortoj donis esperon al Abigail. Ŝi komprenis, ke ŝia identeco ne dependas nur de unu loko, sed de ilia historio, tradicioj, kaj kredo.

Kun la tempo, la komunumo komencis kreski. La vivo estis malfacila, sed ankaŭ plena de malgrandaj ĝojoj kaj venkoj. Elazar vidis, kiel la homoj ridis, laboris, kaj preĝis. Li rekonis, ke kvankam Jerusalemo estis perdita, la spirito de lia popolo daŭre vivis.

En la kvietaj momentoj, kiam li pensis pri Joas kaj pri la multaj, kiuj falis, li sentis ilian spiriton ĉirkaŭ si. Ili estis parto de ĉi tiu nova komunumo, silenta atesto pri tio, ke ili ne estis forgesitaj.

"Eble ĉi tio estas nia destino," Elazar diris unu tagon al Mirah. "Ne forgesi. Memori kaj daŭrigi la vivon."

Mirah kapjesis. "Jes, tio estas nia tasko. Ni konservas la memorojn kaj transdonas ilin. Tiel nia popolo daŭre vivos."

En ĉi tiu eta komunumo, malproksime de la ruinoj de Jerusalemo, la familio trovis novan hejmon. Loko de memoro, espero, kaj nesuperebla kredo. Jerusalemo falis, sed ĝia heredaĵo vivis en la koroj de tiuj, kiuj supervivis. En la silento post la ŝtormo, ili retrovis sian voĉon kaj komencis skribi novan ĉapitron de sia historio.

La Senmortiga Heredaĵo

En la jaroj post la ribelo, la vundoj malrapide resaniĝis, kaj Elazar fariĝis maljunulo. Liaj haroj blankiĝis, kaj profundaj sulkoj trancîs lian vizaĝon, tamen liaj okuloj ankoraŭ brilis per la saĝo kaj fajro, kiuj iam distingis lin kiel gvidanton de la ribelo.

En tiu malvarmeta vespero, li sidis kun siaj genepoj, Benjamin kaj Esther. Ili estis scivolemaj kaj plenaj de demandoj pri la pasinteco, pri tio, kion ilia avo spertis.

"Avo, rakontu al ni pri la tempo, kiam vi batalis kontraŭ la Romianoj," petis Esther, ŝiaj okuloj larĝe malfermitaj pro scivolemo.

Elazar ridetis kaj komencis rakonti. Li parolis pri la tagoj de batalo, pri la esperoj kaj timoj, pri la revoj kaj koŝmaroj.

"Vi devas scii, infanoj," li diris penseme, "ke ĉi tiu ribelo estis pli ol nur batalo. Ĝi estis lukto por nia identeco, por konservi nian liberecon. Kaj kvankam ni malvenkis, nia rezisto formis nin. Ĝi fariĝis parto de nia historio."

Benjamin, la pli aĝa el la du, sulkigis la brovojn. "Sed, avo, ĉu tio havis sencon? Kial batali, se fine oni perdas?"

Elazar kapjesis kompreneme. "Foje, Benjamin, la batalo mem estas la plej grava. Ne ĉiam temas pri venko, sed pri tio, ke oni staras por tio, kio estas ĝusta. Nia rezisto montris, ke ni ne lasas nin facile subpremi. Tio helpis nin travivi malfacilajn tempojn."

"Sed ĉu ne estis terure malĝoje, perdi ĉion?" demandis Esther mallaŭte.

"Jes, estis malĝoje," respondis Elazar, "sed ni ankaŭ lernis, ke en la mallumo ni povas trovi esperon. Ni lernis esti fortaj kaj rezistemaj. Nia tragedio ne rompis nin, sed plifortigis nin."

La infanoj aŭskultis atente, sorbante ĉiun vorton de sia avo. Elazar sentis profundan ligon kun ili, ponton inter la generacioj.

"Kaj nun," daŭrigis Elazar, "estas via tasko transdoni ĉi tiun historion. Vi devas memori kaj rakonti al aliaj pri nia lukto kaj kuraĝo. Tiel nia historio restos viva."

"Ni faros, avo," promesis Benjamin. "Ni neniam forgesos viajn rakontojn."

Elazar ridetis kaj rigardis la stelojn. Li pensis pri ĉiuj, kiuj falis en la batalo, pri sia familio, pri siaj amikoj. Ilia ofero ne estis vana. En ĉi tiuj infanoj, en iliaj demandoj kaj scivolemo, la heredaĵo de la ribelo daŭre vivis.

Dum la nokto progresis, la silento ilin envolvis. Elazar, nun maljunulo, sentis sin plenumita. Lia vivo estis longa, plena de defioj kaj doloro, sed ankaŭ plena de amo kaj forto.

"Ni estas parto de granda historio, infanoj," li diris mallaŭte. "Kaj ĉiu el ni portas parton de ĝi en si. Neniam forgesu tion."

Benjamin kaj Esther kapjesis, iliaj junaj vizaĝoj seriozaj kaj pensemaj. Ili transdonos la rakontojn, la lecionojn. La heredaĵo de ilia avo, la heredaĵo de ilia popolo, vivos plu.

Tiun nokton, sub la stelplena ĉielo, Elazar sentis profundan pacon. Li faris ĉion eblan por konservi la flamon de memoro. Nun estis la tasko de la sekva generacio nutri tiun fajron kaj certigi, ke la historio de tiuj, kiuj batalis kaj suferis, neniam estu forgesita. Tio estis ilia senmortiga heredaĵo, heredaĵo de espero, kredo, kaj nesuperebla rezisteco.

306-337 – La Kristanismo kaj la Plifortigo de la Restriktoj en la Romia Imperio sub Konstanteno

Komence de la kvara jarcento, precipe dum la periodo de 306 ĝis 337 p.K., la Romia Imperio estis sub la regado de Konstanteno la Granda, reganto, kiu famiĝis ĉefe pro sia konvertiĝo al kristanismo kaj la profundaj ŝanĝoj, kiuj sekvis en la imperio. Dum la regado de Konstanteno, kristanoj spertis periodon de malstreĉo kaj favorado, dum por la juda loĝantaro tio signifis fazon de kreskantaj restriktoj kaj diskriminacio.

La konvertiĝo de Konstanteno al kristanismo kaj la akompana antaŭenigo de ĉi tiu religio en la Romia Imperio havis vastajn efikojn sur la sociaj kaj religiaj strukturoj. Kristanismo, kiu antaŭe estis subpremata kaj persekutata, nun fariĝis la preferata religio de la imperio. Tio kaŭzis ŝanĝon en la religia pejzaĝo, kie judoj troviĝis en ĉiam pli marĝenita pozicio.

Dum la regado de Konstanteno, diversaj leĝoj estis enkondukitaj, kiuj rekte aŭ nerekte diskriminaciis kontraŭ judoj. Tiuj leĝoj limigis la religiajn praktikojn kaj civilajn rajtojn de la juda loĝantaro. Ekzemple, judoj estis malpermesitaj konverti ne-judojn, kaj iliaj tradicioj kaj kutimoj estis severe limigitaj. Krome, ili spertis sociajn kaj ekonomiajn malavantaĝojn, kiuj grave influis iliajn komunumojn.

Tiuj leĝoj reflektis kreskantan malamikecon kontraŭ judoj, kiu parte baziĝis sur religiaj diferencoj kaj teologiaj konfliktoj inter frua kristanismo kaj judismo. Tiuj konfliktoj ofte estis pligrandigitaj de reciproka malkonfido kaj miskompreno, kio puŝis la judan komunumon en defensivan kaj izolitan pozicion.

La efikoj de ĉi tiuj leĝoj estis ampleksaj. Ili ne nur kontribuis al la socia ekskludo kaj ekonomia malavantaĝo de la judoj, sed ankaŭ metis la fundamenton por estontaj diskriminacioj kaj persekutoj. Ĉi tiu periodo markas turnopunkton en la historio de la juda diasporo, modelo, kiu ripetiĝos kaj intensiĝos en la sekvaj jarcentoj.

Resumante, la periodo de 306 ĝis 337 p.K. sub Konstanteno estis epoko de signifaj ŝanĝoj por la Romia Imperio kaj precipe por ĝiaj judaj loĝantoj. Ĝi reprezentis kreskon de subpremo kaj limigoj, kiuj markis la komencon de longa historio de sufero kaj defioj por la juda komunumo.

Islamo

En la 7-a jarcento, la leviĝo de Islamo kaj la centra figuro de la profeto Mohamedo kaŭzis profundajn ŝanĝojn en la politika kaj socia pejzaĝo de la Arabia Duoninsulo, kiuj aparte influis la rilatojn inter islamanoj kaj judoj.

Mohamedo komencis ĉirkaŭ 610 p.K. disvastigi siajn religiajn mesaĝojn en Mekko, bazitajn sur la adorado de unusola dio, Alaho, kaj alvokis al morala kaj socia reformo. Liaj instruoj, kiuj unue renkontis reziston de la politeismaj triboj de Mekko, trovis pli grandan akcepton post la migrado, konata kiel Hiĝro, en 622 p.K. al Medino. Ĉi tiu migrado ne nur markis la komencon de la islama kalendaro, sed ankaŭ la formiĝon de forta islama komunumo.

En Medino loĝis pluraj judaj triboj. Komence, Mohamedo provis formi aliancon kun ĉi tiuj triboj pro komunaj monoteismaj kredoj. Tamen, la rilatoj ekde la komenco estis malfacilaj pro diferencoj en religiaj praktikoj kaj interpretoj. La judaj triboj rifuzis akcepti Mohamedon kiel profeton, kion liaj sekvantoj vidis kiel malakcepton de ilia religia legitimeco. Krome, la judaj komunumoj rigardis la kreskantan influon de la islamanoj kiel minacon al sia propra pozicio en Medino. Tiuj streĉoj pliiĝis pro aliancoj inter la judaj triboj kaj la kontraŭuloj de Mohamedo en Mekko.

Ĉi tiuj streĉitaj rilatoj fine eskaladis en serion de konfliktoj, kiuj kondukis al la elpelo de la judaj triboj el Medino kaj al la sklavigo kaj mortigo de la tribo Banu Kurajza.

En la sekvaj jarcentoj, la ekspansio de Islamo sub la gvidado de la islamaj kalifatoj daŭris. En la konkeritaj teritorioj, inkluzive de judaj komunumoj, Islamo fariĝis la domina forto. Judoj kaj kristanoj estis agnoskitaj kiel "Dhimmis," protektitaj sed subordigitaj komunumoj, kiuj devis pagi specialan imposton kaj havis limigitajn rajtojn.

En islama teologio, estiĝis rakontoj, kiuj prezentis judojn kiel rifuzintojn de Mohamedo, kio kontribuis al plia intensiĝo de la streĉoj. Tamen, okazis ankaŭ periodoj de kunekzisto kaj kultura prospero, kiel en Al-Andalus, la islama Hispanio. Tiuj periodoj tamen ĉiam estis markitaj de ambivalenco kaj potenciala streĉo.

Eventoj kiel la Krucmilitoj kaj la invadoj de la Mongoloj kondukis al plia intensiĝo de la rilatoj inter islamanoj kaj neislamaj komunumoj, inkluzive de judoj. Dum la jarcentoj, en certaj islamaj skribaĵoj kaj popolaj rakontoj, fortikiĝis la bildo de judoj kiel malamikoj de Islamo.

Ĉi tiuj historiaj evoluoj reflektas la defiojn kaj streĉojn ligitajn al la leviĝo kaj ekspansio de nova religia movado en kulture kaj religie diversa socio. La kompleksaj miksaĵoj de religiaj, politikaj, kaj sociaj faktoroj, kiuj radikas en ĉi tiuj fruaj rilatoj, daŭre influas la rilatojn inter islamanoj kaj judoj tra la jarcentoj.

La Feliĉa Arabujo

La paca vivo en Medino

En la viglaj stratetoj de Medino, ĉirkaŭitaj de bonodoraj spicbudoj kaj la movoplena zumado de la bazaro, Asaf, juna komercisto de la tribo Banu Qaynuqa, trovis sian ĉiutagan feliĉon. Lia malgranda butiko estis kalejdoskopo de koloroj kaj odoroj, plenigita per ŝtofoj el malproksimaj landoj, brilaj gemoj, kaj ekzotaj spicoj. Asaf estis konata pro sia akra intelekto kaj amika konduto, trajtoj, kiuj faris lin populara inter la diversaj komunumoj de Medino.

En klara mateno, kiam la unuaj sunradioj mergis la urbon en oran lumon, Asaf prepariĝis por alia tago. "Asaf, ĉu vi jam vidis la novan ŝtofon el Persujo?" vokis lia amiko Yusuf, islama komercisto, alproksimiĝante al la butiko de Asaf.

"Jes, Yusuf. Ili alvenis nur hieraŭ. Iliaj koloroj estas tiel brilaj, ke ili spegulas la belecon de la ĉielo," respondis Asaf kun rideto.

Yusuf rigardis la ŝtofojn kaj kapjesis kun aprobo. "Via okulo por kvalito estas nesuperita, mia amiko. Estas ĉiam mirige vidi, kiel niaj komunumoj – judoj kaj islamanoj – ĉi tie en Medino komercas kune kaj lernas unu de la alia."

Asaf kapjesis konsente. "Jes, estas vera beno. Niaj diferencoj en kredo kaj deveno ĉi tie ŝajnas sensignifaj. Ni vivas en paca kunekzisto, unuigitaj de nia komuna deziro por prospero kaj harmonio."

La bazaro de Medino estis fandopoto de kulturoj. Arabaj, judaj kaj eĉ kristanaj komercistoj dividis la mallarĝajn stratojn, interŝanĝante varojn kaj rakontante historiojn el foraj landoj. Ĉi tiu atmosfero de paco kaj reciproka respekto devenis de la diverseco de la homoj, kiuj ĉi tie vivis.

En la juda komunumo, al kiu Asaf apartenis, regis forta sento de komunumeco kaj fiero pri siaj kulturaj kaj religiaj tradicioj. La sinagogo ne estis nur loko de preĝo, sed ankaŭ centro de lernado kaj kunvenado. Tie, la pli aĝuloj diskutis pri la Torao kaj kiel apliki ĝiajn instruojn en la ĉiutaga vivo.

Unu vesperon, dum Asaf iris hejmen post longa tago en la bazaro, li renkontis rabeno Eliezer, respektata pli aĝulo de sia komunumo. "Asaf, vi enkorpigas la plej bonajn trajtojn de nia popolo. Via sukceso en la bazaro kaj via rilato kun niaj islamaj najbaroj estas ekzemplodonaj," diris rabeno Eliezer.

"Dankon, rabeno. Mi kredas, ke estas grave konstrui pontojn kaj kunligi niajn komunumojn," respondis Asaf modeste.

"Jes, sed ankaŭ estu singarda, mia filo. La tempoj ŝanĝiĝas, kaj estas onidiroj pri streĉoj inter niaj komunumoj. Ni devas esti saĝaj kaj atentemaj," avertis rabeno Eliezer kun zorgoplena rigardo.

Asaf kapjesis, memorante la vortojn de la rabeno. La rakontoj kaj saĝoj, kiujn li lernis ekde sia infanaĝo en la sinagogo, estis profunde enradikiĝintaj en lia koro. Ili instruis al li havi kompaton kaj komprenon por ĉiuj homoj, sendepende de ilia deveno aŭ religio.

La sekvaj tagoj estis plenaj de normalaj aktivecoj, sed Asaf sentis subtile kreskantan streĉon en la aero. La interparoloj en la bazaro ne estis tiel malstreĉaj kiel antaŭe, kaj estis momentoj de malkonfido kaj nesekureco inter la komunumoj. La novaĵo pri la alveno de Mohamedo en Medino kaj la kreskanta sekvantaro de lia mesaĝo kaŭzis maltrankvilon inter kelkaj membroj de la juda komunumo.

Unu posttagmezon, dum Asaf ordigis siajn varojn, Yusuf rapide eniris lian butikon. "Asaf, ĉu vi aŭdis? Mohamedo, la profeto de la islamanoj, parolas pri nova ordo, pri komunumo, kiu inkluzivas ĉiujn kredantojn. Estas multaj entuziasmaj, sed ankaŭ multaj maltrankvilaj."

"Jes, mi aŭdis pri tio," respondis Asaf penseme. "Ŝajnas, ke venas epoko de ŝanĝo. Mi nur esperas, ke nia paca kunvivado ne suferos pro ĉi tiuj ŝanĝoj."

Yusuf kapjesis serioze. "Mi esperas la saman, mia amiko. Ni devas preĝi por paco kaj labori por kompreno, por ke Medino daŭre estu loko de harmonio kaj respekto."

Ĉi tiuj interparoloj kaj eventoj reflektis la komencon de tempo, kiu fundamente ŝanĝus la historion de Medino kaj la rilatojn inter la islamaj kaj judaj komunumoj. Asaf, en la mezo de ĉi tiu ŝanĝiĝanta mondo, restis simbolo de espero kaj paco, pontokonstruanto en tempo de grandaj ŝanĝoj.

La unuaj signoj de la ŝanĝo

En la jaro 624 p.K., la etoso en Medino komencis rimarkeble ŝanĝiĝi. La viglaj koloroj de la bazaro kaj la agema zumado jam ne povis kaŝi la kreskantajn tensiojn inter la islamanoj kaj la tribo Banu Qaynuqa, al kiu apartenis Asaf.

Asaf, kiu ĉiam strebis esti peranto kaj pacigisto, sentis kreskantan zorgon. Li rimarkis, kiel etaj miskomprenoj kaj onidiroj kondukis al malkonfido kaj suspekto. Foje, dum li elmetis siajn varojn en la bazaro, li aŭdis du el siaj islamanaj klientoj ekscitite interparoli.

"Ĉu vi scias, ke la Banu Qaynuqa rifuzas rekoni Mohamedon kiel sian profeton? Ili pridubas lian aŭtoritaton," diris unu, sulkigante la frunton.

"Jes, mi aŭdis tion," respondis la alia penseme. "Ŝajnas, ke ili ne estas pretaj esti parto de ĉi tiu nova ordo, kiu formiĝas en Medino."

Asaf sentis doloron en la brusto. Li sciis, ke tiaj interparoloj nur profundigus la fendetojn en la komunumo de Medino. Li decidis levi la temon ĉe la sekva kunveno de sia tribo.

Tiunokte, sub la brila lumo de la steloj super la dezerto, la aĝestroj kaj membroj de la tribo Banu Qaynuqa kunvenis en urĝa kunveno. Asaf, kvankam unu el la pli junaj membroj, estis invitita pro sia reputacio en la komunumo.

"Fratoj," komencis la aĝestro, "la situacio en Medino ŝanĝiĝas. Ni ĉiuj sentas, ke la islamanoj sub la gvidado de Mohamedo akiras pli da influo. Nia pozicio kaj niaj tradicioj estas en danĝero."

"Sed kion ni faru?" demandis unu membro. "Ĉu ni adaptiĝu aŭ firme restu ĉe niaj konvinkoj?"

Asaf sentis, ke ĉi tiu estas la momento levi sian voĉon. "Mi kredas, ke gravas, ke ni serĉu dialogon kaj komprenon. Ni ne lasu timon aŭ miskomprenojn gvidi nin. Nia forto kiel komunumo kuŝas en nia kredo kaj nia kapablo pace kunekzisti kun aliaj."

"Asaf pravas," konsentis alia. "Sed ni ankaŭ ne devas forlasi nian identecon kaj niajn tradiciojn. Ni devas trovi manieron konservi ambaŭ."

La diskutoj daŭris longe, kun opinioj kaj strategioj pasie interŝanĝataj. Malgraŭ la diversaj vidpunktoj, regis sento de unueco – la deziro sekurigi la pacon kaj bonfarton de la tribo.

En la sekvaj tagoj, la tensioj en Medino pliiĝis. Estis etaj kvereloj kaj disputoj inter membroj de la diversaj komunumoj. Asaf observis tion kun zorgo kaj ofte parolis kun siaj islamaj amikoj por glatigi la rilatojn.

Unu tagon, kiam Asaf ĵus malfermis sian butikon, venis al li maljuna amiko, islama klerulo nomata Hamza. "Asaf, mi bedaŭras vidi, kiel la aferoj evoluas. Mi timas, ke estas fortoj en Medino, kiuj celas konfrontiĝon," diris Hamza kun zorgo.

"Mi scias, Hamza," respondis Asaf. "Mi provis konstrui pontojn, sed ŝajnas, ke la abismo nur pligrandiĝas. Mi nur esperas, ke ni trovos manieron superi ĉi tiun krizon."

"Mi ankaŭ faros mian plejeblon por peradi," promesis Hamza. "Ni ne povas permesi, ke miskomprenoj kaj antaŭjuĝoj detrui nian kunvivadon."

Malgraŭ la klopodoj de homoj kiel Asaf kaj Hamza, la tensioj pliiĝis. Onidiroj pri baldaŭaj konfliktoj kaj politikaj manovroj disvastiĝis kiel fajro tra la urbo. La timo pri la nekonato kaj la perdo de la antaŭa paca kunvivado en Medino peze pendis en la aero.

En malfrua nokto, dum Asaf sidis en sia hejmo kaj pripensis la eventojn, li faris decidon. Li daŭre batalos por paco kaj kompreno inter la komunumoj. Asaf sciis, ke la defioj estas grandaj, sed li firme kredis, ke la komunaj valoroj kaj la strebo al paca kunvivado estas pli fortaj ol iu ajn diferenco.

La Elpelo de la Banu Qaynuqa

La etoso en Medino atingis sian bolpunkton. La eventoj rapide evoluis en ŝtormon de tensioj kaj malkonfido, kiuj nun fariĝis nebrideblaj. Por Asaf kaj lia tribo, la Banu Qaynuqa, komenciĝis periodo de malfeliĉo – ili estis elpelitaj el Medino.

La novaĵo frapis Asafon kiel bato. Li staris en sia butiko, kun tremantaj manoj, kiam mesaĝisto proklamis la ordonon. "Vi havas tri tagojn por forlasi Medinon," diris la mesaĝisto per firma voĉo. La vortoj resonis en la kapo de Asaf, dum li senpove aŭskultis.

Hejme regis peza etoso. Lia familio en silento pakis siajn posedaĵojn. La patrino de Asaf, virino kun forta volo kaj profunda pieco, provis kaŝi sian doloron, sed ŝiaj okuloj perfidis ŝian malĝojon.

"Kial ni devas forlasi nian hejmon, patro?" demandis la pli juna frato de Asaf, sufokita de larmoj.

Ilia patro, saĝa kaj trankvila viro, metis manon sur lian ŝultron. "Foje, mia filo, la vivo alportas provojn, kiujn ni ne povas kompreni. Sed ni devas resti fortaj kaj konservi nian kredon."

Dum la sekva nokto, Asaf apenaŭ povis dormi. La pensoj pri la alproksimiĝanta vojaĝo kaj la necerteco pri tio, kio atendis ilin, turmentis lin. La perdo de sia komerco, sia hejmo, kaj la konata komunumo peze premis lian koron.

Je la mateno de la foriro, regis fantoma silento en la urbo. Asaf, lia familio, kaj la aliaj membroj de la tribo kunvenis kun siaj malmultaj havaĵoj ĉe la rando de la urbo. La vojaĝo al nekonataĵo staris antaŭ ili.

"Ni revidos unu la alian, Asaf," diris Hamza, kiu venis por adiaŭi. "Mi profunde bedaŭras tion, kio okazas. Tio ne estas la vojo de paco kaj kompreno, kiun ni esperis."

Asaf kapjesis, sed ne povis trovi vortojn por respondi. La doloro estis tro profunda, la seniluziiĝo tro granda.

La karavano ekiris, malrapide kaj peze. La urbo, kiu iam estis ilia hejmo, malaperis iom post iom malantaŭ ili. Asaf rigardis malantaŭen, kaj larmo glitis laŭ lia vango. Li ne povis kredi, ke ĉi tio estis la fino.

La vojaĝo estis malfacila kaj plena de necerteco. Ili devis trapasi malafablajn regionojn, ofte sen sufiĉa akvo aŭ manĝo. La infanoj kaj maljunuloj suferis plej multe. Ĉiun vesperon, kiam ili starigis sian tendaron, la membroj de la tribo kunvenis por preĝi kaj por konsoli unu la alian.

"Ni ne devas perdi esperon," diris la patro de Asaf dum unu el tiuj kunvenoj. "Ni estas forta popolo, kaj nia historio estas plena de defioj, kiujn ni venkis. Ankaŭ ĉi tion ni eltenos."

Liaj vortoj donis al ili forton, sed la necerteco kaj timo restis. Kien ili iru? Kie ili trovos novan hejmon? Tiuj demandoj pezis sur iliaj koroj.

Unu vesperon, dum ili ripozis sub la stela ĉielo, la patrino de Asaf aliris lin. "Ĉu vi memoras la rakontojn, kiujn mi rakontis al vi kiel infano? Pri niaj prapatroj, kiuj trairis dezertojn kaj marojn, ĉiam serĉante lokon, kiun ili povus nomi hejmo," ŝi diris milde.

"Jes, patrino, mi memoras," respondis Asaf, la vortoj plenaj de melankolio.

"Ni estas parto de tiu historio, Asaf. Nia vojaĝo nun estas nur alia ĉapitro en la longa rakonto de nia popolo. Kaj kiel en ĉiuj rakontoj, ankaŭ por ni estos morgaŭ," ŝi diris, tenere prenante lian manon.

Tiuj vortoj profunde tuŝis Asafon. Malgraŭ la doloro kaj perdo, li sentis ligon al sia historio kaj al sia popolo. Tiu ligo donis al li la forton daŭrigi, paŝo post paŝo, tago post tago.

La vojaĝo daŭris, kaj kun ĉiu paŝo ili pli kaj pli foriĝis de sia antaŭa vivo. Tamen, en siaj koroj ili portis la memorojn pri Medino, la esperon pri pli bona estonteco, kaj la neŝanceleblan kredon, ke ĉe la fino de la vojo atendos nova komenco.

Nova Vivo en Ekzilo

La suno ĵus leviĝis, kiam Asaf kaj lia familio alvenis al eta vilaĝo en la nordo, malproksime de la hejmo, kiun ili iam konis. Ĝi estis simpla loko, kun modestaj argilaj domoj kaj mallarĝaj stratetoj, kiu nun devis servi kiel ilia rifuĝejo.

Asaf sentis profundan elĉerpiĝon, sed ankaŭ neatenditan trankvilon. Fine ili povis ripozi, setli. Tamen la necerteco restis – kiel ili sukcesos ĉi tie, en medio tiel fremda al ili?

Dum la unuaj tagoj en ekzilo, ĉio estis nova kaj fremda. La lingvo de la lokanoj estis simila, sed tamen sufiĉe malsama por kaŭzi miskomprenojn. La kutimoj kaj tradicioj malsamis de tiuj en Medino, kio donis al Asaf kaj lia familio senton de izoliteco.

Sed Asaf estis decidita konstrui novan vivon. Li sciis, ke li devas esti forta por sia familio. Li komencis kontakti la lokanojn, interŝanĝi kun ili kaj lerni. Li helpis ĉe la rikolto, riparis ilojn, kaj malrapide establis rilatojn.

Iun tagon, Asaf ricevis leteron de amiko el la tribo Banu Nadir. Ili konatiĝis en Medino kaj restis en kontakto ekde kiam ambaŭ triboj devis forlasi siajn hejmojn. La letero estis bonvena ligo al lia pasinteco, memorigilo, ke li ne estas sola.

"Kara Asaf," li legis, "mi esperas, ke ĉi tiu letero trovos vin kaj vian familion en bona sano. Ankaŭ ni devis adaptiĝi al vivo en ekzilo, sperto, kiu certe ĉiujn nin ŝanĝis. Sed mi estas certa, ke nia decidemo kaj nia kredo portos nin tra ĉi tiuj tempoj."

Tiu interŝanĝo donis al Asaf konsolon. Estis trankvilige scii, ke aliaj travivas la saman sorton, ke ili kune formas komunumon, eĉ se fizike disigitaj.

Kun la tempo, Asaf trovis sian lokon en la komunumo de la vilaĝo. Li malfermis etan metiejon, kie li kreis uzeblaĵojn kaj juvelojn. Li utiligis la kapablojn, kiujn li lernis en sia juneco, kaj adaptis ilin al la bezonoj de sia nova medio.

Lia metiejo fariĝis renkontiĝejo por konversacioj kaj interŝanĝoj. Homoj venis por aĉeti aŭ simple por babili. Asaf lernis koni iliajn rakontojn – iliajn ĝojojn, iliajn zorgojn kaj revojn. Malgraŭ ĉiuj diferencoj, estis tiom multe, kio ilin ligis.

"Kiel eblas, ke ni havas tiom komunan, kvankam niaj vojoj estas tiom malsamaj?" iam demandis pli aĝa vilaĝano.

Asaf ridetis. "Eble," li diris, "ĉar fine de la tago, ni ĉiuj estas nur homoj, kiuj serĉas feliĉon kaj pacan vivon."

Asaf kaj lia familio ankaŭ alfrontis defiojn. Ili devis lerni novajn lingvokapablojn, alkutimiĝi al malsamaj manĝkutimoj, kaj festi la festotagojn sen sia kutima komunumo. Sed ili ankaŭ trovis ĝojon en malgrandaj aferoj – en la rido de infanoj, kiuj rapide trovis amikojn, en la beleco de la pejzaĝo, kaj en la malgrandaj sukcesoj de ĉiu tago.

Kun la tempo, ili sentis sin ĉiam pli hejme. La patrino de Asaf, kiu komence suferis pro la elpelo, komencis dividi siajn kuirartajn kapablojn kun la virinoj de la vilaĝo. Lia patro organizis kunvenojn, en kiuj ili parolis pri sia historio kaj kulturo, konstruante pontojn inter sia pasinteco kaj la nuntempo.

"Ni perdis tiom multe," diris lia patrino unu vesperon, "sed eble ni ankaŭ gajnis ion. Novan perspektivon, novajn amikojn, novan manieron vivi."

Asaf kapjesis. La vundoj de la elpelo neniam plene resaniĝos, sed ili lernis vivi kun ili. Ili konstruis novan vivon sur la ruinoj de la malnova, portataj de la espero, ke iam malfermiĝos vojo reen aŭ nova vojo antaŭen.

En ĉi tiu nova vivo en ekzilo, Asaf ne nur trovis rimedojn por transvivi, sed ankaŭ novan komprenon pri la komplekseco de la homa ekzisto. Li lernis, ke ŝanĝo estas neevitebla, sed ke en ĉiu ŝanĝo estas ankaŭ ŝanco – ŝanco por nova komenco, kresko, kaj evoluo.

Novaĵoj el Medino

La jaro 625 p.K. denove alportis grandajn ŝanĝojn en la vivo de Asaf. Malvarmeta matena vento blovis tra la vilaĝo, kiam alvenis vojaĝanto, mesaĝisto kun novaĵoj el Medino. Li alportis informon pri la elpelo de la Banu Nadir, la tribo, kun kiu Asaf kaj lia familio dum jaroj havis amikajn rilatojn. La novaĵo frapis Asaf forte, rememorigante malnovajn vundojn kaj vekante profundan zorgon pri la estonteco.

Vespere, Asaf kaj lia familio kunvenis en la plej eta ĉambro de sia modesta nova hejmo. Ili sidis en rondo, ĉiu perdinta sin en siaj propraj pensoj, ĝis Asaf rompis la silenton. "Do, tio okazis," li diris mallaŭte. "Denove komunumo, kiu perdis sian hejmon. Kiel ni povas daŭrigi, kiam la mondo ĉirkaŭ ni estas tiel nesekura?"

Lia patro, viro de saĝo kaj forto, respondis trankvile: "Ni devas lerni adaptiĝi. Niaj prapatroj eltenis multajn ŝtormojn, kaj ni faros la samon. Sed ni neniam devas forgesi, kiuj ni estas kaj de kie ni venis."

Tiuj vortoj instigis longan diskuton pri rezisto kaj adaptiĝo, supervivo kaj identeco. La patrino de Asaf parolis pri la graveco konservi kaj transdoni tradiciojn. "Ni devas rakonti niajn historiojn, kanti niajn kantojn, por ke niaj infanoj ne forgesu," ŝi diris.

La pli juna fratino de Asaf, kiu kreskis en Medino kaj nun luktis kun la realaĵoj de ekzilo, esprimis siajn zorgojn. "Sed kiom longe ni povas teni nin firme, se la mondo daŭre tiel rapide ŝanĝiĝas?" ŝi demandis.

Dum la sekvaj tagoj, Asaf multe pripensis tiujn demandojn. Li ofte promenis, lasante siajn pensojn flui, dum li vagis tra la pitoreskaj pejzaĝoj de ekzilo. Iun posttagmezon, li renkontis la vilaĝan aĝestron, kiu ofte konsilis lin per saĝaj vortoj.

"Mi vidas, ke vi portas pezan ŝarĝon, juna Asaf," diris la aĝestro, dum ili kune promenis laŭ la riverbordo.

"Jes," respondis Asaf. "La novaĵoj el Medino ne forlasas mian penson. Kio okazos al nia komunumo?"

"La historio instruas al ni, ke ŝanĝo estas la sola konstanto," respondis la aĝestro. "Ni devas lerni vivi en la momento, eltirante la plej bonan el ĉiu situacio. La kapablo supervivi, adaptiĝi, loĝas en ni ĉiuj."

"Sed ĉu adaptiĝo ne estas ankaŭ perdo?" demandis Asaf.

"Foje," diris la aĝestro penseme, "sed ĝi ankaŭ estas ŝanco malkovri novajn aferojn kaj kreski. Via komunumo ŝanĝiĝos, jes, sed ĝi ankaŭ supervivos kaj prosperos, laŭ sia maniero."

Asaf prenis tiujn vortojn al koro. En la venontaj semajnoj, li organizis kunvenojn kun la membroj de sia komunumo, kiuj vivis en ekzilo. Ili diskutis pri manieroj konservi siajn tradiciojn kaj kulturon, dum ili samtempe adaptiĝis al sia nova medio.

Iun tagon, ili kunvenis por festi feston, kiun ili konis el sia hejmo. Ili renkontiĝis sub la klara stela ĉielo. Estis muziko kaj danco, rakontoj estis rakontitaj, kaj pladoj el ilia hejmlando estis preparitaj.

"Ĉu vi vidas," diris la patro de Asaf, dum li observis, kiel la infanoj ridis kaj ludis, "ni alportis pecon de nia hejmo ĉi tien. Dum ni estas kune, ni portas nian kulturon kaj niajn memorojn en ni."

Meze de la festo, Asaf trovis momenton de silento kaj rigardis la stelplenan ĉielon. Li pensis pri Medino, pri la multaj ŝanĝoj kaj defioj, kiujn ili ĉiuj spertis. Sed li ankaŭ sentis esperon kaj fidon. Ili multe perdis, sed ili ankaŭ multe gajnis – rezistecon, komunumspiron kaj la kapablon adaptiĝi kaj kreski.

En la venontaj monatoj, Asaf regule verkis leterojn al amikoj kaj konatoj, kiuj ankoraŭ estis en Medino aŭ en aliaj lokoj. Li rakontis pri iliaj klopodoj konservi tradiciojn, pri la malgrandaj ĝojoj kaj la ĉiutagaj defioj en ekzilo.

Kun ĉiu letero, kiun li verkis, kaj ĉiu respondo, kiun li ricevis, li sentis profundan ligon kun sia komunumo, ligon, kiu ekzistis trans spaca distanco. Malgraŭ la ŝanĝoj kaj nesekurecoj, unu afero restis klara: ili ne estis solaj. Iliaj rakontoj, iliaj esperoj kaj revoj daŭris, en la koroj kaj mensoj de ĉiu individuo, ligitaj per la komuna pasinteco kaj la espero pri pli bona estonteco.

La Sorto de la Banu Qurayza

La jaro 627 p.K. alportis al Asaf kaj lia komunumo en ekzilo unu el la plej skuaj novaĵoj de ilia tempo: la tragedia sorto de la juda tribo Banu Qurayza. En la fruaj matenhoroj de malvarmeta tago, Asaf ricevis la sciigon pri masakro, kiu okazis en Medino. La tribo Banu Qurayza, iam floranta komunumo, kies membrojn li bone konis, estis brutale ekstermita.

Asaf sidis kun kelkaj malnovaj amikoj kaj familianoj, kiam mesaĝisto transdonis la novaĵon. La aero ŝarĝiĝis per ŝoko kaj malĝojo, kiam ili eksciis, ke la viraj membroj de la tribo Banu Qurayza estis ekzekutitaj. La vizaĝoj ĉirkaŭ li paliĝis, kaj kelkaj okuloj plenigis per larmoj. Asaf sentis profundan doloron kaj koleron ekflami en si.

"Sed kio okazis al la virinoj kaj infanoj?" demandis la fratino de Asaf, ŝia voĉo tremanta pro timo.

La mesaĝisto mallevis la rigardon kaj respondis mallaŭte: "Ili estis kaptitaj. Multaj estis venditaj en sklavecon. Mohamedo mem prenis unu el la virinoj kiel sian sklavinon."

Tiu sciigo frapis kiel fulmo. La penso, ke virinoj kaj infanoj, kiujn ili konis – amikoj kaj najbaroj – nun devis vivi en kaptiteco kaj sklaveco, estis apenaŭ eltenebla. Asaf rememoris la vizaĝojn de tiuj virinoj kaj infanoj, kiel ili vivis, ridis kaj revis en Medino. Nun iliaj revoj estis detruitaj, ilia sekureco forrabita, iliaj vivoj por ĉiam ŝanĝitaj.

Dum la sekvaj tagoj, Asaf ofte mergiĝis en profundajn pensojn. La eventoj levis dolorajn demandojn pri kredo, identeco, kaj la homa sufero. "Kiel io tia povis okazi?" li demandis sin ripete. "Kiel povas homoj kaŭzi tiom da sufero unu al la alia?"

La interparoloj en la komunumo temis pri rezisto, adaptiĝo, kaj supervivo. Kelkaj parolis pri venĝo, aliaj pri pardono. Sed por Asaf estis klare, ke nenio povus revenigi la perditajn vivojn kaj nuligi la suferon suferitan.

Unu vesperon, kiam la suno subiris kaj la mondo mergiĝis en mildan oranĝan lumon, Asaf sidis sola kaj rigardis la ĉielon. La beleco de la momento staris en akra kontrasto al la mallumo, kiun li sentis en sia koro. En tiu momento, li faris silentan promeson: li neniam forgesos. Li plu rakontos la historiojn de la perditoj kaj batalos por ke iliaj memoroj daŭru vivi.

La sorto de la Banu Qurayza estis pli ol nur historia noto; ĝi estis memorigilo pri la fragileco de la vivo kaj pri la krueleco, je kiu homoj kapablas. Por Asaf kaj multaj aliaj, ĝi estis turnopunkto, momento, kiu por ĉiam ŝanĝis ilian vidon pri la mondo kaj ilian lokon en ĝi.

Al-Andalus sub la ombro de la Abbasidoj

Al-Andalus, la regiono hodiaŭ konata kiel Hispanio kaj Portugalio, estis inter la 9-a kaj 11-a jarcentoj fandujo de diversaj kulturoj kaj religioj. Tiu epoko markas gravan periodon en la historio de la Ibera Duoninsulo, kiu estis sub islama regado, precipe sub la Abbasida Kaliflando.

La Abbasidoj estis dinastio, kiu en la 8-a jarcento post Kristo anstataŭigis la Umajidojn kaj translokigis sian ĉefurbon de Damasko al Bagdado. Tiu translokigo kaŭzis gravajn ŝanĝojn en la islama mondo. Sub la regado de la Abbasidoj, la islama imperio spertis periodon de kultura kaj scienca florado, konata kiel la "Ora Epoko de Islamo."

En Al-Andalus, kiu estis establita de la islamaj regantoj post la konkero de la Ibera Duoninsulo en la frua 8-a jarcento, arto, scienco, kaj filozofio prosperis. La judaj komunumoj ludis centran rolon en ĉi tiu kultura florado. Ili profitis de la relativa toleremo de la islamaj regantoj kaj grave kontribuis al la intelekta kaj kultura vivo.

Tamen, malgraŭ ĉi tiu periodo de prospero, judoj en Al-Andalus ne estis protektitaj kontraŭ persekuto kaj devigaj konvertiĝoj. La juda komunumo spertis tempojn de prospero, sed ankaŭ periodojn de subpremo kaj persekuto. La situacio precipe plimalboniĝis kun la ascendo de la Almoravidoj kaj poste de la Almohadoj, ambaŭ pli rigoraj islamaj dinastioj, kiuj ekregis en la 11-a kaj 12-a jarcentoj.

Tiuj periodoj de subpremo kaj persekuto havis profundajn efikojn sur la judaj komunumoj en Al-Andalus. Multaj estis devigitaj aŭ fuĝi, praktiki sian religion kaŝe, aŭ konvertiĝi al Islamo. Tiuj decidoj ofte kaŭzis internajn konfliktojn ene de la komunumoj kaj personajn luktojn pri fido kaj identeco.

La historio de Al-Andalus, precipe sub la Abbasida Kaliflando, estas multfaceta ĉapitro, kiu reflektas la kompleksecon de kunvivado inter diversaj kulturoj kaj religioj. Ĝi montras kaj periodojn de kunekzistado kaj reciproka kultura interŝanĝo, kaj periodojn de streĉiteco kaj konfliktoj. Por la juda komunumo, tiuj jarcentoj estis markitaj de la konstanta batalo por konservi sian identecon kaj kredon sub ŝanĝiĝantaj kaj ofte defiaj cirkonstancoj.

Angoro kaj Mizero

La Vivo en Al-Andalus

En la vigla urbo Kordovo, en la koro de Al-Andalus, vivis Zara, dekjara juda knabino plena de scivolemo. Ŝia mondo estis plenigita de la sonoj de la okupataj stratoj, la odoro de freŝe bakita pano el la loka bakejo, kaj la ĝojaj voĉoj de infanoj ludantaj en la stratetoj.

La familio de Zara loĝis en modesta sed komforta domo proksime de la granda sinagogo. Ŝia patro, Jakobo, respektata erudiciulo, ofte instruis ŝin pri la skribaĵoj kaj tradicioj de ilia popolo, dum ŝia patrino, Ester, prizorgis la domon kaj kuiris bongustajn pladojn.

"Zara, venu, estas tempo por viaj lecionoj," vokis Jakobo unu matenon. Zara amis tiujn horojn, kiam ŝia patro legis al ŝi el la sanktaj skribaĵoj kaj rakontis historiojn pri ilia popolo. "Paĉjo, rakontu al mi pli pri reĝo Salomono," petis Zara, sidante sur kuseno sur la planko. "Salomono estis saĝa reĝo," komencis Jakobo. "Li sciis kiel alporti pacon kaj prosperon al sia regno. Sed li ankaŭ sciis, ke vera saĝo troviĝas en la koro kaj ne nur en la menso." La okuloj de Zara brilis de scivolemo dum ŝi aŭskultis la vortojn de sia patro, imagante la grandajn palacojn kaj la saĝajn decidojn de Salomono.

Tamen, la harmonia etoso en Kordovo komencis iom post iom ŝanĝiĝi. Zara rimarkis, ke la plenkreskuloj pli ofte parolis en mallaŭtaj voĉoj, kaj ŝajnis, ke streĉo kreskas en la aero. Iun tagon, Zara aŭdis siajn gepatrojn paroli maltrankvile. "La Almoravidoj akiras potencon," diris Ester mallaŭte. "Mi aŭdis, ke ili estas tre striktaj kun tiuj, kiuj ne sekvas ilian religion." "Ni devas resti fortaj en nia kredo kaj kunteni," respondis Jakobo decide. "Nia komunumo jam superis multajn ŝtormojn. Ankaŭ ĉi tiun ni superos."

Dum Zara ludis kun siaj amikoj unu posttagmezon, ŝi rimarkis, ke kelkaj najbaroj forlasas siajn domojn, ŝarĝitaj per malmultaj havaĵoj. Ŝi vidis la zorgon en la okuloj de siaj gepatroj kaj aŭdis la flustrantajn konversaciojn pri persekuto kaj fuĝo. "Panjo, kial la homoj foriras?" demandis Zara unuvespere, kiam ŝi rimarkis, ke la domo trans la strato estas malplena. "Foje homoj devas forlasi sian hejmon por trovi sekurecon, mia kara," respondis Ester milde. "Sed ni restos ĉi tie. Ĉi tie estas nia hejmo." Zara ne povis ne rimarki la zorgon en la voĉo de sia patrino kaj sentis, kiel nevidebla ombro malrapide falas sur ŝian malgrandan mondon.

En la sekvaj semajnoj kaj monatoj, Zara atestis, kiel la vivo en Al-Andalus ŝanĝiĝis. La stratoj fariĝis pli silentaj, kelkaj el ŝiaj amikoj malaperis, kaj la diskutoj inter la plenkreskuloj fariĝis pli seriozaj. La mondo de Zara, iam plena de ridado kaj ĝojo, nun ŝajnis kaptita en la teno de kreskanta timo kaj necerteco. Malgraŭ la amaj brakumoj de ŝiaj gepatroj kaj la konsolaj vortoj de ŝia patro, Zara sentis kreskantan maltrankvilon en sia koro.

"Ni devas kunteni," Jakobo ofte ripetis. "Nia komunumo, nia kredo – tio estas, kio gvidos nin tra ĉi tiuj malfacilaj tempoj." Zara, ankoraŭ infano, ne plene komprenis la gravecon de la eventoj ĉirkaŭ si. Sed ŝi sentis, ke io neevitebla alproksimiĝas, io, kio povus por ĉiam ŝanĝi ŝian malgrandan, senzorgan mondon.

La Ombro de Persekutado

En la stratoj de Kordovo, iam plenaj de ĝojaj vokoj kaj la sono de ludantaj infanoj, nun regis sentebla silento. Zara, promenante tra la mallarĝaj stratetoj, rimarkis la ŝanĝitajn rigardojn de la homoj, la timon en iliaj okuloj. La alveno de la novaj regantoj, la Almoravidoj, alportis ondon de necerteco al la juda komunumo.

Iun matenon, dum Zara plenumis siajn ĉiutagajn taskojn kaj zorgis pri siaj pli junaj gefratoj, ŝi rimarkis grupon da religiaj fanatikuloj marŝantaj tra la urbo. Ŝia koro ekbatis pli rapide je la vidaĵo. "Kion ili volas ĉi tie?" ŝi flustris al si mem. Ŝiaj paŝoj akceliĝis, dum ŝi haste evitis la rigardojn de la fanatikuloj.

En ŝia familio oni parolis en seriozaj tonoj pri la ŝanĝoj. "Vi devas esti singardaj. La tempoj ŝanĝiĝas," diris Jakobo, ŝia patro, kun maltrankvila esprimo. "Eble fariĝos danĝere montri, ke oni estas judoj." Zara sentis, kiel ŝnuro streĉiĝis en ŝia gorĝo. Kial ili devis kaŝi sin? Kial oni subite traktis ilin tiel?

Vespere, kiam la familio kunvenis, Zara rakontis al siaj gepatroj pri la religiaj fanatikuloj kaj la vortoj de sia patro. Jakobo kaj Ester interŝanĝis maltrankvilajn rigardojn. "Ni devas resti fortaj kaj unuiĝintaj," diris Jakobo per firma voĉo. "Niaj prauloj superis multajn defiojn, kaj ni ankaŭ superos ĉi tion."

Tagoj pasis, kaj la streĉoj en Kordovo kreskis. Oni evitis la butikojn de judoj, kaj la malferma ridado en la strato ĉesis. La familio de Zara nun pli ofte kunvenis por preĝi kaj serĉi konsilon. La sinagogo, iam loko de viva interŝanĝo kaj komunumo, nun ŝajnis silenta kaj forlasita.

Iun tagon, disvastiĝis onidiroj, ke judoj estis devigataj konvertiĝi al Islamo. "Ili ne povas fari tion," diris Zara indignite, kiam ŝi aŭdis la novaĵojn. "Nia kredo estas parto de ni. Kiel ili povas postuli, ke ni rezignu pri ĝi?"

"Foje, Zara, homoj estas kruelaj pro sia timo kaj nesciado," klarigis Jakobo milde. "Ili timas tion, kion ili ne konas. Sed ni ne devas nei nian kredon. Ĝi estas la lumo, kiu gvidas nin en la mallumo."

La novaĵoj pri devigaj konvertiĝoj kaj subpremoj disvastiĝis kiel fajro en la juda komunumo. "Ni devas trovi manieron protekti niajn infanojn," diris unu el la aĝestroj. "Eble estas tempo pripensi fuĝon."

La ideo de fuĝo kaŭzis ondon de timo. Zara ne povis imagi forlasi sian hejmon, la stratojn, en kiuj ŝi kreskis, siajn amikojn, sian komunumon. "Ĉu ni vere devas foriri, Paĉjo?" ŝi demandis kun larmoj en la okuloj.

"Foje, mia kara infano, la vojo al paco kaj sekureco estas la vojo de fuĝo," respondis Jakobo. "Sed kien ajn ni iros, ni kunportos niajn historiojn, nian kredon, kaj niajn memoraĵojn. Tion neniu povas forpreni de ni."

La noktoj nun estis plenaj de flustradoj kaj sekretaj kunvenoj, dum la komunumo pridiskutis sian sorton. Ĉiu tago alportis novajn defiojn kaj timojn. La iam senzorga vivo de Zara nun estis markita de la peza ŝarĝo de persekutado kaj la necerteco pri la estonteco.

En ĉi tiu tempo de mallumo, Zara firme tenis sin al la vortoj de sia patro: "Nia kredo estas nia lumo." Tiu lumo, kvankam ĝi flagris sub la ombro de persekutado, neniam tute estingiĝis en ŝia koro.

La Perdo de Normala Vivo

La muroj de la hejmo de Zara, kiuj iam donis sekurecon kaj varmon, nun ŝajnis preskaŭ premegaj. Ĉiu tago, kiu pasis en Kordovo, forprenis pecon de la normala vivo, kiun Zara kaj ŝia familio iam konis. La mallarĝaj stratetoj kaj viglaj bazaroj, antaŭe plenaj de vivo, transformiĝis en lokojn de necerteco kaj suspekto.

Unu vesperon, kiam Zara estis kun siaj gepatroj kaj gefratoj ĉirkaŭ la eta manĝotablo, Jakobo alportis temon, kiu pezis en ĉiuj koroj. "Ni ne povas plu ŝajnigi, ke ĉio estas normala. La situacio fariĝas ĉiam pli danĝera por ni, judoj." Lia voĉo estis malgaja, kaj liaj kutime vivaj okuloj nubiĝis de zorgo.

"Sed kien ni iru?" demandis Ester, la patrino de Zara, per tremanta voĉo. "Ĉi tie estas nia hejmo. Ĉi tie ni naskiĝis kaj kreskis."

"Mi scias, Ester," respondis Jakobo, "sed nia unua devo estas protekti niajn infanojn. Mi aŭdis pri vilaĝo en la montoj, kie judoj ankoraŭ povas vivi sekure."

Zara aŭskultis la konversacion, ŝia koro batis pli rapide. La penso forlasi siajn amikojn, sian lernejon, kaj ĉion, kion ŝi konis, estis timiga. "Sed kio pri Hannah kaj Samuel?" ŝi demandis, nomante du el siaj plej bonaj amikoj. "Ĉu ili ankaŭ foriros?"

"Multaj el niaj najbaroj pripensas fuĝon," diris Jakobo. "Sed ĝi estas malfacila decido. Iuj jam decidis konvertiĝi."

La novaĵo, ke kelkaj el ŝiaj judaj najbaroj forlasis la kredon, frapis Zaran kiel bato. "Kial ili farus tion?" ŝi demandis nekredeme.

"Pro timo, Zara," klarigis Jakobo milde. "Foje, la timo estas tiel granda, ke ĝi igas homojn fari tion, kion ili pensas esti la plej bona maniero por postvivi."

En la sekvaj tagoj, Zara observis, kiel la vivo en ŝia komunumo plue ŝanĝiĝis. Komercoj, iam prizorgitaj de judoj, fermiĝis aŭ ŝanĝis posedantojn. Ĉiam pli da ŝiaj judaj najbaroj malaperis – iuj pro fuĝo, aliaj pro konvertiĝo.

La streĉoj en la urbo kreskis, kaj kun ili la timo de Zara. Ŝi evitis iri sola sur la stratojn, kaj eĉ en la lernejo ŝi ne plu sentis sin sekura. Ŝiaj islamaj amikinoj, kun kiuj ŝi iam ludis kaj ridis, nun rigardis ŝin alimaniere. La rigardoj estis pli malvarmaj, la konversacioj pli retenitaj.

"La homoj ŝanĝiĝas," diris Zara unu tagon al sia patro. "Eĉ tiuj, kiujn mi rigardis kiel amikojn."

"Jes, ili ŝanĝiĝas," respondis Jakobo penseme. "Sed memoru, Zara, ke ne ĉiuj estas tiel. Ankoraŭ ekzistas homoj, kiuj faras la ĝustan aferon, eĉ en la plej mallumaj tempoj."

Kiam alvenis la novaĵo, ke la juda lernejo estos fermita, la mondo de Zara disfalis. La lernejo estis pli ol loko por lerni; ĝi estis rifuĝejo, loko de komunumo kaj kredo. "Kio okazos al nia edukado?" ŝi demandis, kiam ŝi aŭdis la novaĵon.

"Ni trovos manierojn, Zara," certigis ŝin ŝia patro. "Nia historio kaj niaj tradicioj estas potencaj. Oni ne povas simple forviŝi ilin. Ni instruos hejme, en kaŝiteco, se necese."

La realo de devigaj konvertiĝoj kaj kreskanta izoliteco forte frapis la familion. Diskutoj pri fuĝo fariĝis pli intensaj. "Ĝi estas malfacila decido," diris Ester unu vesperon. "Sed mi kredas, ke ni ne plu havas elekton. Ni devas iri al pli sekura loko."

Zara kuŝiĝis tiun nokton en sia lito, nekapabla dormi. Ŝi pensis pri sia hejmo, siaj amikoj, sia lernejo – ĉio, kion ŝi devos lasi malantaŭe. Sed profunde en sia koro ŝi sciis, ke la sekureco de ŝia familio estas la plej grava. Kun larmoj en la okuloj kaj peza koro, ŝi fine endormiĝis, necerte pri tio, kion la estonteco alportos, sed firme decidita alfronti la sorton kun kuraĝo kaj espero.

Kaŝitaj Esperoj

En la nova, nekonata ĉirkaŭaĵo, malproksime de Kordovo, Zara trovis sin en mondo tute malsama ol tiu, kiun ŝi ĝis nun konis. La familio trovis rifuĝon en la montoj, en eta vilaĝo konsiderata sekura haveno por judoj. Tamen, eĉ ĉi tie, singardemo kaj sekreteco restis necesaj.

En ĉi tiu ŝanĝita realo, Zara lernis konservi sian identecon kaŝe. La domo, kiu nun estis ŝia hejmo, fariĝis loko por sekrete daŭrigi iliajn tradiciojn kaj kutimojn. La ŝabatkandeloj estis ekbruligitaj malantaŭ kurtenitaj fenestroj, kaj preĝoj estis dirataj mallaŭte, por ne altiri atenton de ekstere.

Ŝia patrino, Ester, komencis transdoni la sanktajn skribaĵojn kaj preĝojn al Zara kaj ŝiaj gefratoj, por vivteni la tradiciojn. "Estas grave, ke vi lernu ĉi tion," ŝi klarigis mallaŭte, "por ke nia kulturo kaj nia kredo povu daŭri eĉ en tempoj de persekuto."

Zara ofte sidis veka nokte, aŭskultante la rakontojn kaj instruojn de sia patrino, kaj enmemorante ĉiun vorton. Tiuj momentoj estis por ŝi fonto de forto kaj espero, silenta rezisto kontraŭ la subpremo kaj persekuto, kiujn ili spertis.

Iun tagon, alvenis novaĵoj pri pogromoj en aliaj partoj de Al-Andalus. Judoj estis brutale mortigitaj nur pro sia kredo. La patro de Zara, Jakobo, revenis tiun tagon aparte pensema de laboro. "La mondo, en kiu ni vivas, estas plena de malamo kaj timo," li diris malĝoje. "Sed ni ne rajtas perdi la esperon. Nia forto kuŝas en nia kredo kaj en nia komunumo."

La novaĵoj pri la pogromoj kaŭzis grandan timon en la familio. "Kiel homoj povas esti tiel kruelaj?" demandis Zara kun larmoj en la okuloj.

"Estas malfacile kompreni," respondis ŝia patrino. "Sed en malfacilaj tempoj, homoj foje montras sian veran vizaĝon. Ni devas resti fortaj kaj batali por tio, kio estas ĝusta."

En tiuj malhelaj tempoj, sekretaj kunvenoj fariĝis grava apogo por Zara kaj ŝia familio. Ili renkontiĝis kaŝe kun aliaj judaj familioj por preĝi, lerni, kaj fortigi unu la alian. Tiuj kunvenoj ĉiam okazis kaŝe, ofte nokte, sub la ŝirmo de mallumo.

Zara sentis sin kuraĝigita per tiuj kunvenoj. Ili donis al ŝi la senton, ke ŝi ne estas sola, ke ŝi estas parto de pli granda komunumo, kiu, malgraŭ ĉiuj malfacilaĵoj, restis unueca. Ŝi aŭdis rakontojn pri rezisto kaj kuraĝo, pri homoj, kiuj rifuzis rezigni sian kredon malgraŭ ĉiuj danĝeroj.

"Niaj tradicioj estas nia armilo," diris maljuna viro dum unu el tiuj kunvenoj. "Dum ni konservos niajn rakontojn, niajn kantojn kaj niajn preĝojn, ili ne povos rompi nin."

Zara rekonis la potencon de tiuj vortoj. Ŝi komprenis, ke ŝia identeco kaj heredaĵo ne nur kuŝas en la sanktaj tekstoj kaj kutimoj, sed ankaŭ en la rakontoj kaj spertoj de ŝia komunumo.

La monatoj pasis, kaj kun ĉiu tago kreskis la decidemo de Zara. Ŝi komencis pli intense studi la hebrean lingvon kaj la sanktajn skribaĵojn. Ŝia patrino instruis ŝin pri preparado de tradiciaj judaj manĝaĵoj, kaj ŝia patro rakontis al ŝi pri la historio de ilia popolo.

"Iun tagon, kiam ĉio ĉi finiĝos," diris ŝia patro, "vi rakontos ĉi tiujn rakontojn. Vi diros al homoj, kion ni travivis kaj kiel ni konservis nian kredon."

Tiuj vortoj resonis en Zara. Ŝi sentis profundan respondecon teni vivaj la memorojn kaj instruojn de sia popolo. En mondo ĉirkaŭita de mallumo, tiuj momentoj de divido kaj lernado fariĝis lumturo de espero, promeso, ke la flamo de ŝia kredo kaj kulturo neniam estingiĝos.

La Almohadoj kaj la Suferado de Judoj en Al-Andalus

En la 11-a jarcento, la juda komunumo en Al-Andalus, nuntempa Hispanio, travivis unu el la plej nigraj periodoj de sia historio. La alveno de la Almohadoj, berbera islama dinastio el Nordafriko, markis la komencon de epoko de maltoleremo kaj persekutado, kiu radikale ŝanĝis la antaŭan pacan kunvivadon de religioj.

La Almohadoj sekvis rigoran interpreton de Islamo, kiu ne lasis spacon por religia diverseco. Ili konsideris judojn kaj kristanojn kiel malfidelulojn kaj postulis ilian konvertiĝon al Islamo. Tio rezultigis politikon de perforta konvertiĝo, kiu profunde perturbis la socian kaj religian vivon de la juda komunumo.

Judoj, kiuj rifuzis konvertiĝi, alfrontis brutalan perforton. Sinagogoj estis sisteme detruitaj, kaj sanktaj skribaĵoj bruligitaj. Judoj perdis la rajton publike praktiki sian kredon kaj estis izolataj de la resto de la socio. Multaj estis murditaj, dum aliaj estis devigitaj en ekzilon por resti fidelaj al sia kredo.

La persekutado ankaŭ havis profundajn psikologiajn sekvojn. Judoj vivis en konstanta timo pri malkovro kaj perforto. Familioj estis disŝiritaj, kaj komunumoj, kiuj iam floris, nun estis markitaj de malfido kaj malespero. La devigita konvertiĝo starigis multajn judojn antaŭ morala dilemo – perdi sian religian identecon aŭ morti.

La Almohada epoko tiel reprezentas malhelan ĉapitron en la historio de la judoj, karakterizitan de perdo, traŭmato, kaj la detruo de iam prospera kulturo. Tiu periodo estas dolora atesto pri la efikoj de maltoleremo kaj religia fanatikeco sur senkulpaj homoj kaj komunumoj.

La Vundoj de Memoro

La Vivo antaŭ la Ŝtormo

En la fortikigita urbo Kordovo, kie la stratoj resonis de scio kaj kultura riĉeco, vivis Samuel, estimata juda kuracisto. Lia tago komenciĝis per la sono de la muedzino, kiu vokis la islamanojn al preĝo, dum en la fono sonoris la preĝejaj sonoriloj. Tiu harmonia kunekzistado de religioj estis la marko de Al-Andalus.

Samuel loĝis en modesta, sed komforta domo en la juda kvartalo, ĉirkaŭita de sia amanta familio. Lia edzino, Leah, estis saĝa kaj zorgema virino, kiu plenigis la domon per amo kaj varmo. Ili havis du infanojn, David kaj Esther, kiuj ludis kun la aliaj infanoj de la najbarejo, sendepende de ilia religia fono.

Kiel kuracisto, Samuel havis grandan influon en sia komunumo. Lia scio pri medicino utilis ne nur al judoj, sed al ĉiuj civitanoj de Kordovo. Li pasigis la plej grandan parton de sia tempo en sia praktikejo, kie li traktis diversajn pacientojn, de simplaj kamparanoj ĝis influaj nobeloj.

Malgraŭ sia streĉa laborvivo, Samuel trovis tempon instrui siajn infanojn pri la skribaĵoj kaj tradicioj. Li firme kredis, ke edukado kaj scio estis la fundamentoj de ilia identeco kiel judoj. Vespere li ofte renkontiĝis kun amikoj kaj erudiciuloj por diskuti pri teologio, medicino kaj astronomio. Tiuj konversacioj ofte estis viglaj kaj pliriĉigaj.

Sed ĉi tiu paca ekzisto baldaŭ estis ombrita de malhelaj novaĵoj. Onidiroj pri la Almohadoj, fanatika islama sekto el la sudo, kiu nehaltigeble avancis norden, atingis Kordovon. Oni parolis pri trudaj konvertiĝoj kaj kruelecoj kontraŭ ne-islamanoj. Komence, tiuj rakontoj estis rigardataj kiel troigitaj onidiroj, sed kun ĉiu nova konkero de la Almohadoj, la timo kreskis.

Samuel rememoris vesperon, kiam li sidis kun amikoj en la korto de sia domo. La aero estis plenigita de la aromoj de la ĝardeno kaj la milda sono de liuto.

"Ĉu vi aŭdis pri la Almohadoj?" demandis Jakobo, proksima amiko kaj erudiciulo. "Oni diras, ke tiuj fanatikuloj ne toleras kristanojn nek judojn."

"Ni ne devus preni tiajn onidirojn serioze," respondis Samuel, provante disvastigi optimisman etoson. "Ĉi tie en Kordovo, ni vivis en paco dum jarcentoj. Niaj kristanaj kaj islamaj najbaroj respektas nin."

"Sed la Almohadoj estas malsamaj," rimarkis Raĥel, la bofratino de Samuel. "Ili sekvas pli striktan interpreton de Islamo. Mi aŭdis rakontojn, ke ili tute transformas la urbojn, kiujn ili konkeras."

"Kion ni devus fari?" demandis Leah maltrankvile. "Ni ne povas simple ĉion forlasi."

"Ni preĝu," respondis Samuel. "Kaj esperu, ke la ŝtormo preteriros nin."

Tiuj konversacioj fariĝis pli oftaj en la venontaj semajnoj. La novaĵoj pri la krueleco de la Almohadoj tremigis la komunumon. La stratoj de Kordovo, iam plenaj de rido kaj babilado, nun estis silentigitaj de premeganta silento.

Unu matenon, kiam Samuel malfermis sian praktikejon, li rimarkis ŝanĝon en la aero. La stratoj estis preskaŭ malplenaj, kaj la homoj, kiujn li renkontis, evitis lian rigardon. Lin kaptis malbonaŭgura sento. Li sciis, ke la mondo, kiel li ĝin konis, baldaŭ nepre ŝanĝiĝos.

La Komenco de la Fino

La mallumo de la nokto ŝajnis etendiĝi en tiun matenon super Kordovo, kiam alvenis la novaĵo: la Almohadoj estis ĉe la pordegoj de la urbo. Samuel, kiu staris en sia praktikejo, sentis, kiel glacia teno kaptas lian koron. La onidiroj, kiuj iam nur flustris tra la stratoj, nun fariĝis terura realaĵo.

La unuaj horoj de la atako estis kaoso de krioj, fumo, kaj timo. Samuel rigardis el sia fenestro, kiel armitaj viroj eniris la urbon, iliaj krioj resonante tra la stratoj. Kun teruro li observis, kiel grupo de Almohadoj sturmis sinagogon. Ili trenis virojn, virinojn, kaj infanojn eksteren, brutale batante ilin kaj incendiante la konstruaĵon. La sanktaj skribaĵoj, jarcentaĝaj Torahrulaĵoj, estis ĵetitaj en la polvon kaj bruligitaj. La fumsignoj, kiuj leviĝis al la ĉielo, estis kvazaŭ signo de la venonta suferado.

La pensoj de Samuel furioze kuris. Li devis savi sian familion. "Leah, David, Esther, ni devas kaŝiĝi!" li kriis, dum li kuris tra la pordo. Sed la stratoj jam ne estis sekura rifuĝejo. Ĉie ĉirkaŭ ili, la civilizo disfalis. Dometoj estis rabataj, homoj estis murdataj en la malferma strato. La sango de senkulpuloj ruĝigis la pavimon.

Ili fuĝis al kaŝita kelo, kiun kelkaj membroj de la komunumo estis preparintaj. Tie ili trovis aliajn timigitajn familiojn, kiuj premis sin unu kontraŭ la alia, murmure preĝante.

En la venontaj tagoj, Kordovo transformiĝis en batalkampon. Samuel aŭdis rakontojn, kiuj glaciiĝis lian sangon – pri virinoj, kiuj estis seksperfortitaj antaŭ la okuloj de siaj familioj, pri maljunuloj, kiuj estis torturitaj en la plej brutala maniero. La Almohadoj ŝajnis trovi plezuron en semado de timo kaj teruro.

Malgraŭ la danĝero, Samuel decidis helpi la vunditajn judojn. Nokte li elrampis el sia kaŝejo kaj serĉis postvivantojn. Kion li vidis, persekutus lin por la resto de lia vivo. Infanoj, kies senkulpaj okuloj vidis la neimageblan; patrinoj, kiuj funebris siajn murditajn filojn. Kaj ĉiam reaperis la signoj de la perforto: mutilitaj korpoj, bruligitaj domoj, la eĥo de malespero.

Unu nokton, dum Samuel helpis junulon kun profunda vundo, li aŭdis ploradon de virino. Estis Rebecca, najbarino. Inter singultoj, ŝi rakontis al li, ke ŝia edzo estis kaptita de la Almohadoj. "Ili volis devigi lin konvertiĝi al Islamo. Kiam li rifuzis, ili senkapigis lin antaŭ miaj okuloj..." ŝia voĉo rompiĝis. La malespero en ŝiaj okuloj estis neesprimebla.

Tiaj rakontoj ne estis maloftaj. Multaj judoj estis devigitaj nei sian kredon por pluvivi. La Almohadoj ne toleris alian religion krom Islamo. Por multaj, tio signifis aŭ konvertiĝi aŭ morti.

Tagoj kaj noktoj pasis, dum Samuel senlace prizorgis la vunditojn, ĉiam en timo esti malkovrita. Sed kun ĉiu nova mateniĝo, la espero iom post iom malaperis. La perforto de la Almohadoj ŝajnis neniam finiĝi, kaj la iam tiel vigla juda komunumo de Kordovo fariĝis nur ombro de si mem.

En momento de silento, kiam Samuel elĉerpita sidis en angulo de sia kaŝejo, li rigardis en la vizaĝojn de la homoj ĉirkaŭ li. Ĉiu vizaĝo portis la spurojn de la eltenita teruro. En tiu momento, li komprenis, ke la Kordovo, kiun li konis kaj amis, estis por ĉiam perdita. La Almohadoj ne nur detruis iliajn domojn kaj sinagogojn, sed ankaŭ disŝiris la teksaĵon de ilia komunumo, kiu estis konstruita sur toleremo kaj kunvivado. En la mallumo de tiu kelo, ĉirkaŭita de la rompitaj koroj kaj animoj de sia komunumo, Samuel sentis la veran perdon – la perdon de sia hejmo, sia identeco, kaj siaj esperoj.

Perditaj Esperoj

En la ombroj de la detruitaj stratetoj de Kordovo, Samuel moviĝis singarde, ĉiam atentante pri la patrolantaj Almohadoj. La urbo, iam centro de kulturo kaj scio, nun estis loko de hororo kaj malĝojo. Samuel, kiu iam estis fiera kuracisto en ĉi tiu floranta komunumo, nun sentis sin kiel fantomo, perdita inter la ruinoj de sia antaŭa vivo.

Unu matenon, dum li iris tra la malplenaj stratoj por serĉi manĝaĵon kaj medicinon, li renkontis sian malnovan amikon Benjamin. Benjamin estis instruisto, viro de granda spirito kaj forta kredo. Sed kiam Samuel rigardis lin, li apenaŭ rekonis la rompitan homon antaŭ si. "Samuel, ili trovis min," flustris Benjamin per tremanta voĉo. "Ili postulas, ke mi konvertiĝu."

Samuel sentis pikon en la koro. "Benjamin, vi devas resti forta," li diris mallaŭte. "Ni devas konservi nian kredon, koste kio ajn." Benjamin malgaje kapjesis, larmoj plenigis liajn okulojn. "Mi ne povas konvertiĝi, Samuel. Tio estus la morto de mia animo."

La sekvan tagon, dum Samuel iris tra la urbo, li aŭdis ekscititan homamason. Lia koro ekbatis rapide, kiam li alproksimiĝis kaj vidis, kio okazis. Benjamin estis kaptita de la Almohadoj. Ili ligis lin al fosto en la centro de la placo kaj akuzis lin pri herezo.

"Konvertiĝu al Islamo, aŭ vi mortos!" kriis unu el la militistoj. Benjamin rigardis rekte al li, kun okuloj plenaj de decideco. "Mi restos fidela al mia kredo," li diris firme.

Samuel kaŝiĝis en la homamaso, larmoj de kolero kaj malĝojo plenigis liajn okulojn. Li volis interveni, sed li sciis, ke tio signifus lian certan finon. La homamaso kriis; iuj postulis la morton de Benjamin, aliaj petis kompaton. Sed la Almohadoj estis nekompataj. Per unu bato, Benjamin estis brutale senkapigita. Lia korpo falis al la tero, dum la sango gutis sur la pavimon. Samuel deturnis sin, la koro rompita, la animo ŝirita.

En la sekvaj tagoj, Samuel ĉiam pli retiriĝis en sin. La eventoj profunde frapis lin. Li perdis ne nur amikon, sed ankaŭ parton de si mem. Dum la longaj noktoj, li pripensis la perdon de sia identeco. La Almohadoj ne nur mortigis homojn; ili forviŝis kulturon, historion kaj identecon.

La juda komunumo, iam integra parto de la vigla mozaiko de Kordovo, nun estis izolita, timigita kaj malespera. Multaj estis devigitaj konvertiĝi por pluvivi, dum aliaj estis forfuĝintaj aŭ mortigitaj. La stratoj, kiuj iam estis plenaj de la sonoj de hebrea preĝo kaj la aromo de freŝa ĥalo, nun estis mutaj kaj malplenaj.

Samuel, sidanta inter la ruinoj de iam ekzistinta sinagogo, tenis karbonigitan Torahrulaĵon en siaj tremantaj manoj. "Kie vi estas, Dio?" li flustris. "Kiel vi povis permesi, ke viaj infanoj tiel suferu?" La fumo de la bruligitaj skribaĵoj leviĝis en la aeron, kvazaŭ ĝi estus la lasta preĝo de la komunumo.

La realo, ke lia mondo, lia kulturo, lia kredo kaj lia historio estis forviŝitaj, peze premis la ŝultrojn de Samuel. En la orfaj stratoj de Kordovo, li trovis nur la fantomojn de sia pasinteco, la eĥojn de rido, diskutoj kaj komunaj festoj.

Samuel, iam homo de kredo kaj espero, nun sentis sin malplena kaj rompita. La abomenaĵoj, kiujn li atestis, la bruteco kaj malamo, kiuj detruis lian mondon, igis lin dubi. Dubi pri la homeco, pri la ekzisto de supera forto, kiu povus permesi tiajn kruelecojn.

En ĉi tiu mallumo, ĉirkaŭita de la detruo de sia komunumo, sia kulturo kaj sia kredo, Samuel komprenis, ke li perdis ne nur amikon, sed ankaŭ la senkulpecon de sia mondo. Perditaj esperoj, kiuj iam estis tiel vivaj en la stratoj de Kordovo, nun kuŝis entombigitaj sub la ruinoj de detruita civilizacio.

En la Ombro de la Timo

En la mallumaj stratetoj de Kordovo, kaŝita for de la okuloj de la Almohadoj, Samuel moviĝis sekrete de unu kaŝejo al alia. La eventoj de la lastaj semajnoj profunde markis lin. Post la morto de sia amiko Benjamin kaj la senkompata persekutado de sia komunumo, Samuel staris antaŭ neebla elekto: forlasi sian kredon aŭ morti.

Unu vesperon, kiam la stratoj de Kordovo estis plenaj de maltrankvila silento, oni mallaŭte frapis ĉe la pordo de Samuel. Estis rabeno David, maljuna amiko kaj fidulo. "Samuel, estas tempo," li diris per peza voĉo. "Vi devas decidi."

Samuel rigardis lin, la okuloj plenaj de timo. "Sed mi ne povas forlasi mian kredon, David. Ĝi estas ĉio, kion mi havas." Rabeno David metis sian manon sur la ŝultron de Samuel. "Vi povas ekstere konvertiĝi por postvivi, Samuel. Konservu vian kredon en la koro. Ĝi estas la sola maniero."

Kun peza koro, Samuel konsentis. La sekvan tagon, en malgranda moskeo ĉe la rando de la urbo, li prononcis la Ŝahadon, la islaman kredkonfeson, kaj prenis novan nomon. Tamen, en sia koro, li mallaŭte flustris judan preĝon, silenta konfeso al sia vera kredo.

En la venontaj monatoj, Samuel vivis duoblan vivon. Tage li estis islama kuracisto, kiu proponis siajn servojn al la komunumo. Sed nokte, sub la kovro de mallumo, li sekrete renkontiĝis kun aliaj judoj, kiuj ankaŭ estis devigitaj kaŝi sian kredon.

Tiuj kunvenoj okazis en forlasitaj keloj aŭ malantaŭ fermitaj pordoj. Samuel prizorgis la vunditojn, donis konsilojn kaj disdonis novaĵojn. En tiuj momentoj li ne plu estis la islama kuracisto, sed la juda kuracisto, gardanto de espero en mondo plena de malespero.

Unu vesperon, dum unu el tiaj kunvenoj, juna virino nomata Sarah eniris la ĉambron. Ŝi estis malforta kaj pala, evidente en malbona stato. "Bonvolu, helpu min," ŝi flustris. Samuel singarde proksimiĝis al ŝi. "Kio okazis?" li demandis.

"Mi vundiĝis dum provo fuĝi," ŝi respondis mallaŭte. "Mi ne havis alian lokon por iri." Samuel ekzamenis ŝin kaj konstatis, ke ŝi havis profundan vundon sur la brako. Dum li traktis ŝin, Sarah rakontis sian historion. Ŝi estis vundita dum fuĝoprovo antaŭ la Almohadoj kaj ekde tiam vivis en subteraj rifuĝejoj.

"Vi ne estas sola," diris Samuel dum li bandaĝis la vundon. "Estas multaj el ni. Ni subtenas unu la alian en la kaŝejo." La okuloj de Sarah plenigis sin per larmoj de dankemo.

En la sekvaj semajnoj, Samuel plurfoje revenis por trakti la vundon de Sarah. Ĉiufoje ili interŝanĝis rakontojn kaj kuraĝigojn. En tiuj silentaj momentoj, for de la kruela realo de la ekstera mondo, ili trovis konsolon en la komuna kredo kaj en la dividita espero pri pli bona estonteco.

Sed la vivo en la ombro estis plena de danĝeroj. Samuel devis konstante esti singarda, por ke li ne estu malkovrita. Ĉiu paŝo ekster lia pordo povus esti la lasta. La timo estis konstanta kunulo, ĉiam preta kapti lin en ĉiu malhela angulo, en ĉiu fulma rigardo.

Malgraŭ la danĝeroj, Samuel ne ĉesis servi sian komunumon. Li sciis, ke multaj dependas de li. Li estis ilia ligo al la ekstera mondo, ilia fonto de medicina prizorgo kaj, en multaj kazoj, ilia sola brilo de espero.

Samuel sentis la pezon de ĉi tiu respondeco profunde en sia koro. Ĉiun tagon li luktis kun la timo esti malkovrita kaj kun la zorgo pri siaj protektatoj. Tamen li sciis, ke li devas daŭrigi. Li ne povis forlasi sian komunumon.

En la longaj noktoj, kiam li sidis sola en sia ĉambro, Samuel permesis al si revi pri vivo post la Almohadoj. Vivo, en kiu li povus libere praktiki sian kredon, sen timo pri persekutado aŭ morto. Vivo, en kiu lia komunumo povus denove vivi en paco.

Sed tiuj revoj estis efemeraj, disbatitaj de la severa realo de lia nuna ekzisto. Vivante en la ombro de timo, Samuel restis la roko en la ŝtormo por sia komunumo, silenta heroo en tempo de mallumo kaj malespero.

La Flamo de Memoro

Kaŝita en la ombroj de la nokto, Samuel ofte trovis sin en malgranda, sekreta ĉambro, kie li kaj kelkaj fidindaj kunuloj renkontiĝis. Tie, for de la viglaj okuloj de la Almohadoj, li konservis malgrandan kolekton de judaj tekstoj – fragmentojn de la Talmudo, kopiojn de la Torao, kaj kelkajn paĝojn de mistikaj skribaĵoj. Por Samuel, ĉi tiuj tekstoj estis pli ol simplaj vortoj sur papero; ili estis fenestro al lia animo, lumturo en mondo plena de mallumo.

Tiun vesperon, la ĉambro estis nur malforte prilumita de eta olelampo, kiu ĵetis varman, sed palan lumon sur la antikvajn paĝojn. Samuel sidis kun kelkaj aliaj kaŝitaj judoj en rondo, iliaj vizaĝoj kaŝitaj en la ombroj, sed iliaj okuloj plenaj de decideco kaj espero.

„Ni neniam forgesu, kiuj ni estas," diris Samuel mallaŭte, dum liaj fingroj milde glitis super la antikvaj linioj. „Ĉi tiuj vortoj estas nia heredaĵo, nia ligo al niaj prauloj. Ili rememorigas nin pri nia historio, nia kulturo, kaj nia kredo."

La aliaj kapjesis konsente. Maljuna viro nomata Ezra, kies vizaĝo estis sulkita per profundaj faltoj, parolis: „Ĉi tiuj tekstoj estas la vivsuko de niaj animoj. En ili ni trovas konsolon kaj saĝon, eĉ en la plej mallumaj tempoj."

Samuel rigardis supren. „Ĝuste tiel. Ili estas la lumo, kiu gvidas nin en ĉi tiu mallumo." Li paŭzis kaj poste aldonis: „Kaj ili estas la kialo, kial ni devas daŭrigi, kial ni devas rezisti."

La grupo pasigis horojn studante kaj diskutante la tekstojn. Ili parolis pri la instruoj de la malnovaj rabenoj, debatis diversajn interpretojn, kaj konsolis unu la alian per rakontoj pri la juda kredo kaj historio. En tiuj momentoj, Samuel sentis sin ligita – ne nur al la homoj ĉirkaŭ li, sed ankaŭ al sia komunumo kaj sia historio.

Kiam la nokto pli profundiĝis kaj la silenton de la kaŝejo interrompis nur la milda tremo de la lampo, Samuel ekpensis pri la graveco de memoro. „Memoro," li diris malrapide, „estas nia plej forta armilo kontraŭ forgeso. Ĝi estas tio, kio tenas nin vivaj, kio donas al ni esperon."

Sarah, la juna virino, kiun Samuel kuracis, parolis mallaŭte: „Mi memoras la tagojn antaŭ ol ĉio ĉi komenciĝis. La ĝojo, la paco, la komunumo. Tiuj memoraĵoj donas al mi la forton persisti."

„Ĝuste tion mi celas," respondis Samuel. „Ni devas memori, kiuj ni estis kaj kiuj ni estas. Kaj ni devas certigi, ke la mondo ne forgesu nin."

La grupo restis ankoraŭ iomete kune, konsolataj per sia kunuleco kaj fortigitaj per siaj memoroj kaj kredo. Kiam la matenruĝo alproksimiĝis kaj estis tempo disiĝi, Samuel rigardis la antikvajn tekstojn antaŭ li.

„Ni neniam permesu, ke ĉi tiuj vortoj mortu," li diris decide. „Ili estas la fajro, kiu brulas en niaj koroj, la flamo de memoro, kiu neniam rajtas estingiĝi."

Kun ĉi tiuj vortoj, ili zorge pakis la tekstojn kaj forlasis la kaŝejon, por reiri en la danĝeran mondon de la Almohadoj. Sed en siaj koroj ili portis la brilan lumon de espero kaj memoro.

En la sekvaj tagoj kaj semajnoj, Samuel restis fidela al siaj principoj. Li daŭre helpis sian komunumon, kaŝis sian kredon for de la okuloj de la subpremantoj, kaj konservis la valoran heredaĵon de la juda tradicio.

En silentaj momentoj de reflektado, Samuel pensis pri la estonteco de sia komunumo. Li sciis, ke la batalo por supervivo kaj identecdefendo ne estos facila. Sed li ankaŭ estis konvinkita pri la neceso rezisti kontraŭ subpremo kaj forgeso.

„La flamo de memoro neniam rajtas estingiĝi," li flustris en la nokton. „Ĝi gvidos nin, donos al ni esperon kaj permesos al ni memori, kiuj ni estas."

Kun ĉi tiuj pensoj, Samuel rigardis la stelklaran ĉielon kaj trovis konsolon en la scio, ke, sendepende de kiom mallumaj estas la tempoj, ĉiam ekzistas fajrero de lumo, kiu brilas en la mallumo.

La Unua Krucmilito

En la jaro 1096, ĉe la komenco de la Unua Krucmilito, la judaj komunumoj en Eŭropo, precipe en la Rejnlando, travivis periodon de neimageblaj suferoj kaj provoj. Tiu ĉi malluma tempo estis markita de ekstrema perforto, persekutado, kaj amasaj pogromoj kontraŭ judoj, plenumitaj de krucmilitistoj kaj lokaj loĝantaroj.

La Unua Krucmilito estis proklamita de papo Urbano la 2-a kun la celo liberigi la Sanktan Landon de islama regado. Dum la krucmilitistoj marŝis tra Eŭropo, en ili ekflamis religia fervoro, kiu ne nur celis la islamanojn, sed ankaŭ la judojn. Laŭ ilia vidpunkto, la judoj estis konsiderataj kiel la "mortigintoj de Kristo" kaj tial legitima celo de ilia sankta milito.

La pogromoj komenciĝis en la Rejnlando, kie la judaj komunumoj en urboj kiel Speyer, Worms, kaj Mainz apartenis al la plej malnovaj kaj respektataj en Eŭropo. Tiuj komunumoj subite fariĝis celoj de brutalaj atakoj. Multaj krucmilitistoj kredis, ke la batalo kontraŭ la "nekredantoj" devus komenciĝi hejme.

La judoj estis masakritaj, iliaj sinagogoj detruitaj, kaj iliaj sanktaj skribaĵoj profanitaj. Raportoj el tiu tempo priskribas, kiel viroj, virinoj, kaj infanoj estis senkompate mortigitaj. Multaj membroj de la judaj komunumoj elektis memmortigon por eviti devigan konvertiĝon al kristanismo. Familioj estis disigitaj, kaj la postvivantoj alfrontis ruinon.

Tiuj eventoj markis la komencon de longa historio de persekutado kaj suferado por la juda popolo en Eŭropo. Ili lasis profundan traŭmaton en la kolektiva memoro de la judoj kaj kaŭzis radikitan timon kaj nesekurecon, kiuj daŭris jarcentojn.

La memoro pri tiuj teruraj eventoj estas centra parto de la juda historio kaj identeco. Ĝi emfazas la rezistecon kaj neskuan kredon de komunumo, kiu, malgraŭ neimageblaj kruelecoj kaj perdoj, konservis sian kredon kaj kulturon.

Tiu ĉi enkonduka superrigardo celas transdoni la amplekson de la hororoj, al kiuj la judoj estis submetitaj dum la Unua Krucmilito, kaj krei pli profundan komprenon pri la rezultantaj longdaŭraj psikologiaj kaj kulturaj efikoj.

97

La rompita kruĉo

La paca vivo

En la pitoreska urbo Speyer, situanta ĉe la bordo de la potenca Rejno, Jakob, juda komercisto, vivis vivon markitan de paca komerco kaj profunde enradikiĝinta komunumo. Liaj tagoj estis plenigitaj per zorgoj pri sia negoco kaj la bonfarto de sia familio, kiu loĝis en la koro de la vigla juda komunumo de Speyer.

Jakob ĉiam komencis siajn tagojn antaŭ sunleviĝo, kiam la unuaj radioj de lumo milde tralumis tra la fenestroj de lia modesta, sed komforta hejmo. Li dividis sian vivon kun sia amata edzino, Sarah, kaj iliaj du infanoj, la saĝa Moseo kaj la sprita Rivka.

Lia spicbutiko ne estis nur fonto de vivteno, sed ankaŭ renkontiĝejo por la juda komunumo. Tie oni interŝanĝis novaĵojn, faris negocojn, kaj nutris amikecojn. La scio de Jakob pri spicoj kaj tekstiloj el malproksimaj landoj faris lin estimata membro de la komunumo kaj alportis al li respekton de judoj kaj kristanoj egale.

Tamen, la paca atmosfero en Speyer komencis ŝanĝiĝi, kiam onidiroj pri baldaŭa krucmilito atingis la urbon. Tiuj novaĵoj, unue nur pasantaj onidiroj, baldaŭ fariĝis sentebla minaco por la juda komunumo. Homoj komencis zorgeme flustri, kaj la iam tiel viglaj stratoj plenigis sin per sento de timo.

Unu matenon, kiam Jakob ĝuste preparis sian butikon por la tago, lia bona amiko kaj najbaro, Benjamin, eniris. La vizaĝo de Benjamin estis sulkita de zorgo.

"Jakob, ĉu vi jam aŭdis?" demandis Benjamin per mallaŭta voĉo. "Oni diras, ke la krucmilitistoj marŝas tra la lando. Estas onidiroj, ke ili ne nur volas batali kontraŭ la islamanoj en la Sankta Lando, sed ankaŭ kontraŭ la judoj ĉi tie."

Jakob sentis, kiel nodo formiĝas en lia stomako. "Sed kial ili atakus nin? Ni ja havas nenion komunan kun ilia milito."

"Mi ne scias, Jakob. Sed la onidiroj estas maltrankviligaj. Oni diras, ke ili mortigos ĉiun, kiu ne aliĝos al ilia kredo," respondis Benjamin kun maltrankvila mieno.

La du viroj longe parolis, interŝanĝante siajn timojn kaj zorgojn. Jakob ne povis imagi, ke liaj kristanaj najbaroj, kun kiuj li tiom longe pace kunvivis, subite povus fariĝi malamikoj.

Kiam li revenis hejmen tiun vesperon, li rigardis la stratojn kaj la vizaĝojn de la homoj ĉirkaŭ li per aliaj okuloj. La ombroj de la vespero ŝajnis pli malhelaj, kaj la flustroj de la vento sonis kiel malproksimaj voĉoj de malbono.

Hejme, Jakob dividis siajn zorgojn kun Sarah. "Mi timas pri ni, pri la infanoj. Kio se tiuj onidiroj estas veraj? Kio se la krucmilitistoj vere venos?"

Sarah rigardis lin per okuloj plenaj de amo kaj forto. "Ni devas fidi al Dio, Jakob. Ni ĝis nun eltenis ĉiun malbonon. Ni ankaŭ ĉi-foje eltenos."

En la sekvaj tagoj, streĉo restis en la aero, kvazaŭ densa nebulo super la urbo. Jakob klopodis koncentriĝi pri sia komerco, sed la kreskanta timo en la komunumo estis ĉiea. Onidiroj fariĝis flustritaj avertoj, kaj avertoj fariĝis teruraj raportoj pri la proksimiĝo de la krucmilitistoj.

La juda komunumo komencis prepari sin por la plej malbona. Iuj parolis pri fuĝo, aliaj pri kaŝiĝo. Sed kien ili povus iri? Ili estis civitanoj de Speyer; ĉi tiu estis ilia hejmo.

Jakob pasigis multajn sendormajn noktojn, mediteme pensante pri la sorto de sia familio kaj sia komunumo. La paca mondo, kiun li konis, ekmalstabiliĝis, kaj li staris ĉe la rando de abismo, markita de timo kaj nesekureco.

La unuaj signoj de malbono

En la sekvaj semajnoj, malhelaj nuboj densiĝis super Speyer. La alveno de la krucmilitistoj en la regiono ne plu estis nur onidiro, sed timiga realaĵo. Ĉiu tago, kiu pasis, pliigis la streĉon en la urbo. La krucmilitistoj, pelataj de miksaĵo de religia fervoro kaj avido je riĉaĵoj, komencis sian marŝon, lasante malantaŭ si spuron de detruo.

Jakob kun zorgo observis, kiel la etoso en Speyer ŝanĝiĝis. La stratoj, kiuj iam estis plenaj de vigleco kaj ĝojaj voĉoj, nun ŝajnis malkvietaj kaj streĉitaj. La renkontoj kun liaj kristanaj najbaroj, kiuj antaŭe estis markitaj de afablaj salutoj kaj komunaj konversacioj, nun fariĝis mallongaj kaj singardaj. Estis kvazaŭ nevidebla fosaĵo estus malfermiĝinta inter ili.

Unu matenon, kiam Jakob ĝuste malfermis sian butikon, li aŭdis laŭtajn kriojn kaj la tintadon de armiloj. Zorgeme, li rapidis al la pordo por rigardi. Sur la placo kolektiĝis ekscitita homamaso. Krucmilitistoj en siaj malglataj, per krucoj ornamitaj vestoj staris meze de la homoj, iliaj vizaĝoj montrantaj malamon kaj fanatikecon.

"Konvertiĝu aŭ mortu!" kriis unu el la krucmilitistoj, minace svingante sian glavon. "La tempo de juĝo alvenis!"

Jakob sentis, kiel lia koro frapas en la brusto. Li jam aŭdis pri la kruelaĵoj de la krucmilitistoj, sed vidi per propraj okuloj, kiel ili minacas la urbon kaj ĝiajn loĝantojn, estis io tute alia. Li rimarkis, ke kelkaj el liaj judaj amikoj kaj najbaroj staris inter la spektantoj, iliaj vizaĝoj plenaj de timo.

Subite eksplodis tumulto. Kelkaj el la pli junaj viroj de la juda komunumo, pelataj de malespero kaj kolero, alfrontis la krucmilitistojn. Tamen ili estis malbone armitaj kaj ne povis konkuri kun la peze kirasitaj batalantoj.

Jakob observis, kiel unu el la junuloj, kiun li konis ekde lia infanaĝo, estis brutale frapita al la tero de krucmilitisto. Li volis interveni, sed liaj piedoj ŝajnis kvazaŭ radikiĝintaj en la grundo. La timo paralizis lin.

"Sufiĉe!" kriis la estro de la krucmilitistoj. "Ĉiu judo en ĉi tiu urbo devos decidi. Aŭ vi akceptos Kriston, aŭ vi mortos."

La homamaso malrapide disiĝis, lasante malantaŭe atmosferon de timo kaj nesekureco. Jakob, tremante, revenis en sian butikon, kun la bildoj de la brutala atako firme gravuritaj en lia memoro.

En la sekvaj tagoj, la juda komunumo kunvenis en haste organizitaj kunsidoj por diskuti, kiel ili plue agos. Kelkaj pledis por fuĝo, aliaj por provo intertrakti kun la krucmilitistoj. Sed kien ili povus fuĝi? Kaj kiel ili povus intertrakti kun homoj, kies koroj estis plenaj de malamo?

Jakob kaj lia familio pasigis la noktojn en timo kaj necerteco. Ili preĝis kune, petegante Dion pri protekto kaj kompatemo. Sed kun ĉiu tago, kiu pasis, la espero pli kaj pli malfortiĝis.

La atakoj kontraŭ la judoj intensiĝis. Domoj estis prirabitaj, butikoj detruitaj. Jakob vidis, kiel lia mondo disfalis en pecetojn, kaj sentis sin senpova. La paca kunvivado, kiu estis konstruita dum jaroj, rompiĝis en kelkaj tagoj sub la premo de malamo kaj perforto.

Kiam unuvespere disvastiĝis la onidiro, ke bando de krucmilitistoj kaj kolerigitaj civitanoj estas survoje por ataki la judan kvartalon, Jakob rapide kunpakis kelkajn havaĵojn. Li sciis, ke temis nun pri vivo kaj morto.

"Ni devas kaŝiĝi," li diris al Sarah, kiu kun larmoj en la okuloj forte brakumis siajn infanojn.

En la mallumo de la nokto, ili ŝteliris el sia domo, tra la mallarĝaj stratetoj, ĉiam gardeme atente al la patrolantaj bandoj. Iliaj koroj frapadis en la brusto, kaj ĉe ĉiu sono ili tremis.

Ili trovis rifuĝon en la kelaro de kristana amiko, kiu, malgraŭ la risko por sia propra vivo, estis preta kaŝi ilin. Tie, en la mallumo kaj silento de la kaŝejo, ili aŭskultis la kriojn kaj la bruon, kiuj penetris de sur la stratoj.

Tiun nokton multaj el iliaj amikoj kaj najbaroj perdis la vivon. La rakontoj, kiuj disvastiĝis la sekvan tagon, estis de neimagebla krueleco kaj brutaleco. Familioj estis disigitaj, homoj estis mortigitaj antaŭ la okuloj de siaj karuloj.

Jakob kaj lia familio transvivis la nokton, sed la vivo, kiel ili ĝin konis, estis por ĉiam perdita. La estonteco estis neklara, markita de timo kaj la konstanta minaco de plia perforto. La iam tiel paca vivo en Speyer estis nur malproksima memoro, ombrita de la unuaj signoj de malbono.

La masakro komenciĝas

La sekvaj tagoj alportis kruelecon kaj hororon, kiujn Jakob eĉ en siaj plej teruraj koŝmaroj ne povus imagi. La juda kvartalo de Speyer, iam loko de komerco kaj komunumo, transformiĝis en batalkampon. La krucmilitistoj, pelataj de fanatika malamo kaj avideco je rabado, sturmis tra la stratoj, lasante morton kaj detruon en sia vojo.

En sufoka mateno, jam markita de la odoro de fumo kaj sango, la hororo atingis la sojlon de Jakob. Hordo da krucmilitistoj, iliaj vizaĝoj misformitaj de kolero kaj sangoavido, enrompis en lian domon. La sceno, kiu disvolviĝis antaŭ la okuloj de Jakob, similis al terura sonĝo. Li povis nur senhelpe rigardi, kiel lia mondo disŝiriĝis ĉirkaŭ li.

Sarah, la amata edzino de Jakob, malespere provis protekti siajn infanojn, puŝante ilin al la plej malproksimaj anguloj de la domo, sed estis vane. La krucmilitistoj estis senkompataj. Per kruda forto, ili disŝiris la familion, kaj iliaj krioj resonis en la oreloj de Jakob.

Unu el la krucmilitistoj, granda viro kun ruĝa kruco sur la brusto, kaptis Sarah. "Paganino!", li kraĉis, dum li perforte tiris ŝin per la haroj. La preĝoj de Sarah por kompato perdiĝis en la bruo kaj kaoso.

La infanoj, malgrandaj kaj terurigitaj, firme kramfis unu la alian, iliaj okuloj vaste malfermitaj pro teruro. La plej aĝa filo de Jakob, Benjamin, ne pli aĝa ol dekdujara, estis faligita al la grundo kaj piedbatita de alia krucmilitisto ĝis li ne plu moviĝis.

Jakob mem estis terenĵetita kaj katenita. Liaj krioj por helpo, liaj preĝoj por kompato al sia familio, estis ignorataj de la krucmilitistoj. Ili ridis kaj mokis lin, dum ili prirabis lian domon, forportis ĉion valoran kaj detruis la reston.

La plorado kaj ĝemado de lia edzino kaj infanoj estis la lastaj sonoj, kiujn Jakob aŭdis antaŭ ol li svenis. Kiam li vekiĝis, ĉio estis silenta. Li kuŝis sur la planko de sia detruita domo, liaj manoj kaj piedoj sangaj kaj doloraj pro la luktado kontraŭ la katenoj.

Kun granda peno, li liberigis sin kaj stariĝis ŝanceliĝante. La vidaĵo antaŭ li estis nedeskribebla. Lia iam komforta hejmo estis amasigita en ruinojn, ĉie disaj estis la restaĵoj de ilia vivo.

Sed la plej terura vidaĵo estis lia familio. Sarah kuŝis senmova en angulo, ŝia vizaĝo markita de larmoj kaj sango. Benjamin kaj la aliaj infanoj ankaŭ estis mortigitaj, brutale murditaj de la krucmilitistoj.

Jakob falis surgenue, liaj larmoj miksitaj kun la polvo kaj sango sur la planko. Li kriegis pro doloro kaj malespero, krio, kiu respegulis la malplenon de lia rompita koro. Li ne povis kompreni, kiel tia hororo estis ebla, kiel homoj povis fariĝi tiaj monstroj.

En la sekvaj horoj, Jakob vagis kiel fantomo tra la stratoj de Speyer. Ĉie li vidis la samajn scenojn de teruro: domoj en flamoj, kadavroj forĵetitaj senkompate, virinoj kaj infanoj plorantaj pro la murdoj de siaj karuloj.

La juda komunumo, iam floranta kaj vivoplena, nun estis nur ombro de si mem. Multaj perdis siajn vivojn, aliaj forkuris aŭ kaŝiĝis en timo kaj malespero.

Jakob, kiu perdis ĉion, kio estis al li kara, sentis sin malplena kaj rompita. La kredo, kiu iam donis al li konsolon kaj subtenon, nun ŝajnis fora kaj senenhava. En sia malespero, li turnis sin for de la ruinoj de sia vivo kaj forlasis Speyer, ne sciante, kien lia vojo lin kondukos.

Li vagis sencele, plagita de memoroj kaj la eterna doloro de perdo. La bildoj de la masakro persekutis lin en liaj sonĝoj, vekante lin nokte ŝvitkovrita. La koro de Jakob estis plena de malĝojo, kolero, kaj profunda senpoveco.

Fuĝo kaj persekutado

La mondo, kiel Jakob ĝin konis, kuŝis en ruinoj. Pelata de la urĝa bezono postvivi kaj de la profunda deziro eskapi la koŝmaron, en kiun lia vivo transformiĝis, li aliĝis al malgranda grupo da judaj postvivintoj, kiuj ankaŭ estis en fuĝo.

La grupo, konsistanta el viroj, virinoj, kaj kelkaj infanoj, prezentis malgajan vidaĵon. Iliaj vizaĝoj spegulis la neesprimeblan perdon kaj malesperon, kiujn ili ĉiuj spertis. Ili dividis ne nur la suferon, sed ankaŭ la decidon postvivi iel ajn.

La unuaj tagoj de ilia fuĝo estis senfina batalo. Malsato, soifo, kaj elĉerpiĝo turmentis ilin dum ili trenis sin tra arbaroj kaj kampoj, ĉiam en timo esti malkovritaj. Ili aŭdis pri pliaj masakroj, pri krucmilitistoj, kiuj ĉasis kiel rabobestoj, pelataj de malamo kaj avideco.

Unu nokton, kaŝante sin en forlasita grenejo, furioza diskuto eksplodis. Kelkaj volis provi atingi la limon kaj fuĝi al najbara lando, aliaj pledis por kaŝiĝi en la arbaroj. Jakob, ankoraŭ kaptita de malĝojo kaj ŝoko, apenaŭ trovis la forton partopreni en la diskuto. La memoroj pri lia familio, pri tio, kion li perdis, paralizis lin.

La sekvan tagon ili renkontis grupon da lokaj kamparanoj. Komence ili estis esperoplenaj, serĉante helpon, sed la espero rapide transformiĝis en teruron. La kamparanoj, kiuj komence ŝajnis kompataj, montriĝis malamikoj, pretaj perfidi ilin al la krucmilitistoj. En la lasta momento, la grupo sukcesis fuĝi, sed la okazaĵo lasis profundan malkonfidon al ĉiuj, kiujn ili renkontis dum sia fuĝo.

Jakob batalis ne nur por fizika supervivo, sed ankaŭ kontraŭ internaj demonoj. La bildoj de la masakro, la perdo de lia familio, la senutila sufero – ĉio tio turmentis lin tage kaj nokte. Li sentis sin disŝirita inter la volo postvivi kaj la deziro simple rezigni kaj eskapi la doloron.

En la sekvaj semajnoj, la grupo konstante perdis membrojn – iuj pro malsano, aliaj estis kaptitaj aŭ simple rezignis. Jakob mem atingis punkton, kie li ne povis plu daŭrigi. Unu vesperon, kaŝante sin en kaduka kabano, li kolapsis.

"Mi ne povas plu," li flustris, lia voĉo apenaŭ aŭdebla en la silento de la nokto. Maljuna virino, kiu perdis sian tutan familion, sidis apud li. Ŝi parolis al li mallaŭte, dividante sian propran historion de perdo. Ŝiaj vortoj ne estis konsolaj, sed simpla konfirmo de ilia komuna sufero. Tiun nokton ili ploris kune, du rompitaj animoj ligitaj per sia malĝojo.

La fuĝo daŭris, senfina marŝo tra mondo malafabla kaj kruela. Ili evitis vilaĝojn kaj urbojn, moviĝis sub la kovro de la nokto, ĉiam sur la gardo kontraŭ danĝeroj. Manĝo kaj akvo fariĝis raraj kaj valoraj, kaj ĉiu tago estis batalo kontraŭ elĉerpiĝo kaj malespero.

Kiam la novaĵo pri sekura rifuĝejo en fora vilaĝo atingis ilin, ili ekkaptis novan esperon. Kun la lastaj restoj de sia forto, ili trenis sin tien, pelataj de la deziro trovi sekurecon kaj trankvilon.

La vilaĝo evidentiĝis kiel savo. Ĝi estis loĝata de malgranda kristana komunumo, kiu kompatis la rifuĝintojn kaj kaŝis ilin. Jakob kaj la aliaj postvivintoj fine trovis lokon, kie ili povis spiri, manĝi kaj dormi sen la konstanta timo, kiu ilin persekutis.

En tiu vilaĝo Jakob trovis ankaŭ fajreron de espero. La boneco de kelkaj malmultaj homoj, pretaj riski sian vivon por protekti fremdulojn, estis radio de lumo en la mallumo. Ĝi donis al li la forton daŭrigi, vivi plu, malgraŭ la neesprimebla sufero, kiun li spertis.

Jakob sciis, ke la vojo al resaniĝo estos longa kaj malfacila. La cikatroj, kiujn la eventoj lasis, neniam plene resaniĝos. Sed meze de la malespero kaj doloro, li trovis kialon daŭrigi la batalon: la memoro pri sia familio, la amo, kiun ili dividis, kaj la espero, ke iam, justeco kaj paco revenos.

La fino kaj la heredaĵo

Jaroj pasis ekde la teruraj eventoj, kiuj por ĉiam ŝanĝis la vivon de Jakob. La iam tiel vigla juda komercisto el Speyer nun fariĝis rompita viro, kies maljuniĝinta vizaĝo montris la spurojn de sennombraj larmoj kaj sendormaj noktoj. Li vivis solece en malgranda kabano ĉe la rando de la vilaĝo, kiu estis doninta rifuĝon al li kaj al la malmultaj aliaj postvivintoj.

Tiun malgajan matenon, kiam la suno apenaŭ penetris tra la densaj nuboj, Jakob sentis, ke lia tempo alproksimiĝis. Li kuŝis en sia modesta lito, spiregante mallaŭte kaj neregule, ĉirkaŭita de la malmultaj personaj objektoj, kiuj restis al li. Liaj pensoj senĉese revenis al la tagoj antaŭ ol la malbono superfortis lian mondon.

La memoroj pri lia familio, lia edzino, liaj infanoj – la amo kaj varmo, kiujn ili dividis – estis kiel malproksimaj sonĝoj, nebuligitaj de la tempo. La doloro kaj perdoj, kiujn li suferis, premis kiel peza ŝarĝo sur lia animo. Sed estis ankaŭ momentoj de boneco, de homeco, kiujn li renkontis en tiuj malhelaj tempoj, etaj lumoj, kiuj donis al li la forton pluiri.

Jakob memoris la vizaĝojn de la homoj en la vilaĝo, kiuj, malgraŭ la danĝero por siaj propraj vivoj, helpis lin kaj la aliajn judojn. Iliaj agoj montris al li, ke eĉ en la plej profunda mallumo, ekzistis espero. Tiu penso portis lin tra la jaroj, helpante lin elteni la neesprimeblan suferon.

Dum la tago progresis, kelkaj vilaĝanoj venis viziti lin. Ili alportis manĝaĵon kaj akvon, sed Jakob sciis, ke li ne plu bezonos ilin. Li jam interne adiaŭis ĉi tiun mondon.

Per malforta voĉo, li petis junan viron, kiu ofte vizitis lin, sidi apud li. "Mi volas rakonti al vi ion," komencis Jakob per tremanta voĉo. "Pri tio, kio okazis, pri la homoj, kiujn mi amis, kaj pri la lecionoj, kiujn mi lernis."

La juna viro aŭskultis atente, dum Jakob komencis rakonti sian historion. Li parolis pri la feliĉaj tagoj en Speyer, pri sia familio, sia negoco, kaj la juda komunumo, kiu iam estis tiel vigla kaj plena de espero. Poste venis la malhelaj tempoj, la teruro de la masakro, kaj la perdo de ĉio, kio estis kara al li.

"Sed gravas, ke vi sciu, ke en tiu tuta hororo, kiun ni spertis, tamen estis homoj, kiuj faris bonon," daŭrigis Jakob. "Homoj, kiuj montris, ke kompato kaj homeco povas ekzisti eĉ en la plej malhelaj horoj."

La juna viro kapjesis, enprenante la vortojn profunde en si. "Via rakonto vivos plu," li promesis. "Ni ne forgesos."

La okuloj de Jakob pleniĝis de larmoj, larmoj de dankemo kaj adiaŭo. Li sentis pacon, preta forlasi ĉi tiun mondon, sciante, ke lia historio estos plu rakontata, ke la sufero kaj doloro, sed ankaŭ la amo kaj espero, kiujn li travivis, ne estos forgesitaj.

Kiam la tago cedis al la nokto, Jakob sentis, kiel lia korpo malfortiĝis pli kaj pli. Liaj pensoj paliĝis, sed lasta sento de kontento plenigis lin. Li estis elteninta, li estis kontraŭstarinta la malesperon kaj restinta atestanto ĝis la fino de la eventoj, kiuj ne nur ŝanĝis lian vivon, sed ankaŭ la vivojn de multaj aliaj nerevokeble.

En siaj lastaj momentoj, li flustris silentan preĝon, ne nur por si mem, sed por ĉiuj, kiuj suferis, por tiuj, kiuj perdis siajn vivojn, kaj por tiuj, kiuj venos post li. Li preĝis por paco, por kompreno kaj por tio, ke la homeco neniam perdiĝu en la mallumo de malamo.

Kiam Jakob fermis siajn okulojn por ĉiam, ne nur lia vivo finiĝis, sed ankaŭ ĉapitro en la historio de la juda komunumo en Speyer. Tamen, la heredaĵo de liaj memoroj vivis plu, la rakonto pri sufero kaj espero, pri perdo kaj homeco. Tiu ĉi historio estus plu portata tra la generacioj, kiel memorigilo kaj alvoko al memoro, por ke la eraroj de la pasinteco ne estu ripetitaj kaj por ke la estonteco estu formita per la lecionoj de la historio.

Jemeno

En la 12-a jarcento, la judoj en Jemeno, kiel en multaj landoj sub islama influo, estis konataj kiel "dhimioj" – termino por neislamanoj vivantaj sub islama regado. Ĉi tiu statuso donis al ili kaj protekton kaj limigojn. Kiel dhimioj, judoj kaj kristanoj, ekzemple, estis protektitaj kontraŭ persekuto (malsame al adeptoj de aliaj religioj, kiuj povis esti mortigitaj), tamen ili devis pagi specialan imposton, la Ĝizjon, kaj akcepti diversajn limigojn pri sia religia praktiko kaj publika vivo, submetiĝante al la superrego de la islama regado.

La vivo de la juda komunumo estis profunde radikigita en ilia kredo kaj tradicioj. Ili ofte loĝis en apartaj kvartaloj, havante siajn sinagogojn, lernejojn, kaj sociajn instituciojn. Komerco estis ofta agado, kun multaj judoj laborantaj kiel komercistoj, metiistoj, aŭ en aliaj profesioj. Malgraŭ la limigoj, ili ofte povis vivi paca kaj produktema vivo.

Tamen, ĉi tiuj komunumoj estis tre vundeblaj al la ŝanĝiĝantaj humoroj de la politikaj kaj religiaj regantoj. En la 12-a jarcento, sub la regado de la Zajdi-imamoj, la situacio por la judoj draste malboniĝis. La Zajdi-imamoj estis konataj pro sia rigora kaj parte fanatika aliro al religiaj aferoj, kio kaŭzis intensigon de reprezalioj kaj limigoj kontraŭ la juda loĝantaro.

La persekuto ofte atingis kruelajn dimensiojn. Devigaj konvertiĝoj ne estis maloftaj, kaj tiuj, kiuj rifuzis konvertiĝi al Islamo, devis alfronti severajn punojn. Familioj estis disigitaj, kaj multaj judoj perdis siajn vivojn, hejmojn, kaj vivrimedojn. Ĉi tiu tempo estis markita de timo, nesekureco, kaj lukto por simpla supervivo.

En ĉi tiu epoko de suferado, la judoj en Jemeno tamen montris impresan rezistecon. Ili firme tenis siajn tradiciojn, praktikis sian kredon kaŝe, kaj subtenis unu la alian en tempoj de malfacilo. La rakontoj de ĉi tiu periodo atestas ilian kuraĝon, forton, kaj neŝanceleblan esperon, eĉ sub la plej malfacilaj kondiĉoj.

La Voĉo de Sanao

Dhimmis antaŭ la Ŝtormo

En la mallarĝaj stratetoj de Sanao, ĉirkaŭitaj de malnovaj ŝtonaj domoj kaj la vigla bruo de la bazaro, David, juda tekstilkomercisto, vivis sian modestan vivon. Lia eta butiko, kie oni ofertis ŝtofojn en ĉiuj imageblaj koloroj kaj desegnoj, estis konata pro sia kvalito kaj diverseco. Malgraŭ sia statuso kiel dhimmi, kio signifis, ke li kaj lia familio estis neislamanoj protektataj sub islama regado, li ĝuis certan gradon de respekto en sia komunumo.

La familio de David estis la centro de lia vivo. Lia edzino, Mirjam, estis saĝa kaj zorgema virino, kiu sindoneme prizorgis iliajn tri infanojn. Ilia loĝejo super la butiko estis modesta, tamen plenigita per la varmo de familia amo kaj la odoro de freŝe bakita pano. Vendredoj, je la Ŝabato, ĉiuj kuniĝis por ĝui la sanktan ripozon kaj flegi siajn tradiciojn.

La juda komunumo en Sanao estis tre proksima, kie ĉiuj konis unu la alian. Malgraŭ la limigoj, al kiuj ili estis submetitaj kiel dhimmioj – kiel la pago de la Ĝizjo-imposto kaj la limigo de publikaj religiaj praktikoj – ili vivis plenan vivon de kredo kaj kulturo. La butiko de David ne estis nur loko por komerco, sed ankaŭ renkontiĝejo por konversacioj kaj interŝanĝo de novaĵoj.

Tamen, la paca rutino estis subite interrompita, kiam onidiroj komencis disvastiĝi tra la stratoj de Sanao. Oni parolis pri ŝanĝo en la sinteno de la Zajdi-imamoj rilate al la judoj. Iuj menciis novajn leĝojn, kiuj povus plimalbonigi la vivon por dhimmioj, aliaj pri devigaj konvertiĝoj.

David sentis la kreskantan timon en la komunumo. Unu tagon, dum li ordigis siajn varojn, lia amiko kaj najbaro, Samuel, eniris la butikon. La vizaĝo de Samuel estis plena de zorgo.

"Ĉu vi jam aŭdis?" Samuel demandis mallaŭte, post kiam li certiĝis, ke ili estas nedisturbataj. "Oni diras, ke la imamoj planas doni al ni elekton: konvertiĝo aŭ ekzilo."

La mano de David haltis ĉe tiuj vortoj. "Tio ne povas esti vera," li respondis. "Ni ĉiam pagis niajn impostojn kaj sekvis la leĝojn. Kial ili nun persekutus nin?"

"Mi ne scias, David," respondis Samuel. "Sed mi timas, ke ni devas prepariĝi por la plej malbona. Ne estus la unua fojo, ke la ventoj turniĝas kontraŭ ni."

La sekvaj tagoj estis plenaj de nesekureco kaj silentaj konversacioj. David rimarkis, ke kelkaj el liaj islamaj klientoj komencis eviti lian butikon. La vigla bruo de la bazaro estis malsekigita per la kreskanta streĉiteco. Ĉiam pli ofte li renkontis suspektemajn rigardojn kaj aŭdis flustrantajn voĉojn.

Unu matenon, kiam li malfermis sian butikon, David trovis pentraĵon sur sia pordo – nedisputebla simbolo de malamo. Lia koro premis pro aflikto. La novaĵoj pri devigaj konvertiĝoj kaj perforto kontraŭ judoj, kiuj unue estis nur onidiroj, nun ŝajnis maldolĉa realo.

Tiuj eventoj estis nur la komenco de malhela tempo, en kiu la juda komunumo en Sanao kaj tra la tuta Jemeno devis alfronti persekutadon kaj suferon. Estis la komenco de ŝtormo, kiu por ĉiam ŝanĝus la vivon de David kaj lia familio.

La Ondo de Persekutado

La kreskanta timo, kiu disvastiĝis en la juda komunumo de Sanao, estis preskaŭ palpebla, kiam la unuaj atakoj kontraŭ judaj familioj komenciĝis. David, kiu ĝis nun sentis sin sekura en la rutino de sia ĉiutaga vivo, subite trovis sin en koŝmaro.

Estis ordinara posttagmezo, kiam subite laŭtaj krioj kaj la sono de rompiĝanta vitro plenigis la straton. David rapidis al la pordo de sia butiko kaj vidis, kiel kolera homamaso trairis la stratetojn. Ilia celo estis la domoj kaj butikoj de la judoj. Terurigite, David observis, kiel liaj najbaroj estis atakataj kaj iliaj posedaĵoj detruitaj. Li sentis frostotremon de timo, kiam li konsciis, ke ĉi tiu ondo de perforto nehaltigeble alproksimiĝas al lia propra hejmo.

David rapide reiris en sian butikon kaj barikadis la pordon tiel bone kiel li povis. Lia familio kolektiĝis en la malantaŭa parto de la domo, ĉirkaŭita de ŝtofbaloj, kiuj nun ne plu povis oferti protekton. Mirjam firme brakumis siajn infanojn, dum David provis rigardi la scenon ekstere tra fendo en la kurteno.

"Kion ni faru, David?" flustris Mirjam, dum la krioj kaj kaoso ekstere proksimiĝis.

"Ni devas resti ĉi tie kaj esperi, ke ili pasos preter," respondis David per raŭka voĉo.

Sed tiu espero estis mallongdaŭra. Subite ŝtonoj ekfrapis kontraŭ la fenestroj kaj pordoj de ilia domo. La timo de la familio transformiĝis en nuda paniko, kiam la pordo cedis kaj grupo de koleraj viroj eniris la butikon.

David staris protekte antaŭ sia familio, sed li estis senpova kontraŭ la superforto. La enrompintoj prirabis la butikon, detruis la valorajn ŝtofojn kaj renversis ĉion. Kelkaj batis David, kiam li provis ilin haltigi. Mirjam kriis kaj firme brakumis la infanojn, dum larmoj fluis laŭ ŝia vizaĝo.

Kiam la atakantoj finfine foriris, ili postlasis butikon en ruinoj kaj familion en ŝoko kaj malespero. David, sanganta kaj kovrita de kontuziĝoj, sukcesis atingi sian familion.

"Ni ne povas resti ĉi tie," li diris per raŭka voĉo. "Estas tro danĝere."

En la sekvaj tagoj, la vivo en Sanao estis karakterizita de timo kaj nesekureco. La juda komunumo, iam integra parto de la urba vivo, nun fariĝis evitata kaj malamata. David kaj lia familio vivis en konstanta timo pri pliaj atakoj. Ilia ĉiutaga vivo estis detruita; la butiko, iam fonto de fiereco kaj vivtenado, estis nur ombro de si mem.

Kiam venis la novaĵo, ke la Zajdi-imamoj starigis ultimaton – konvertiĝo al Islamo aŭ ekzilo – David staris antaŭ neebla decido. Lia kredo estis profunde grava por li, sed la sekureco de lia familio estis en danĝero.

"Kion ni faru, David?" demandis Mirjam en silenta nokto, dum ili sidis kune. "Kiel ni povas resti ĉi tie en tiaj kondiĉoj?"

David rigardis en la vizaĝojn de sia familio, en la okulojn de siaj infanoj, plenaj de timo kaj konfuzo. "Mi ne scias, Mirjam," li respondis mallaŭte. "Sed mi scias, ke mi faros ĉion por protekti vin."

La sekvaj tagoj estis plenaj de elĉerpaj konversacioj kaj malfacilaj decidoj. Kelkaj el iliaj amikoj kaj najbaroj decidis konvertiĝi, pelataj de timo kaj deziro protekti siajn familiojn. Aliaj komencis sekrete plani sian fuĝon.

Por David kaj lia familio, ĉiu tago estis turmento. La elekto inter sia kredo kaj sia sekureco estis korŝira. Ili sciis, ke ĉiu decido ŝanĝos ilian vivon por ĉiam.

Ĉi tiu malhela periodo en la historio de la juda komunumo de Sanao estis atesto pri la suferado kaj disŝirado, kiujn ili spertis. La persekutado, al kiu ili estis submetitaj, ne estis nur atako kontraŭ ilia materia bonstato, sed ankaŭ kontraŭ ilia identeco kaj kredo. Meze de ĉi tiuj provoj, la demando pri tio, kiel formi sian estontecon, restis fonto de konstanta timo kaj nesekureco.

Kaŝita Espero

En la tagoj sekvantaj la detruajn atakojn kontraŭ lia familio kaj komerco, David trovis sin en mondo, kiun li apenaŭ rekonis. La stratoj de Sanao, iam viglaj kaj plenaj de koloroj kaj sonoj, nun estis saturitaj de malfido kaj timo. Tamen, en ĉi tiu atmosfero de malespero, ekfloris fajrero de espero.

Malgraŭ la minacanta danĝero, David kaj kelkaj aliaj membroj de la juda komunumo renkontiĝis sekrete. Ĉi tiuj renkontiĝoj okazis en la plej profunda nokto, en kaŝitaj ĉambroj de domoj. Estis riskoplena entrepreno, ĉar malkovro fare de la Zajdi-aŭtoritatoj povus havi fatalajn sekvojn.

"Ni devas konservi nian kredon kaj niajn tradiciojn," flustris David dum unu el tiuj noktaj kunvenoj. "Ili ne rajtas preni de ni nian identecon."

La viroj kaj virinoj, kiuj kunvenis ĉirkaŭ li, kapjesis, kvankam timo klare speguliĝis en iliaj okuloj. Ili diskutis pri manieroj kaŝi siajn skribaĵojn kaj preĝojn, pri la transdono de siaj kutimoj al la pli juna generacio, kaj pri kiel ili povus subteni unu la alian en ĉi tiuj malfacilaj tempoj.

"Ni devas resti unuiĝintaj," diris Mirjam, sidanta apud David. "Nun pli ol iam ajn."

Ŝiaj vortoj forte kontrastis kun la malfido kaj izolado, kiuj regis ekster ĉi tiuj muroj. En ĉi tiuj renkontiĝoj, ili trovis etan rifuĝejon, komunumon, kiu en la mallumo de la nokto oferis lumon de espero.

Tamen, la danĝero ĉiam minacis. Unu tagon, kiam David estis sur la bazaro, li rimarkis, ke du viroj observis lin. Iliaj rigardoj estis malmolaj kaj malfidaj. David sentis, kiel lia koro batis pli rapide, kaj li rapidis fini siajn aĉetojn kaj reiri hejmen.

"Ili observas nin," li avertis Mirjam, kiam li, spiregante, alvenis hejmen. "Ni devas esti pli singardaj."

La konstanta timo de malkovro faris la vivon eĉ pli malfacila. Ĉiu paŝo ekstere fariĝis fonto de angoro. Malgraŭ tio, ili persistis en siaj sekretaj kunvenoj, en sia volo konservi sian kulturon kaj kredon.

La solidareco en la komunumo fariĝis vivgrava apogilo por ilia supervivo. Ili dividis manĝaĵojn, donis unu al la alia moralan subtenon kaj interŝanĝis informojn. Tiuj agoj de solidareco ne estis nur signo de rezisto kontraŭ siaj persekutantoj, sed ankaŭ pruvo de ilia rezisteco kaj kredo.

Dum aparte malgaja vespero, kiam la grupo denove kunvenis, pli aĝa viro, Moŝe, prononcis vortojn de kuraĝigo. "Ni ne devas perdi la esperon," li diris. "Nia historio instruis nin, ke eĉ en la plej mallumaj tempoj ekzistas lumo. Ni devas konservi tiun lumon en niaj koroj."

Tiuj vortoj donis al la grupo forton. Malgraŭ la timigado kaj suferado, kiujn ili devis elteni ĉiutage, ili trovis komforton kaj forton en sia komunumo.

Perdo kaj Heredaĵo

En la mallarĝaj stratetoj de Sanao regis premega silento, interrompita nur de la malproksima sono de paŝoj. David, sidanta en sia eta laborejo, sentis malbonan antaŭsenton en la stomako. Io ne estis en ordo.

Subite, la pordo estis perforte elĵetita. Armitaj soldatoj de la Zajdi-Imamoj eniris, iliaj vizaĝoj malmolaj kaj senkompataj. "David, vi estas arestita pro akuzo de perfido kaj herezo!" kriis unu el la soldatoj.

David estis arestita kune kun aliaj membroj de sia komunumo. La novaĵo disvastiĝis rapide, kaj baldaŭ fariĝis klare, ke perfidinto estis inter ili—iu, kiu perfidis iliajn sekretajn renkontiĝojn kaj planojn al la aŭtoritatoj.

En la sekvaj tagoj, David kaj la aliaj kaptitoj estis tenataj en malhela malliberejo. La kondiĉoj estis teruraj—malmulta manĝaĵo, malpura akvo, kaj preskaŭ neniu lumo. Tamen, David restis firma en sia kredo, kvankam timo kaj nesekureco konstante kreskis.

Unu matenon, ili estis eligitaj el siaj ĉeloj kaj kondukitaj al publika placo. Amasego jam kolektiĝis, iliaj vizaĝoj esprimantaj scivolemon, timon, kaj malamon.

"Vi havas elekton," proklamis la ekzekutisto laŭte. "Konvertiĝu al Islamo, aŭ vi estos publike senkapigitaj." La vortoj resonis tra la placo, dum la amaso aŭskultis kun streĉo.

David staris tie, lia koro frapante en la brusto. Li rigardis en la okulojn de siaj amikoj kaj familianoj, kiuj staris apud li. Kelkaj ploris, aliaj aspektis kuraĝaj kaj deciditaj.

"Mi ne konvertiĝos," diris David per firma voĉo, kvankam lia tuta korpo tremis. "Mi ne forlasos mian kredon."

Kelkaj aliaj sekvis lian ekzemplon, dum kelkaj decidis konvertiĝi, pelataj de la timo de morto. La decido de ĉiu individuo estis akceptita de la amaso kun miksitaj reagoj.

Por David kaj tiuj, kiuj rifuzis konvertiĝi, la fino venis rapide kaj kruela. La ekzekutistoj plenumis sian teruran taskon, dum la amaso rigardis. Estis momento de profunda doloro kaj funebro.

En la tagoj kaj semajnoj post la evento, la kuraĝo kaj decidemo de David fariĝis simbolo de rezisto kaj espero ene de la juda komunumo de Sanao. Lia rakonto estis rakontata kaj transdonata, vivanta heredaĵo por la venontaj generacioj.

Malgraŭ la daŭra persekutado, la restantaj membroj de la komunumo firme tenis sian kredon, inspiritaj de la ekzemplo de David. Ili rememoris liajn vortojn, liajn agojn, kaj la neŝanceleblan konvinkon, kiun li montris ĝis sia lasta spiro.

David oferis sian vivon por sia kredo, sed lia heredaĵo daŭris. En la koroj kaj memoroj de la homoj, li restis lumturo de espero kaj kuraĝo, pruvo ke eĉ en la plej mallumaj tempoj, la homa spirito kaj kredo estas nevenkeblaj.

"La rakonto de David neniam estos forgesita," diris pli aĝa viro mallaŭte al knabo, dum ili preĝis en kaŝita loko. "Li instruis al ni, ke nia kredo estas pli forta ol timo kaj subpremado."

La Diskriminado de Judoj en Anglio kaj Francio

En la malfrua mezepoko, precipe en la 13-a kaj 14-a jarcentoj, la judaj komunumoj en Eŭropo, precipe en Anglio kaj Francio, spertis periodon de intensa diskriminacio kaj persekutado. Ĉi tiu periodo estis markita de religia fanatikeco, ekonomiaj krizoj, kaj sociaj streĉoj, kiuj ofte estis solvitaj je la kosto de la juda loĝantaro.

Anglio en la 13-a jarcento: La situacio de la Judoj en Anglio draste plimalboniĝis sub la regado de la Plantagenetoj. Reĝo Johano Senlando kaj poste Reĝo Henriko la 3-a utiligis la Judojn kiel gravan enspezofonton por la krono, postulante altajn impostojn kaj arbitrajn pagojn. La Judoj, kiuj ĉefe estis engaĝitaj en pruntedonado, ĉar aliaj profesioj ofte estis malpermesitaj al ili, estis ĉiam pli prezentataj kiel ekspluatantoj kaj sangosuĉantoj de la kristana komunumo. Ĉi tiu bildo estis plifortigita per ekleziaj instruoj, kiuj akuzis la Judojn pri la mortigo de Kristo – akuzo, kiu kaŭzis profunde enradikiĝintan antisemitismon.

Kun la tempo, ĉi tio kondukis al perfortaj atakoj kaj pogromoj, kiel la masakro de Jorko en 1190. La streĉa situacio plu eskaladis, kiam Reĝo Eduardo la 1-a en 1290 eldonis la Edikton de Elpelo, kiu forpelis ĉiujn Judojn el Anglio.

Francio en la 14-a jarcento: Simile okazis en Francio, kie la Judoj ankaŭ estis sub premo. Reĝo Filipo la 4-a, konata kiel "la Bela," en 1306 iniciatis la unuan amasan forpelon de la Judoj el Francio. Ĉi tiuj forpeladoj ofte estis akompanataj de perforto kaj rabado. La kialo por ĉi tiu persekutado estis parte ekonomia – la krono estis forte ŝuldata al judaj pruntedonantoj, kaj per la forpelo tiuj ŝuldoj povis esti nuligitaj.

La Judoj en Francio ankaŭ estis regule akuzitaj pri subfosado de la kristana ordo kaj pri respondeco pri diversaj sociaj kaj ekonomiaj problemoj. Tiaj akuzoj ofte estis senbazaj kaj servis kiel preteksto por persekutado. La situacio ripetiĝis en 1394 sub Reĝo Karlo la 6-a, kio kondukis al dua granda forpelo.

Komunaĵoj kaj Sekvoj: En ambaŭ landoj, la Judoj estis submetitaj al ekstremaj limigoj. Ili ne rajtis praktiki certajn profesiojn, devis porti specialajn markojn, kaj ofte loĝis en getoj. Ĉi tiu izoliĝo kaj stigmatizado faris ilin facilaj celoj por malamo kaj malfido. La forpeladoj estis traŭmataj, ĉar multaj familioj estis devigitaj forlasi siajn hejmojn, siajn komunumojn, kaj siajn entreprenojn. Ili perdis ne nur sian materian posedaĵon, sed ankaŭ sian kulturan kaj socian heredaĵon.

Ĉi tiuj historiaj eventoj estas malhela ĉapitro en la historio de Eŭropo. Ili montras, kiel maltoleremo, timo, kaj misuzo de potenco povas konduki al subpremo kaj persekutado de minoritatoj. Por la juda loĝantaro, ĉi tiuj spertoj estis markitaj de perdo, malĝojo, kaj la konstanta serĉado de sekura loko en malamika mondo.

La Perdita Hejmo

La Trankvilo Antaŭ la Ŝtormo

En la pitoreska urbo Jorko, karakterizita per ĝiaj imponaj urbomuroj kaj la labirinto de mezepokaj stratetoj, vivis la familio Meir – simbolo de juda vivo kaj kultura diverseco. Moŝe Meir, respektata metiisto konata pro siaj artefaritaj lignoproduktoj, vivis modestan, sed kontentigan vivon kun sia edzino Sara kaj iliaj du infanoj, Samuel kaj Rebekka.

La vivo de la familio Meir estis trapenetrata de profundaj tradicioj kaj kutimoj. Ilia eta, komforta loĝejo ne nur estis rifuĝejo por la familio, sed ankaŭ atestanto de ilia kredo kaj heredaĵo. Sur la muroj pendis artaj tapetoj kun hebreaj benediroj, kaj zorgeme prizorgata menora elstare staris sur la kamena breto.

Moŝe pasigis siajn tagojn en la metiejo, kie li diligente fabrikis lignajn meblojn kaj religiajn artefaktojn. Li estis populara inter siaj klientoj, kaj judoj kaj kristanoj, kaj lia reputacio kiel lerta metiisto estis bone konata. Lia edzino Sara, virino de trankvilo kaj gracio, prizorgis la domon kaj instruis la infanojn laŭ la vojoj de ilia kredo. Samuel, la pli aĝa, estis pripensema knabo, kiu ofte absorbiĝis en la studo de antikvaj tekstoj, dum Rebekka, la pli juna, per sia vigla scivolemo kaj gaja karaktero lumigis la hejmon.

La juda vivo en Jorko ne ĉiam estis facila, sed en la mallarĝaj stratetoj de la juda komunumo, la familio Meir kaj iliaj najbaroj trovis konsolon kaj solidarecon. La sinagogo, modesta konstruaĵo el malnova ŝtono, havis centran signifon. Tie ili renkontiĝis por preĝi, studi la sanktajn skribaĵojn, kaj interŝanĝi novaĵojn.

Tamen, malgraŭ ĉi tiu pacema ekzisto, signoj de maltrankvilo ŝvebis en la aero. La juda komunumo ĉiam pli fariĝis celo de suspekto kaj kalumnio. Onidiroj, instigitaj de nescio kaj timo, cirkulis en la tavernoj kaj merkatoj de Jorko. Oni asertis, ke judoj forrabas kristanajn infanojn kaj venenas iliajn putojn. Ĉi tiuj malicaj rakontoj pli kaj pli disvastiĝis, kaj la premo sur la juda komunumo konstante kreskis.

Unu tagon, dum Moŝe laboris en sia metiejo, venis al li maljuna kliento kaj amiko, kristana komercisto nomata Johano, kun zorgo sur la vizaĝo. "Moŝe, mi timas, ke la etoso en la urbo ŝanĝiĝas. Oni disvastigas mensogojn pri via popolo. Vi devas esti singarda," li avertis mallaŭte. Moŝe serioze kapjesis, dankema pro la honesto kaj amikeco de Johano, sed profunde maltrankvila pri ĉi tiu evoluo.

La familio Meir kunvenis vespere por manĝi, kaj la infanoj rakontis pri sia tago. Sara ofte rigardis zorgoplene al Moŝe dum ŝi aŭskultis la infanojn. Ŝi sentis la kreskantan streĉon en la urbo, kaj la zorgoj pri ŝia familio kaj komunumo peze sidis sur ŝia koro.

En la sekvaj semajnoj, la antisemitaj sentoj pliiĝis. La vendejoj de judoj estis evitataj, kaj sur la stratoj oni rigardis ilin kun suspekto. La familio Meir ĉiam pli retiriĝis en sian komunumon, kaj nevidebla reto de timo ĉirkaŭprenis ilin.

Sed malgraŭ la kreskanta minaco, la juda komunumo en Jorko restis unueca. En la sinagogo ili trovis konsolon en sia kredo kaj en la solidareco inter si. Dum Moŝe preĝis kun sia familio kaj amikoj, li konsciis pri la malfacilaj tempoj, kiuj atendis ilin. Ili ne sciis, ke ĉi tiu maltrankvilo estis nur la komenco de serio de ŝokaj eventoj, kiuj ŝanĝus ilian vivon por ĉiam.

La Reĝa Dekreto

La atmosfero en Jorko videble ŝanĝiĝis. La iam viglaj stratoj nun estis plenaj de timo kaj necerteco. Meze de ĉi tiu streĉa etoso, la juda komunumo ricevis sciigon, kiu frapis kiel fulmo el klara ĉielo: Reĝo Eduardo la 1-a eldonis dekreton por la elpelo de ĉiuj Judoj el Anglio.

Kiam la novaĵo atingis la familion Meir, la ŝoko estis profunda. Moŝe, kiu ĵus revenis de la sinagogo, alportis la novaĵon kun peza koro. "Ili postulas, ke ni foriru. Ĉiuj ni," li diris per rompiĝanta voĉo. Sara, kies vizaĝo esprimis teruron, metis sian manon sur la bruston, kvazaŭ ŝi povus mildigi la doloron tie. "Sed kien ni iru? Ĉi tie estas nia hejmo," ŝi flustris.

La du infanoj, Samuel kaj Rebekka, kiuj ĝis tiam ludis senzorgaj, eksilentis kaj rigardis siajn gepatrojn kun grandaj, demandantaj okuloj. "Kial ni devas foriri, patro?" demandis Samuel mallaŭte. Moŝe sidis apud ili kaj prenis ilin en siajn brakojn. "Foje, miaj infanoj, en la mondo okazas aferoj, kiujn ni ne povas kompreni," li klarigis mallaŭte, sed liaj okuloj perfidis la profundan malĝojon, kiu ŝvelis en li.

En la sekvaj tagoj, la familio devis rapide agi. Ili havis nur malmulte da tempo por paki siajn aĵojn kaj prepariĝi por la vojaĝo. Decidi, kion kunporti, estis malfacile. Moŝe elektis kelkajn el siaj plej valoraj iloj kaj religiajn objektojn, dum Sara koncentriĝis pri paki sufiĉe da manĝaĵo kaj vestaĵoj por la familio. La infanoj helpis laŭ siaj ebloj, kvankam la necerteco kaj timo klare speguliĝis sur iliaj junaj vizaĝoj.

La adiaŭo al ilia hejmo estis kormortiga. Ĉiu angulo de la domo, ĉiu meblo, ĉiu objekto ŝajnis rakonti historion, rememorojn pri vivo, kiu nun apartenis al la pasinteco. Sara iris unu lastan fojon tra la ĉambroj, karesis la murojn kaj fermis momente la okulojn, kvazaŭ ŝi volus sorbi ĉiujn memorojn en si mem.

Ankaŭ la adiaŭo al la najbaroj kaj amikoj estis emocia. Multaj el ili ankaŭ estis judoj, kiuj alfrontis la saman sorton, sed inter ili estis ankaŭ kelkaj kristanoj, kiuj adiaŭis kun larmoj en la okuloj. Johano, la kristana komercisto kaj amiko de la familio, venis por adiaŭi. "Mi dezirus, ke mi povus fari ion," li diris per rompiĝanta voĉo. Moŝe metis manon sur lian ŝultron. "Via amikeco valoris pli por ni, ol vi iam scios," li respondis.

Je la tago de ilia foriro, la komunumo kunvenis en la sinagogo por preĝi kune. La aero estis saturita de miksaĵo de malĝojo, kolero kaj firmeco. Ili preĝis por protekto, por sekura vojaĝo kaj por revido en pli bonaj tempoj. La rabeno diris konsolajn vortojn, sed liaj okuloj spegulis la saman doloron, kiun ĉiu en la komunumo sentis.

Kiam la familio Meir forlasis la urbon kun siaj malmultaj havaĵoj, ili rigardis unu lastan fojon malantaŭen. Jorko, la urbo, kiu iam estis ilia hejmo, nun ŝajnis kiel fora sonĝo. Antaŭ ili estis necerteca estonteco, vojo al nekonataĵo. Sed malgraŭ la mallumo de ĉi tiu momento, ili restis firme kune, pelataj de la espero, ke iam, en la estonteco, justeco kaj paco reenvenos al ili.

La reĝa dekreto, kiu por ĉiam ŝanĝis ilian vivon, ne nur estis signo de la krueleco kaj maljusteco de tiu tempo, sed ankaŭ dolora pruvo de la rompiĝemo de ilia pacema kunvivado. Tamen, en la profundo de iliaj koroj ili portis la neŝanceleblan forton de sia kredo kaj la nedetrueblan amon unu al la alia, kiu kondukos ilin tra la venontaj provojoj.

La Vojaĝo al la Nekonato

La tagiĝo ekbrilis, kiam la familio Meir komencis sian vojaĝon. Per mallaŭtaj paŝoj, kvazaŭ ili estus fremduloj en sia propra lando, ili forlasis Jorkon. La vojo antaŭ ili estis plena de necerteco kaj timo. Ili devis forlasi Anglion antaŭ ol la ultimato finiĝos, tempolimo, kiu pendis super iliaj kapoj kiel glavo de Damoklo.

La familio kunportis nur la plej necesajn aĵojn: iom da provizaĵoj, vestaĵoj, kaj kelkajn memoraĵojn, kiujn ili povis savi. Moŝe gvidis la vojon, silenta gardanto de sia familio. Sara tenis la infanojn proksime ĉe si, denove kaj denove rigardante ilin, kvazaŭ por certiĝi, ke ili ankoraŭ estas tie.

La vojaĝo estis plena de danĝeroj. Ili evitadis la ĉefvojojn, timante atakojn kaj malamikecajn rigardojn. Anstataŭe ili elektis kaŝitajn padojn kaj pli malgrandajn vojojn, ĉiam esperante resti nerimarkitaj. La pejzaĝo de Anglio, iam tiel konata kaj amika, nun ŝajnis minaca kaj malamika.

Unu vesperon, kiam ili serĉis rifuĝon en arbaro, ili aŭdis voĉojn. Viroj, ŝajne serĉantaj ilin. La familio kaŝis sin, iliaj koroj batis rapide. La infanoj, kun larĝe malfermitaj okuloj, apenaŭ kuraĝis spiri. Sara firme premegis Rebekkan, dum Moŝe, kvazaŭ rigidiĝinta pro streĉo, serĉis eliron. Feliĉe, la viroj baldaŭ foriris, ne trovante ilin.

Malgraŭ la konstanta timo kaj necerteco, estis momentoj de espero. Vespere, kiam ili ripozis, ili parolis pri la estonteco. "Ni trovos lokon, kie ni estos bonvenaj," diris Moŝe, kvankam lia voĉo esprimis pli da espero ol li mem sentis. "Eble en Francio aŭ Hispanio," li aldonis, kvankam la novaĵoj de tie ne estis tre kuraĝigaj.

Sara provis trankviligi la infanojn, rakontante al ili rakontojn pri kuraĝo kaj forto, pri homoj, kiuj superis malfacilaĵojn. Samuel aŭskultis ĉi tiujn rakontojn kun briletantaj okuloj, dum Rebekka, ankoraŭ tro juna por ĉion kompreni, firme algluiĝis al sia patrino.

La noktoj estis malvarmaj kaj la tagoj lacigaj. Ili ofte devis elteni malsaton kaj soifon, ĉar ili ne ĉiam povis fidi je la bonkoreco de fremduloj. En kelkaj lokoj, oni rigardis ilin suspekteme aŭ eĉ malkaŝe rifuzis ilin. "Judoj ne estas bonvenaj ĉi tie," ili aŭdis pli ol unu fojon. Tiuj vortoj, eldiritaj kun malestimo kaj malamo, brulis profunde en iliaj animoj.

Unu tagon, kiam ili trapasis malgrandan setlejon, viro alparolis ilin. "Vi estas Judoj, ĉu ne?" li demandis per penetrema rigardo. Moŝe singarde kapjesis, preta defendi sian familion. Sed la viro, kies vizaĝo estis markita de profundaj sulkoj, montris neatenditan amikecon. "Jen," li diris, etendante al ili iom da pano kaj fromaĝo. "Ne estas multe, sed eble helpos vin." Ĉi tiu neatendita gesto de homeco estis kiel radio de lumo en la mallumo.

Kiam ili fine atingis la marbordon, la sento de malpeziĝo estis miksita kun malĝojo. Ili staris ĉe la rando de sia patrujo, lando, kiun ili nun devis forlasi. La vido de la vasta maro estis samtempe timiga kaj fascinanta – simbolo de la nekonata vojaĝo antaŭ ili.

Ili trovis ŝipkapitanon, kiu pretis preni ilin. La transiro estis malglata, la ŝipo balanciĝis sur la tumultaj ondoj, kaj pli ol unufoje ili pensis, ke ĉi tio povus esti ilia fino. Tamen, ili iel eltenis, pelataj de la penso pri nova vivo, libera de persekutado kaj malamo.

Kiam la ŝipo fine atingis teron, fremdan landon, kiu nun fariĝos ilia nova hejmo, ili rerigardis la vojaĝon, kiun ili ĵus faris. Ĝi estis vojaĝo plena de timo, necerteco kaj perdo, sed ankaŭ de kuraĝo, espero, kaj la neŝancelebla kredo je pli bona estonteco. Ili sciis, ke la defioj ankoraŭ ne finiĝis, sed ili estis pretaj alfronti ilin kune. En iliaj koroj ili portis la nedetrueblan memoron pri tio, kion ili lasis malantaŭe, kaj la nevenkeblan esperon pri tio, kio atendas ilin antaŭe.

Alveno en Francio

La bordo de Francio etendiĝis antaŭ la familio Meir, spektaklo, kiu vekis kaj esperon kaj necertecon en iliaj koroj. Ili enpaŝis fremdan landon, lokon, kie ili esperis trovi rifuĝon kaj pacon. Tamen, la timo, kiu akompanis ilin dum la vojaĝo, ankoraŭ peze kuŝis sur ili.

Kiam ili eliris el la ŝipo, ili tuj rimarkis la diferencon kompare al la konata medio de Anglio. La lingvo, la homoj, la arkitekturo – ĉio estis nekutima. Moŝe, kiu ĉiam montriĝis forta kaj neŝancelebla, sentis profundan necertecon. "Ni konstruos novan vivon ĉi tie," li diris al Sara, kvankam lia voĉo iomete tremis.

La serĉado de nova komunumo estis malfacila. Ili renkontis suspektemon kaj ofte estis lasitaj solaj. En la unuaj tagoj, ili trovis rifuĝon en malgranda, kaduka loĝejo. Estis modesta komenco, tute malsama al la vivo, kiun ili kondukis en Jorko.

Sara provis trankviligi la infanojn, kiuj estis timigitaj de la nova medio kaj la lingva baro. "Nur komence estas malfacile," ŝi diris, dum ŝi tenis Rebekkan en siaj brakoj, kiu luktis kontraŭ siaj larmoj. Samuel, la pli aĝa el la du, rigardis serioze kaj demandis: "Ĉu ĉi tie estos sekure, panjo?"

La familio penis adaptiĝi laŭeble. Moŝe serĉis laboron, sed liaj metiistaj lertecoj ne estis tiel bezonataj en la nova medio. Sara, kiu en Anglio havis malgrandan rondon de amikoj kaj najbaroj ĉirkaŭ si, sentis sin izolita kaj sola. La infanoj havis malfacilaĵojn adaptiĝi, ĉar ili apenaŭ parolis la francan.

La tagoj pasis, kaj la familio luktis kun la defioj de la ĉiutaga vivo. Ili lernis elteni kun malpli, kaj trovis konsolon en sia kredo kaj en la malmultaj ĝojmomentoj, kiujn ili dividis inter si.

Tiam alvenis novaĵoj el Anglio – leteroj de amikoj, kiuj decidis resti. La leteroj parolis pri pliaj persekutoj, pri kruelaĵoj apenaŭ imageblaj. Ili legis pri pogromoj, kie domoj estis bruligitaj kaj familioj disŝiritaj. La novaĵoj estis dolora piko en la koro. Ili rememoris tion, kion ili perdis, kaj tiujn, kiujn ili devis lasi malantaŭe.

"Kial ili tiel multe malamas nin?" demandis Samuel unu vesperon. Moŝe rigardis sian filon; la demando resonis en lia propra koro. Li ne trovis respondon, kiu povus mildigi la doloron, nek vortojn, kiuj povus klarigi la malamon, kiun ili spertis.

Malgraŭ ĉio, estis ankaŭ momentoj de afableco kaj kompato. Ili renkontis aliajn judajn familiojn, kiuj spertis similajn sortojn. Iom post iom ili komencis evoluigi senton de aparteno. Ili interŝanĝis rakontojn, subtenis unu la alian, kaj trovis konsolon en sia komuna sperto.

Sara, kiu en Anglio estis konata pro siaj kuirartaj lertecoj, komencis kuiri por aliaj familioj. Ŝiaj manĝoj fariĝis simbolo de komunumo kaj rezisto kontraŭ la malfacilaĵoj, kiujn ili ĉiuj alfrontis. "Vi alportas pecon de hejmo en nian novan mondon," diris najbarino al ŝi, dum ŝi laŭdis la stufaĵon de Sara.

Moŝe fine trovis laboron en eta metiejo. Estis modesta komenco, sed ĝi donis al li senton de celo kaj memvaloro. Li laboris diligente, ofte ĝis malfrue en la nokto, por prizorgi sian familion.

La infanoj iom post iom adaptiĝis. Ili lernis la lingvon, trovis amikojn, kaj komencis orientiĝi en sia nova medio. Ili estis rezistemaj, adaptiĝintaj al mondo, kiu ofte montriĝis malamika.

Monatoj pasis, kaj la familio Meir trovis sian lokon en la nova komunumo. Ili daŭre alfrontis defiojn kaj malfacilaĵojn, sed ili faris tion kune. La memoraĵoj pri tio, kion ili perdis, restis ĉe ili, sed ili ankaŭ lernis rigardi antaŭen.

Ili komencis novan vivon en Francio, vivon markitan de adaptiĝo kaj ŝanĝo, sed ankaŭ de espero kaj rezistemo. Ili sciis, ke la estonteco estas necerte, sed ili estis decidtaj alfronti ĝin kune. En iliaj koroj ili portis la neforgeseblajn memorojn pri tio, kion ili lasis en Anglio, kaj la neŝanceleblan esperon pri tio, kio atendis ilin antaŭe.

La Dua Ekzilo

La novaĵo frapis la familion Meir kiel tondro. Ĝuste kiam ili komencis konstrui novan vivon en Francio, nova ondo de persekuto minacis ilin. La timo, kiun ili spertis en Anglio, revenis, ĉi-foje kun la amara ironio, ke la supozata rifuĝlando nun ankaŭ fariĝis loko de minaco.

Moŝe eksciis pri tio unue pere de la komunumo. Onidiroj disvastiĝis, ke reĝo Filipo la 4-a intencis forpeli la Judojn el Francio. La konfirmo venis kelkajn tagojn poste per oficiala dekreto. „Ni devas denove fuĝi," li diris per peza voĉo al Sara.

La decido estis kormortiga. Ili trovis amikojn, adaptiĝis al la kulturo, kaj la infanoj komencis senti sin hejme en la nova medio. Sed la timo de persekuto kaj la deziro al sekureco ne lasis al ili elekton. Ili devis pluiri, ĉi-foje orienten.

„Kien ni nun iros, paĉjo?" demandis Samuel kun larmoj en la okuloj. „Mi pensis, ke ĉi tie ni estos sekuraj." Moŝe sidis apud li kaj brakumis lin. „Ni serĉos lokon, kie ni povos vivi en paco," li klarigis milde. „Lokon, kie ni ne estos persekutataj pro nia kredo."

La preparoj por la foriro estis hastaj kaj plenaj de premanta etoso. Ili pakis la malmulton, kion ili havis, kaj vendis tion, kion ili ne povis kunporti. Ĉi-foje ili sciis, kio atendis ilin – vojaĝo al la nekonato, plena de danĝeroj kaj necerteco.

Kiam ili forlasis Francion, ili rerigardis al tio, kio povus esti – vivo en paco kaj sekureco. Sed tiuj revoj nun estis detruitaj. La vojaĝo orienten estis plena de timo kaj necerteco. Ili vojaĝis plejparte piede, foje sur ĉaroj provizitaj de kamparanoj aŭ komercistoj.

La familio renkontis aliajn fuĝantajn Judojn sur sia vojo. Ili interŝanĝis rakontojn, dividis manĝaĵon, kaj konsolis unu la alian. Malgraŭ la malfacilaj tempoj, formiĝis sento de komunumo kaj reciproka subteno.

La konversacioj ofte turniĝis al espero kaj kredo. „Ĉu vi kredas, ke ekzistas ie loko, kie ni povos vivi en paco?" demandis Sara unu vesperon, kiam ili sidis ĉirkaŭ tendarfajro. La respondoj estis miksitaj; iuj parolis pri espero, aliaj pri rezigno. Sed en Moŝe brulis neŝancelebla kredo. „Jes," li diris decide. „Ni devas nur daŭrigi kaj kredi."

La vojaĝo estis laciga kaj danĝera. Ili devis protekti sin kontraŭ rabistoj kaj aliaj minacoj, esti singardaj kontraŭ suspekto kaj malakcepto en la vilaĝoj, tra kiuj ili pasis. Manĝaĵo kaj loĝejo estis malabundaj, kaj la necerteco pri tio, kion la estonteco alportos, peze premis iliajn korojn.

Malgraŭ ĉio, estis momentoj de feliĉo kaj konfido. Unu vesperon, kiam ili ripozis en malgranda gastejo, ili rakontis rakontojn kaj kantis kantojn. Estis momentoj, en kiuj ili forgesis siajn zorgojn kaj rememoris la belecon de sia kredo kaj kulturo.

La infanoj rapide lernis adaptiĝi, fari novajn amikecojn, kaj lerni novajn lingvojn. Ili montris rimarkindan rezistemon, kiu donis esperon al Moŝe kaj Sara. „Niaj infanoj estas fortaj," diris Sara unu vesperon. „Ili havos pli bonan vivon."

Fine, ili atingis la Sanktan Romian Imperion, regionon, pri kiu ili esperis, ke ĝi estus pli sekura kaj tolerema. La unuaj tagoj estis plenaj de serĉado de nova komunumo, nova hejmo.

Ili trovis malgrandan urbon, kie vivis juda komunumo. Estis modesta komenco, sed ĝi proponis esperon. Ĉi tie ili eble finfine povus vivi la vivon, kiun ili tiel longe deziris – vivon en paco kaj sekureco.

La Sorto de Fezo

En la 15-a jarcento, Fezo, prospera urbo en Maroko, estis fandopoto de diversaj kulturoj kaj religioj. La urbo estis konata pro siaj imponaj madrasejoj (islamaj lernejoj), bibliotekoj, kaj bazaroj. Tio estis epoko, kiam artoj kaj sciencoj floris en la islama mondo. Meze de tiu kultura florado, en Fezo ekzistis grava juda komunumo, kiu loĝis en la Mellah, la juda kvartalo. Ili estis konataj pro sia kontribuo al la komerco, medicino, kaj muziko de la urbo.

Tamen, tiuj tempoj ne ĉiam estis pacaj. Religiaj kaj politikaj streĉoj ŝveliĝis sub la surfaco. Kvankam la juda komunumo de Fezo, kiel en aliaj partoj de la islama mondo, estis agnoskita kaj rajtis praktiki sian kredon, ĝi tamen estis submetita al certaj restriktoj kaj diskriminacio.

En la jaro 1465, tiuj streĉoj atingis tragikan kulminon en Fezo. Kombinaĵo de politikaj rivalecoj, ekonomiaj nesekurecoj, kaj religiaj streĉoj kondukis al eksplodo de perforto kontraŭ la juda komunumo. Kaŭzite de falsaj onidiroj kaj instigite de malamegaj paroloj, la kolero de iuj partoj de la loĝantaro senbridiĝis en brutala masakro, dum kiu multaj judoj estis mortigitaj.

Ĉi tiu malhela ĉapitro en la historio de Fezo simbolas la defiojn kaj danĝerojn, al kiuj minoritatoj estas submetitaj en tempoj de tumulto kaj politika malstabileco. Ĝi estas memorigilo pri la graveco de toleremo, kompreno, kaj paca kunvivado – valoroj, kiuj ofte estas elprovitaj en malfacilaj tempoj.

La Rompitaj Kordoj de Fezo

La paca kunvivado

Samuel leviĝis frue, antaŭ ol la suno leviĝis super la tegmentoj de Fezo. Li amis tiujn kvietajn momentojn, kiam la urbo ankoraŭ dormis kaj la unuaj lumradioj orkolorigis la pintojn de la minaretoj. Kiel juda muzikisto, li ĝuis altan estimon en sia komunumo, kaj lia muziko estis amata ne nur de la judoj, sed ankaŭ de liaj islamaj najbaroj.

Lia modesta domo en la Mellah, la juda kvartalo, estis humila sed plena de vivo. Lia edzino Leah estis la amo de lia vivo, kaj ili havis du mirindajn infanojn, Miriam kaj Jozefo. Ili vivis simplan vivon, sed ĝi estis vivo plena de ĝojo kaj muziko. Samuel instruis al siaj infanoj la gravecon de ilia juda identeco kaj kulturo, dum li samtempe instruis al ili respekton por aliaj religioj.

La juda komunumo de Fezo, konata kiel Dhimmis sub islama leĝo, ĝuis certan religian aŭtonomion kaj liberecon. Tamen, ili devis porti apartajn vestojn, kiuj identigis ilin kiel judojn, kaj pagi protektimposton. Malgraŭ ĉi tiuj restriktoj, ili plejparte vivis pace kun siaj islamaj najbaroj.

Tiun matenon, Samuel prepariĝis por speciala okazo. Li estis invitita ludi ĉe geedziĝo en proksima islama kvartalo. Tiaj eventoj ne estis nekutimaj, kaj ili simbolis la harmonian kunvivadon de la diversaj komunumoj en Fezo.

Dum Samuel agordis sian udon, tradician kordinstrumenton, li penseme rigardis la stratojn de Fezo. Li aŭdis, ke lastatempe en iuj partoj de la urbo okazis tumultoj. Estis onidiroj pri kreskantaj streĉoj inter diversaj grupoj kaj pri tendencoj de izoliĝo en la juda komunumo. Samuel esperis, ke tiuj onidiroj estis troigitaj. Li firme kredis je paca kunvivado kaj je tio, ke muziko povus konstrui pontojn inter homoj.

Tiun tagon, Samuel ludis kun sindono, kiu iris preter simpla muzikado. Li konsideris ĉiun tonon, kiun li ludis, kiel signon de paco kaj unueco. La gastoj estis ravitaj de lia prezento, kaj multaj dankis lin kore pro la bela muziko.

Post la evento, Samuel iris penseme hejmen. Survoje, li renkontis Isaakon, malnovan amikon kaj membron de la juda komunumo. Ili parolis pri la onidiroj, kiujn Samuel aŭdis.

"Ĉu vi aŭdis pri la streĉoj en la urbo?" demandis Isaak maltrankvile. "Ŝajnas, ke la tempoj ŝanĝiĝas."

Samuel kapjesis. "Jes, mi aŭdis pri tio. Sed mi esperas, ke nia muziko kaj niaj tradicioj daŭre povos servi kiel pontoj de kompreno."

"Mi dezirus, ke mi povu dividi vian optimisman vidpunkton," diris Isaak. "Sed mi sentas kreskantan disigon inter ni kaj la aliaj. Mi esperas, ke ni ambaŭ eraras."

Ili adiaŭis unu la alian, kaj Samuel iris hejmen, pli profunde enpensiĝinte ol antaŭe. Li demandis al si, ĉu lia kredo je muziko kaj kunvivado estis sufiĉe forta por elteni la kreskantajn tumultojn.

Tiun nokton, Samuel longe restis veka. Li pensis pri sia familio, pri sia komunumo, kaj pri Fezo – la urbo, kiun li amis. Li sincere esperis, ke la paco, kiun li konis dum sia tuta vivo, ne estis nur efemera sonĝo.

La Ombro de Malamo

En la sekvaj semajnoj, la ombroj super Fezo densiĝis. Samuel, kiu iam trovis konsolon kaj ligon en la muziko, nun sentis maltrankvilan silenton en la aero. La stratoj de la Mellah, kiuj iam resonis per konversacioj kaj ridoj, nun ŝajnis kovritaj de peza melankolio.

La rilatoj inter la judoj kaj iliaj islamaj najbaroj, kiuj iam karakteriziĝis per respekto kaj kunekzistado, fariĝis ĉiam pli streĉitaj. Samuel observis, kiel malfido kaj timo malrapide enradikiĝis en la koroj de la homoj. Temis ne plu nur pri onidiroj; li vidis tion en la ŝanĝitaj rigardoj, en la murmuroj, kiuj subite ĉesis kiam li preterpasis.

Unu tagon, kiam Samuel vizitis sian amikon Raŝidon, islaman muzikiston kun kiu li ofte kunlaboris, li sentis klaran ŝanĝon.

Raŝido, kiu kutime salutis lin kun varma bonvenigo, nun ŝajnis rezervita kaj streĉita.

"Samuel, pardonu min, sed mi kredas, ke estas pli bone, se ni provizore ĉesigos nian muzikpartnerecon," diris Raŝido mallaŭte, evitante okulkontakton.

"Sed kial, Raŝido? Ĉu ni ne ĉiam laŭdis la forton de muziko, kiu kunigas nin?" demandis Samuel, evidente konsternita.

Raŝido profunde suspiris. "La tempoj ŝanĝiĝis, Samuel. Estas onidiroj, malfido... Mi ne volas meti vin en danĝeron, kaj mi devas pensi ankaŭ pri mia familio."

Tiuj vortoj frapis Samuelon kiel bato. La ideo, ke ilia amikeco – ligo, kiu kreskis dum jaroj tra komuna pasio kaj respekto – povus nun esti detruita de timo kaj malfido, estis por li neelportebla.

En la sekvaj tagoj, Samuel aŭdis pri maltrankviligaj eventoj. Estis raportoj pri minacoj kontraŭ judoj kaj pri atakoj. Iuj butikoj en la Mellah estis detruitaj, kaj la atmosfero en la kvartalo fariĝis ĉiam pli streĉa. Samuel sentis sin kvazaŭ en koŝmaro, el kiu li ne povis vekiĝi.

Unu vesperon, dum li promenis tra la mallarĝaj stratetoj de la Mellah, li atestis, kiel grupo de junuloj ĵetis ŝtonojn al juda domo. La timo kaj malespero en la okuloj de la loĝantoj, dum ili penis protekti sin, enpikiĝis profunde en la memoron de Samuel.

Li rapidis hejmen, kun koro plena de timo kaj zorgo. Leah tuj rimarkis, ke io ne estis en ordo.

"Kio okazis, Samuel? Vi aspektas kvazaŭ vi vidintus fantomon," ŝi demandis maltrankvile.

Samuel rakontis al ŝi, kion li vidis, kaj la vizaĝo de Leah paliĝis. "Kion ni faru?" ŝi flustris. "Ni ne povas simple resti ĉi tie kaj atendi."

"Mi ne scias, Leah," konfesis Samuel. "Mi ĉiam esperis, ke nia muziko kaj nia kulturo povus konstrui pontojn de paco. Sed nun... mi ne plu scias, kion ni povas fari."

Tiun nokton, neniu en la familio povis dormi. Ili kuŝis veke, aŭskultante ĉiun bruon kaj esperante, ke la sekva tago alportos ian sekurecon. Sed en siaj koroj ili sciis, ke la tempoj de paco kaj harmonio, kiujn ili iam konis, neeviteble forpasis.

La ombro de malamo estis falinta super Fezo, kaj Samuel sentis, ke io terura alproksimiĝas. La muziko, kiu iam estis lia rifuĝejo, nun ŝajnis muta sub la premega pezo de la venontaj okazaĵoj.

La Rompiĝo de Harmono

La matena lumo, kiu kutime tiel milde filtris tra la mallarĝaj fenestroj de la Mellah, ŝajnis malaperinta tiun tagon. Kune kun ĝi malaperis ankaŭ la lasta sento de sekureco, kiun Samuel kaj lia familio ankoraŭ havis. Tiun tagon, la perforto eksplodis super la judoj en Fezo kiel nehaltigebla ŝtormo.

Ĉio komenciĝis per orelŝiranta krio, kiu resonis tra la mallarĝaj stratetoj, sekvata de surda bruego: la krako de pordoj, la tintado de armiloj, la furioza kriego de la amaso. La masakro komenciĝis.

Samuel, kiu vekiĝis en la fruaj matenhoroj ankoraŭ sub iluzia trankvilo, subite trovis sin en koŝmaro. La stratoj, kiuj iam estis plenaj de komercistoj kaj ludantaj infanoj, transformiĝis en batalkampon. Brutalaj murdoj, nehomecaj krioj, la teruro en la okuloj de tiuj, kiuj iam estis liaj najbaroj kaj amikoj – ĉio ĉi enpikiĝis neforviŝeble en lian memoron.

Li vidis, kiel viroj, virinoj kaj infanoj estis senkompate ĉasitaj kaj mortigitaj. Seksperfortoj okazis malkaŝe sur la stratoj, dum la krioj de la viktimoj resonis neaŭditaj. Kapoj estis dehakitaj, korpoj mutilitaj. La sango ruĝigis la stratetojn de la Mellah, kaj la odoro de morto plenigis la aeron.

Meze de ĉi tiu kaoso, Samuel provis teni sian familion kune. Li trovis Leah kaj siajn infanojn en angulo de ilia domo, timigitaj kaj tremantaj. Ili kliniĝis unu kontraŭ la alia, dum ekstere furiozis la morto.

"Ni devas foriri de ĉi tie," flustris Samuel. "Ni devas provi forlasi la urbon."

Sed la vojo eksteren estis danĝera. Ĉie embuskis murdistoj, pretaj mortigi ĉiun judon, kiu falus en iliajn manojn. Kun tremantaj manoj, Samuel kolektis kelkajn malmultajn havaĵojn, dum Leah firme tenis siajn infanojn.

Ili forlasis sian domon, hejmon, kiu nun estis nur ŝelo meze de teruro. Samuel kondukis sian familion tra kaŝitaj stratetoj, ĉiam gardeme por eviti atakantojn. Ĉiu bruo igis ilin ektremi, ĉiu movo povus signifi la finon.

La plej malbona por Samuel estis vidi, kiel la mondo, kiun li konis kaj amis, estis disŝirata. Amikoj kaj najbaroj, kun kiuj li iam muzikis kaj festis, nun kuŝis mortaj sur la stratoj. Ĉiu konata vizaĝo, kiun li rekonis inter la viktimoj, estis plia pikdoloro en la koro.

Meze de ĉi tiu kaoso, Samuel perdis kelkajn el la homoj plej karaj al li. Lia frato, kiu provis savi sian grupon da infanoj, estis mortigita antaŭ liaj propraj okuloj. Samuel povis nur senpove rigardi, kiel lia frato estis terenbatita kaj mortigita.

Sed ili devis daŭrigi, ĉiam pluiri, esperante trovi ian sekurecon ie. Kun ĉiu paŝo for de sia hejmo, la pezo de la malĝojo fariĝis pli granda. La krioj de malespero, la ploro de infanoj, la petegoj por kompato – ĉio ĉi kunfandiĝis en horora ĥoro, kiu resonis en la oreloj de Samuel.

Post horoj, kiuj ŝajnis eternaj, ili fine atingis la urbopordon. La vido de la malferma pejzaĝo, de la libereco, kiu estis tiel proksima kaj tamen tiel malproksima, igis Samuelon halti por momento.

Li rigardis reen al la urbo, kiu iam estis lia hejmo, nun loko de teruro kaj sufero. Kun larmoj en la okuloj kaj profunda malĝojo pro tio, kio estis perdita, Samuel gvidis sian familion en nekonatan estontecon, for de la rompiĝo de harmonio, kiu por ĉiam ŝanĝis ilian vivon.

En la Mallumo

Post kiam ili forlasis la urbon, Samuel troviĝis kun sia familio kaj malgranda grupo de pluvivantoj en forlasita kamparana domo, malproksime de Fezo. Tie, en la mallumo, malproksime de la krioj kaj la buĉado, ili esperis esti en sekureco. Sed la memoroj pri la okazintaĵoj ne lasis ilin trankvilaj.

La kamparana domo, iam simbolo de kampara trankvilo, fariĝis ilia rifuĝejo, loko de pluviva batalo. La noktoj estis malvarmaj, kaj la tagoj estis trapenetrataj de la timo esti malkovritaj. Ili nutris sin per la malmulto, kiun ili povis kunporti, kaj per tio, kion la naturo povis provizi. Malsato kaj soifo estis konstantaj kunuloj.

Samuel apenaŭ trovis trankvilon. Nokte li vekiĝis, ŝvitkovrita, kun la krioj kaj bildoj de la masakro antaŭ liaj okuloj. La vido de liaj dormantaj infanoj ja donis al li iom da konsolo, sed la demando pri kiel pluiri turmentis lin. Li ne perdis sian kredon, sed li luktis por kompreni, kiel tia sufero povis okazi.

"Kial?" flustris Leah unu nokton. "Kial ĉio ĉi okazas al ni?"

Samuel ne havis respondon. Li simple brakumis ŝin, dividante ŝiajn larmojn kaj sian silenton. Lia gitaro, iam lia plej granda trezoro, kuŝis neglektita en angulo. La muziko ŝajnis malaperinta el lia vivo.

Tagoj pasis, kaj kun ĉiu tago kreskis la timo esti malkovritaj. Ili aŭdis onidirojn, ke serĉteamoj rondiras en la regiono. La streĉiteco en la grupo pliiĝis. Ĉiu krako nokte igis ilin ekstremi, ĉiu susuro en la vento ŝajnis ebla danĝero.

Sed en tiuj mallumaj horoj aperis ankaŭ lumeto de espero. Unu tagon, maroka kamparano aperis ĉe la domo. Ili timis la plej malbonan, sed li alportis manĝaĵon – panon, iom da fruktoj kaj fromaĝon.

"Kial vi helpas nin?" demandis Samuel kun malfido.

La kamparano, simpla viro kun veterŝirita vizaĝo, rigardis lin rekte. "Ĉar tio estas ĝusta," li diris simple. "Ne ĉiuj dividas la malamon, kiu trafis Fezon."

Tiu eta gesto de homeco donis al ili esperon. Ili ne estis tute forgesitaj, ne de ĉiuj forlasitaj. La kamparano regule vizitis ilin, alportante manĝaĵon kaj novaĵojn de ekstere. Kun la tempo, ili konstruis zorgeman fidon.

Samuel komencis denove ludi muzikon, mallaŭte, preskaŭ flustre, kvazaŭ la tonoj povus perfidi ilin. Sed la muziko alportis iom da normaleco reen, senton de homeco meze de la kaoso. Liaj infanoj aŭskultis, kaj dum kelkaj momentoj li povis vidi brilon en iliaj okuloj, mallongan eklumon de ĝojo.

Sed malgraŭ tiuj momentoj, la timo restis ilia konstanta kunulo. La danĝero neniam estis malproksima. Ĉiun tagon ili sciis, ke ĝi povus esti la lasta. La daŭra necerteco senĉese elĉerpis ilin, igante ilin maljuniĝi pli rapide ol la tempo pasis.

Unu nokton, dum ili ĉiuj dormis, Samuel vekiĝis pro bruo. Li aŭskultis, tenante la spiron, kaj rekonis paŝojn ekstere. Li vekiĝis la aliajn, mallaŭte, kun fingro sur la lipoj. Koro batis post koro en streĉita silento.

La pordo malrapide malfermiĝis. Samuel, prepariĝinte por defendi sian familion, vidis la vizaĝon de la kamparano, kiu eniris kun levitaj manoj. "Rapide," li flustris. "Vi devas veni nun. La serĉteamoj alproksimiĝas."

Tiun nokton, ili forlasis la kamparanan domon, sian provizoran rifuĝejon en la mallumo. Kun nenio krom tio, kion ili povis porti, ili sekvis la kamparanon tra la nokto, ĉiu paŝo estis riskaĵo, ĉiu movo povus signifi danĝeron.

Kiam ili atingis la sekuran lokon de la kamparano, Samuel komprenis, ke ĉi tio estis nur plia paŝo en longa kaj nekonata vojaĝo. Sed meze de ĉio, li trovis ion, kion li preskaŭ perdis: fajreron de espero, pruvon, ke homeco ankoraŭ ekzistas, eĉ en la plej malluma horo.

La Eĥo de Rememoroj

La tagojn post sia fuĝo el la kamparana domo, Samuel kaj lia familio pasigis en la modesta loĝejo de la kamparano, kiu prezentis sin kiel Jamil. Ili estis en sekureco, sed la travivaĵoj en Fezo kaj la konstanta timo lasis profundajn cikatrojn.

Samuel apenaŭ povis dormi. Kiam li fermis la okulojn, li vidis la stratojn de Fezo, aŭdis la kriojn, la kaoson. Li vidis la vizaĝon de sia edzino Sarah, torditan de timo, antaŭ ol ŝi perdis sian vivon. Li denove sentis la doloron, kvazaŭ lia koro disrompiĝus.

Dum la tago, li provis esti forta por siaj infanoj, kiuj sin apogis al li, serĉante ankron en ĉi tiu mondo, kiu ŝajnis perdi ĉian sencon. Sed en la silento de la nokto, kiam ĉiuj dormis, li lasis siajn larmojn flui libere.

Jamil kaj lia familio traktis ilin kun afableco, kiun Samuel preskaŭ forgesis. Ili dividis sian manĝaĵon, sian hejmon, kaj donis al ili senton de sekureco. Sed Samuel sciis, ke ĉi tio ne povus daŭri. Ili devis pluiri, konstrui novan vivon ie, kie la ombroj de Fezo ne povus plu atingi ilin.

Unu tagon, kiam li sidis sola ekstere, li eltiris sian gitaron. Liaj fingroj hezite glitis super la kordoj; la unuaj tonoj estis mallaŭtaj kaj nesekuraj. Sed poste, kun ĉiu akordo, li retrovis ion, kion li kredis perdita – parton de si mem, pecon de la mondo, kiun li konis.

Liaj infanoj venis, sidiĝis apud li, aŭskultis. Samuel kantis malnovan kanton, kiun li ofte ludis por sia edzino. Lia voĉo foje rompiĝis, sed la muziko portis lin, donis al li forton. Estis momento de paco, de paŭzo, mallonga eskapo el la mallumo, kiu ilin ĉirkaŭis.

Kun la tempo, Samuel trovis rifuĝon en la muziko, manieron esprimi siajn sentojn, sian doloron, sian suferon, sed ankaŭ sian esperon. Li komencis rakonti sian historion per kantoj, rakontojn pri Fezo, pri perdo kaj pluvivado. Li volis, ke la mondo sciu, kio okazis, ke ĝi ne estu forgesita.

Liaj infanoj aŭskultis liajn kantojn, lernis ilin parkere. Ili ne komprenis ĉion, kio okazis, sed per la muziko ili sentis la emociojn de sia patro, lian amon, lian doloron, lian sopiron al paco.

Unu tagon, Jamil parolis kun Samuel. "Vi ne povas resti ĉi tie eterne," li diris mallaŭte. "Vi devas trovi lokon, kie vi povas konstrui novan vivon. Mi helpos vin."

Jamil helpis ilin aliĝi al karavano, kiu veturigus ilin norden. Ili prepariĝis por longa kaj necerteca vojaĝo. Samuel sciis, ke ĉi tio estis la sekva paŝo, la vojo al nekonata estonteco. Sed li ankaŭ sentis ŝanĝon en si mem. Malgraŭ ĉio, kio okazis, ekzistis fajrero de espero en lia koro.

En la nokto antaŭ ilia foriro, ili ĉiuj sidis kune. Samuel ludis sian gitaron, liaj infanoj mallaŭte kantis kune. Estis momento de adiaŭo, sed ankaŭ de nova komenco. Samuel rigardis la vizaĝojn de siaj infanoj kaj sciis, ke li devas plu batali por ili, por ilia estonteco, por mondo, en kiu tiaj kruelaĵoj iam apartenos al la pasinteco.

Kiam la karavano ekiris la sekvan matenon, Samuel lastfoje rigardis la domon, kiu donis al ili rifuĝon. Li sciis, ke li ĉiam restos dankema al Jamil kaj lia familio. Ili montris al li, ke malgraŭ ĉiu mallumo, la lumo de homeco ankoraŭ ekzistas.

Dum ilia vojaĝo ili trairis pejzaĝojn, kiuj konstante ŝanĝiĝis. Foje, dum la paŭzoj, Samuel aŭdis la kantojn de aliaj vojaĝantoj kaj trovis konsolon en la komuneco, kiu esprimiĝis per la muziko. Li rakontis sian historion, denove kaj denove, kaj ĉiufoje li sentis, kiel la pezo fariĝis iom pli malpeza.

Kun ĉiu tago kreskis en Samuel la kompreno, ke la vivo daŭras, ke ankoraŭ ekzistas beleco en la mondo, ke ankoraŭ eblas trovi pacon. Lia muziko fariĝis simbolo de espero, ne nur por li mem, sed ankaŭ por tiuj, kiuj aŭdis ĝin.

Kiam ili fine atingis sian celon, lokon, kie ili povus komenci denove, Samuel rigardis siajn infanojn, kiuj ludis en la suno. Li sentis, ke io en li ŝanĝiĝis. Li ankoraŭ ne trovis sian pacon, sed li trovis ion eble eĉ pli gravan – la forton daŭrigi, por si mem, por sia familio, por ĉiuj, kiuj ne plu estis ĉi tie.

Samuel prenis sian gitaron kaj komencis ludi, sub la malferma ĉielo, por estonteco, kiu ankoraŭ devis esti skribita. Li kantis pri la pasinteco, pri doloro kaj perdo, sed ankaŭ pri espero kaj la nevenkebla forto de la homa spirito. En tiu momento li sciis, ke, kio ajn okazus, li estis preta alfronti ĝin, kun sia muziko kiel gvidilo al eble pli hela estonteco.

Diskriminado kontraŭ Judoj en Hispanio en la 15-a jarcento

En la 15-a jarcento, la juda komunumo en Hispanio travivis periodon de ekstrema diskriminado kaj persekutado. Tiu epoko estis karakterizita de politikaj, religiaj, kaj sociaj renversiĝoj, kiuj profunde influis la vivon de la judoj.

La judoj havis longan historion en Hispanio. Ili estis parto de la kultura kaj ekonomia vivo de la lando kaj kontribuis en multaj kampoj kiel komerco, medicino, scienco, kaj filozofio. Malgraŭ ilia kontribuo al la socio, ili ofte estis rigardataj kiel eksteruloj kaj devis elteni multajn limigojn kaj diskriminadon.

En la 14-a kaj 15-a jarcentoj, malamikeco kontraŭ la judoj intensiĝis. Tio estis instigita de diversaj faktoroj, inkluzive de religia fanatikeco, envio pri la ekonomia sukceso de la judoj, kaj politikaj potencbataloj. Pogromoj kaj masakroj, kiel tiu de 1391, rezultigis morton kaj devigan konvertiĝon de multaj judoj.

Multaj judoj estis devigitaj per perforto aŭ sub minaco de perforto konvertiĝi al kristanismo. Tiuj novaj kristanoj, konataj kiel „Conversos" aŭ „Marranos," estis konstante suspektataj pri sekreta fideleco al la juda kredo. Ili ofte estis akuzataj pri herezo kaj suferis sub la Inkvizicio, kiu senkompate persekutis supozatajn rekulpiĝintojn.

La plej ekstrema manifestiĝo de la juda persekutado en Hispanio estis la Alhambra Dekreto de 1492, promulgita de Reĝino Isabella de Kastilio kaj Reĝo Ferdinando de Aragonio. Tiu dekreto ordonis la forpelon de ĉiuj judoj, kiuj rifuzis konvertiĝi al kristanismo. Ĝi estis subita ago, kiu markis la finon de la juda ĉeesto en Hispanio, kiel ĝi tiam estis konata.

La sekvoj de ĉi tiu persekutado estis detruaj. Familioj estis disigitaj, komunumoj detruitaj, kaj riĉa kultura heredaĵo perdiĝis. Multaj judoj fuĝis al aliaj landoj, kie ili ofte alfrontis novajn defiojn, dum aliaj praktikis sian kredon sekrete, en konstanta timo antaŭ malkovro.

Ĉi tiu periodo de historio estas impona ekzemplo de la danĝeroj de netoleremo kaj malamo. Ĝi montras, kiel rapide integrita kaj prospera komunumo povas esti senradikigita, kaj kiel gravas konservi la memoron pri tiaj eventoj por malhelpi la ripetiĝon de tiaj tragedioj en la estonteco.

La perdita heredaĵo de Sevilo

La ombro de la dekreto

Mi nomiĝas David, simpla juda komercisto el Sevilo. Mia vivo, markita de komerco kaj familiaj ligoj, baldaŭ ŝanĝiĝos neimageble.

Sevilo, vigla komerca centro, estis mia hejmo. Nia komunumo estis vivoplena, fandopoto de kulturoj kaj religioj. Kvankam ni, judoj, ofte vivis ĉe la rando de la socio, ni trovis nian lokon. Mi daŭrigis la komercon de mia patro, negocante spicojn kaj silkon. Mia hejmo estis plena de la ridoj de miaj infanoj kaj la amoplena rigardo de mia edzino, Leah.

Sed la jaro 1492 ŝanĝis ĉion. La stratoj, iam plenaj de vivo, komencis ŝanĝiĝi. Onidiroj pri reĝa dekreto, kiu povus minaci nian vivon, disvastiĝis. Niaj kristanaj najbaroj, iam amikaj, nun rigardis nin kun malfido kaj eĉ malestimo. Mi memoras unu fojon ĉe la bazaro, kiam mi renkontis Jakobon, malnovan amikon.

„David, ĉu vi aŭdis? Oni diras, ke estas planoj forpeli nin aŭ eĉ fari ion pli malbonan...,” diris Jakobo, kun okuloj plenaj de timo.

„Sed tio ne povas esti, ni loĝas ĉi tie jam de generacioj,” mi respondis, kvankam malvarma sento de malcerteco premegis mian koron.

Tiam venis la tago, kiam nia sorto estis sigelita. La Alhambra Dekreto estis proklamita. Al ni, judoj, oni ordonis konvertiĝi aŭ forlasi la landon. La novaĵo trafis nin kiel fulmo. Kiam ni kunvenis en nia sinagogo, la aero estis peza pro malespero kaj nekredemo.

„Ni devas foriri, David,” diris Leah per tremanta voĉo, „mi ne volas, ke niaj infanoj vivu en timo.”

„Sed kien ni iru? Ĉio, kion ni konas, estas ĉi tie,” mi kontraŭdiris senhelpe.

La sekvaj tagoj estis markitaj de sufoka silento. Ĉie familioj komencis vendi siajn posedaĵojn, ofte por nur frakcio de ilia valoro. Mi vidis, kiel mia najbaro, maljuna viro, kiu pasigis sian tutan vivon en ĉi tiu urbo, vendis siajn librojn plorante.

En la stratoj de Sevilo, ni nun renkontis malkaŝan malamikecon. Unu fojon ni estis ŝtonumitaj, kiam ni eliris el nia sinagogo. „Foriru, judoj!" ili kriis.

La decido forlasi nian patrujon estis korŝira. Mi rigardis mian domon; la muroj rakontis historiojn de generacioj. Kiel mi povis forlasi ĉion, kion mi iam amis?

En unu nokto, ni pakis niajn kelkajn restintajn havaĵojn. Leah rigardis min, ŝiaj okuloj plenaj de larmoj, sed ankaŭ de decideco. Niaj infanoj dormis, nesciantaj pri la nekonata vojo antaŭ ni.

Forlasante nian domon, mi lastfoje rigardis malantaŭen. La stratoj de Sevilo, iam plenaj de vivo kaj koloroj, nun estis mallumaj kaj minacaj. En tiu nokto mi ne nur perdis mian hejmon, sed ankaŭ parton de mia animo.

Tiel komenciĝis nia vojaĝo, markita de perdo kaj necerteco. Vojaĝo, kiu kondukis nin malproksimen de ĉio, kion ni konis kaj amis. Ni estis ne nur fizike elpelitaj el nia patrujo, sed ankaŭ el nia loko en la mondo. La doloro kaj la malĝojo, kiujn ni sentis, estis nepriskribeblaj—sed ili ankaŭ estis la komenco de nova historio, nia historio en ekzilo.

La disŝirita familio

Nia familio staris antaŭ la rando de neevitebla decido, kiu por ĉiam ŝanĝos nin. Dum mi paŝadis tra la malplenaj ĉambroj de nia domo, iam plena de vivo kaj ĝojo, mi sentis, kiel la pezo de la baldaŭa decido premis miajn ŝultrojn.

Unu vesperon, kiam ni kunvenis ĉirkaŭ la modeste aranĝita tablo, mia plej aĝa filo, Aaron, ekparolis pri la temo, kiun ni ĉiuj evitis. „Paĉjo, kial ni ne povas simple konvertiĝi? Tiam ni povus resti ĉi tie." Liaj vortoj peze pendis en la aero.

Mia edzino, Leah, rigardis lin kun malgajaj okuloj. „Aaron, nia kredo estas la heredaĵo de niaj prapatroj. Kiel ni povus simple rezigni pri tio?"

Sed Aaron ne estis la sola kun duboj. Mia filino Sarah, ĉiam la silenta en la familio, flustris mallaŭte: „Mi timas pri tio, kio atendas nin tie ekstere. Eble estas pli sekure resti ĉi tie kaj...”

Ŝiaj vortoj abrupte ĉesis, kiam larmoj plenigis ŝiajn okulojn. Mi vidis la doloron kaj timon en la okuloj de mia familio kaj sentis min disŝirita inter la deziro protekti ilin kaj la devo konservi niajn tradiciojn kaj nian kredon.

„Ni ne povas resti,” mi finfine diris per firma voĉo, kvankam mia koro estis peza. „Nia vivo ĉi tie estas finita. Ni devas foriri, antaŭ ol estos tro malfrue.”

La decido, kiun mi faris, kvazaŭ metis nigran ombron super nin. En la sekvaj tagoj ni pakis niajn malmultajn havaĵojn, valorajn memorindaĵojn, kaj la nemalhaveblajn religiajn tekstojn, kiuj estis en nia familio dum generacioj.

Kiam ni marŝis tra la konataj stratoj de Sevilo por lastfoje adiaŭi, ni sentis la malfidajn rigardojn kaj flustrojn de la homoj. La urbo, kiu iam estis nia hejmo, nun ŝajnis fremda kaj malamika.

Je la tago de nia foriro ni staris antaŭ nia domo, nun malplena kaj silenta. La pordoj, tra kiuj ĝojo kaj malĝojo pasis, ne plu bonvenigos nin.

Kun larmoplenaj okuloj mi rigardis mian familion. Leah forte brakumis nian plej junan filinon, Miriam, dum Aaron kaj Sarah staris apud mi kun klinitaj kapoj.

„Ni trovos novan hejmon,” mi diris mallaŭte, esperante, ke miaj vortoj fariĝos realo. „Dio nin gvidos.”

La vojo al la nekonato

La tagoj antaŭ nia foriro estis plenaj de febra agado kaj doloraj adiaŭoj. Ni vendis tion, kion ni povis, ofte por malaltaj prezoj, ĉar niaj najbaroj sciis pri nia malespera situacio. Kun ĉiu vendita objekto, ŝajnis, ke peco de nia pasinteco malaperas.

Nia domo, iam simbolo de nia bonfarto kaj pozicio en la komunumo, estis vendita por nur frakcio de ĝia valoro. Dum mi kalkulis la monon, kiu devis subteni nin en la estonteco, mi sentis kvazaŭ parto de mi restus en tiuj muroj.

„Estas tempo, paĉjo," diris Aaron mallaŭte, kiam ni pakis nian malmultan pakaĵon. En liaj okuloj mi vidis miksaĵon de timo kaj decidemo.

La vojaĝo komenciĝis en la tagiĝo. Ni aliĝis al grupo de aliaj judaj familioj, kiuj ankaŭ forlasis la landon. Kune ni estis pli fortaj, sed la timo pri tio, kio venos, pendis super ni kiel nigra vualo.

Nia vojo kondukis nin tra malfacila tereno kaj foraj vilaĝoj, kie nia ĉeesto kaŭzis malfidon kaj foje malkaŝan malamikecon. En kelkaj noktoj, kiam ni kunvenis ĉirkaŭ la bivakfajro, ni aŭdis la kriojn de homoj en la malproksimo, kiuj havis malpli da bonŝanco ol ni.

Unu tagon, dum ni marŝis tra seka ebenaĵo, banditoj atakis nin. Ili prenis la malmulton, kion ni ankoraŭ havis, kaj malaperis tiel rapide kiel ili venis. Ĉi tiu okazaĵo lasis profundan vundon en ni, dolorigan konscion pri nia vundebleco.

La infanoj eltenis brave, kvankam mi vidis la suferon en iliaj okuloj. Sarah provis konsoli la pli junan Miriam, kiu ofte ploris nokte kaj vokis nian malnovan hejmon.

„Ni baldaŭ estos tie," flustris Sarah, kvankam neniu el ni sciis, kie „tie" estos.

Fine ni atingis la marbordon. La vasta maro antaŭ ni ŝajnis esti kaj limo kaj pordo al novaj ebloj. Ni ne havis monon por pagi pasejon sur ŝipo, do ni devis atendi, preĝi, kaj esperi, ke aperos oportuno.

Dum tiuj tagoj ĉe la haveno, ni lernis multon pri la vivo en ekzilo. Ni renkontis aliajn judojn kun similaj rakontoj kaj aŭdis pri landoj, kie ni povus esti bonvenaj. Sed ĉiu espero estis akompanata de necerteco kaj timo.

Unu vesperon, viro alvenis al nia tendaro. Li ofertis al ni pasejon sur ŝipo, kiu veturus al Nordafriko. Ĝi estis nia plej bona ŝanco, eĉ se la kondiĉoj surŝipe estus malfacilaj kaj danĝeraj.

Ni enŝipiĝis kun pezaj koroj, sciante, ke ni lasas ĉion malantaŭ ni, sed ankaŭ kun espero pri pli bona estonteco. La transiro estis markita de ŝtormoj, malsanoj kaj malfacilaĵoj. Ni firme tenis unu la alian; niaj korpoj malfortiĝis, sed niaj spiritoj restis deciditaj.

Kiam ni finfine ekvidis teron, ni sentis miksaĵon de trankviliĝo kaj timo. Kio atendos nin en ĉi tiu nova lando? Ĉu ni estos akceptitaj aŭ denove spertos persekutadon kaj suferon?

La vivo en ekzilo estis malfacila. Ni devis komenci de nulo, sen posedaĵoj, sen la subteno de establita komunumo. Sed ni ankaŭ trovis afablecon kaj kompaton ĉe homoj, kiuj komprenis niajn rakontojn kaj estis pretaj helpi nin.

Dum tiuj unuaj monatoj, ni konstruis novan vivon. Ĝi estis vivo plena de defioj, sed ankaŭ de malgrandaj venkoj. Ĉiu tago alportis novajn batalojn, sed ankaŭ novan esperon.

„Ni enradikiĝos ĉi tie," mi diris unu vesperon al mia familio, kiam ni kunvenis en nia modesta nova loĝejo. „Ni travivos kaj denove floros, kiel niaj prapatroj ĉiam faris."

En la okuloj de mia familio mi vidis miksaĵon de dubo kaj fido. Sed ĉefe mi vidis la nevenkeblan volon alfronti la defiojn kaj malgraŭ ĉio antaŭeniri.

En tiuj noktoj, kiam ni dormis sub fremda ĉielo, mi ofte revis pri Sevilo, pri nia malnova vivo. Sed vekiĝante, mi memorigis al mi, ke nia estonteco estas ĉi tie, en ĉi tiu nova lando, kiu proponis al ni rifuĝon.

Nia vojo al la nekonato estis markita de perdo kaj doloro, sed ankaŭ de kuraĝo kaj espero. Ni estis disŝirita familio, serĉanta sian lokon en mondo, kiu ofte estis malamika al ni. Sed malgraŭ ĉio, ni firme tenis nian kredon, nian kulturon kaj unu la alian, deciditaj trovi novan hejmon, kien ajn la sorto nin kondukos.

La lukto por adaptiĝo

En la unuaj monatoj de nia vivo en ekzilo, ĉiu tago ŝajnis esti nevenkebla obstaklo. La lando, al kiu ni venis, estis fremda—en lingvo, kulturo, kaj kutimoj. Nia juda identeco, kiu iam estis fonto de fiereco en Hispanio, fariĝis ĉi tie signo de malsameco, kiu distingis nin de la aliaj.

Nia unua loĝejo estis malgranda, malluma ĉambreto en superloĝata kvartalo de la urbo. La muroj estis maldikaj, kaj la voĉoj de niaj najbaroj trapenetris ilin tage kaj nokte. Ĉiu el ni provis laŭ sia maniero adaptiĝi al la nova medio.

„Ni devas lerni la lingvon, tio estas la unua paŝo," mi diris al mia familio. Aaron, ĉiam fervora kaj scivolema, tuj komencis amikiĝi kun lokanoj kaj lerni ilian lingvon.

Sed ne estis nur lingvaj baroj, kiuj disigis nin de la lokanoj. Niaj tradicioj kaj nia kredo ankaŭ apartigis nin. Ni plu observis la sabaton kaj sekvis la judajn manĝoregulojn, kvankam tio ofte estis malfacile realigebla.

„Estas kiel vivi en du mondoj," diris Sarah unuvespere. „Ekstere ni devas adaptiĝi, sed hejme ni restas fidelaj al niaj tradicioj."

Unu el la plej malfacilaj aspektoj estis rilati kun la loĝantaro. Multaj havis antaŭjuĝojn kontraŭ judoj kaj rigardis nin kun malfido kaj malakcepto. Ni aŭdis rakontojn pri aliaj judoj, kiuj estis atakitaj aŭ trompitaj. Ĝi estis konstanta lukto, ne nur por supervivo, sed ankaŭ por digno kaj respekto.

Mi provis malfermi etan komercon por subteni nian familion. Sed la aŭtoritatoj ne estis favoraj. Ili trudis al ni kromajn impostojn kaj restriktojn, nur ĉar ni estis judoj. Ĉiu sukceso estis malfacile atingita, ĉiu progreso triumfo kontraŭ la malfacilaĵoj.

„Kial la homoj ĉi tie estas tiel kontraŭ ni?" demandis Miriam unu tagon. Ŝia senkulpeco meze de ĉi tiu lukto rompis mian koron.

„Ili ne komprenas nin, kara," respondis Sarah milde. „Sed ni ne rajtas perdi nian esperon. Ni jam tiom travivis."

Malgraŭ la defioj, ni ankaŭ trovis amikecon kaj subtenon. Estis homoj, kiuj helpis nin, sen demandi pri nia kredo aŭ deveno. Tiuj etaj agoj de afableco estis lumradioj en nia malfacila ĉiutaga vivo.

Niaj klopodoj konservi la judan kulturon kaj tradicion estis ankro por nia identeco. Ĉiu sabato, ĉiu festo de niaj festotagoj estis ago de rezisto kontraŭ forgeso kaj konservado de nia historio kaj kulturo.

„Ni ne rajtas permesi, ke tio, kio nin formas, perdiĝu," mi diris unuvespere, kiam ni sidis ĉirkaŭ la tablo kaj festis la sabaton. „Tio estas nia respondeco al tiuj, kiuj ne povas esti ĉi tie."

La infanoj lernis la rakontojn kaj kantojn de niaj prapatroj, kaj en tiuj momentoj ŝajnis, kvazaŭ parto de nia perdita hejmlando plu vivus en ni.

Kun la tempo, ni komencis enradikiĝi en nia nova medio. Aaron trovis laboron ĉe loka metiisto, Sarah helpis en komuna kuirejo, kaj Miriam iris al lernejo, kie ŝi trovis amikojn, kiuj ne atentis niajn diferencojn.

Tamen, la diskriminacio kaj la defioj restis. Ni konstante vivis kun la timo, ke nia kredo kaj niaj kutimoj povus meti nin en danĝeron. Sed ĉi tiu timo ankaŭ faris nin pli fortaj, instruante nin defendi tion, kion ni kredis esti ĝusta.

„Ni trovis novan hejmon," mi diris unuvespere. „Ĝi ne estas perfekta, kaj la defioj estas grandaj. Sed ni travivis, kaj ni plu luktos, por ni kaj por la estonteco de niaj infanoj."

En ĉi tiu lukto por adaptiĝo, ni trovis ne nur novan hejmon, sed ankaŭ novan komprenon pri nia identeco. Ĝi estis kompreno formita de la pasinteco, sed ankaŭ de la espero kaj volo supervivi en mondo, kiu ofte estis malamika al ni. Ni lernis vivi en du mondoj, sen perdi nin mem.

La eĥo de la pasinteco

En la silentaj horoj de la nokto, kiam la ĉiutagaj aferoj kvietiĝis, mi ofte trovis min pensante pri Sevilo. Estis rememoroj, kiuj vekis en mi kaj doloron kaj ĝojon. La vivaj bildoj de la stratoj, la odoroj de la bazaroj, la ridoj de niaj najbaroj – ĉio tio apartenis al pasinta mondo. Sevilo estis pli ol nur loko por ni; ĝi estis parto de nia animo, kaj ĝia perdo ankoraŭ resonis en niaj koroj.

„Ĉu vi memoras la festotagojn en Sevilo?" demandis Sarah unuvespere, kiam ni sidis ĉe la lumo de trembrulanta kandelo. „Kiel ĉio estis tiel viva kaj kolora?"

Ŝiaj vortoj revivigis bildojn de familiaj festoj, komunaj preĝoj, kaj festmanĝoj. „Jes," mi respondis, „mi memoras. Estis tempo, kiam ni sentis nin sekuraj kaj protektitaj."

Tiuj konversacioj pri Sevilo alportis al ni ne nur doloron, sed ankaŭ profundan sopiron rekrei ion el tio, kion ni perdis. Estis tiu sopiro, kiu pelis nin konstrui novan judan komunumon, lokon, kiu spegulis parton de nia perdita hejmo.

La fondo de sinagogo estis la unua paŝo en ĉi tiu procezo. Ĝi estis modesta strukturo, sed ĝi simbolis nian persistecon en la kredo kaj tradicio. Aaron estis tiu, kiu prenis la iniciaton. Kun sia juneca energio kaj entuziasmo, li povis konvinki multajn aliajn partopreni en ĉi tiu entrepreno.

„Ni ne nur konstruas sinagogon," li diris dum kunveno de la komunumo. „Ni konstruas hejmon, lokon, kie ni povas esti kiuj ni estas, sen timo kaj sen rezervoj."

La laboro por starigi la sinagogon fariĝis simbolo de nia rezistemo kaj nia kredo. Ĉiu ŝtono, ĉiu trabo, kiun ni metis, estis ago de espero, signo, ke la vivo daŭras eĉ en la plej malfacilaj cirkonstancoj.

Kun la tempo, nia komunumo kreskis. Novaj familioj alvenis, kaj malrapide sed certe, formiĝis reto de subteno kaj amikeco. Ni kune festis la judajn festotagojn, instruis niajn infanojn la rakontojn kaj tradiciojn de niaj prapatroj, kaj trovis konsolon en nia komuna identeco.

Sed malgraŭ la nova komenco, la pasinteco restis konstanta kunulo. La rememoroj pri Sevilo, pri tio, kion ni perdis, estis ĉiam ĉeestaj. Tamen ili ankaŭ instruis al ni aprezi la nunon kaj batali por nia estonteco.

„Ni multe travivis," mi diris unu tagon al Sarah, dum ni rigardis la novajn burĝonojn de la plantoj en nia eta ĝardeno. „Sed rigardu, kiom ni progresis. Ni konstruis novan vivon, novan komunumon."

„Jes," ŝi respondis, „estas kvazaŭ la pasinteco donis al ni la forton, kiun ni bezonis por trakti ĉi tiun novan mondon."

En la jaroj, kiuj sekvis, ni spertis altiĝojn kaj malaltiĝojn. Estis momentoj de ĝojo kaj momentoj de malĝojo, sed tra ĉio nia komunumo restis kune. Ni lernis, ke nia identeco ne estas ligita al loko, sed loĝas en ni mem kaj en niaj tradicioj.

„Tio, kion ni travivis, neniam forgesendas," mi diris unuvespere dum kunveno en la sinagogo. „Ĝi estas nia historio, historio de perdo, sed ankaŭ de rezistado kaj espero. Kaj tiun historion ni devas plu rakonti, por certigi, ke la mondo ne forgesu."

En la vizaĝoj de la ĉeestantoj mi vidis miksaĵon de malĝojo kaj fiereco. Ni multe perdis, sed ni ankaŭ multe gajnis. En nia lukto trovi nian vojon en mondo, kiu ofte estis malamika al ni, ni trovis novan forton, rezisteton, kiu nin gvidis tra la plej mallumaj tempoj.

La eĥo de la pasinteco ĉiam restis en niaj koroj, konstanta memorigilo pri tio, kion ni spertis. Sed ĝi ankaŭ estis impulso, motivo vivi ĉiun tagon kun espero kaj decidemo. Ni lernis, ke, malgraŭ kiom malluma estas la nokto, la mateno ĉiam revenas, kaj kun ĝi la ebleco krei ion novan, ion belan kaj daŭran. Tiel ni vivis, subtenataj de la rememoro pri Sevilo, sed rigardante antaŭen al estonteco, kiun ni mem kreos – plena de espero kaj nepra forto.

La Tragika Okazaĵo de Lisbono en 1506

En la frua 16-a jarcento, Lisbono estis prospera urbo, kiu gastigis diversan loĝantaron, inkluzive de signifa juda komunumo. Dum jarcentoj, tiu komunumo grave kontribuis al la kultura kaj ekonomia vivo de la urbo. Tamen, kiel en aliaj partoj de Eŭropo, la judoj en Portugalio ofte estis celoj de diskriminacio kaj malfido.

La tensioj kontraŭ la judoj parte devenis de religia netoleremo kaj parte de envio pri iliaj ekonomiaj sukcesoj. Dum la Inkvizicio en Hispanio kaj Portugalio akiris potencon, kreskis la timo kaj nesekureco inter la judaj komunumoj. Multaj judoj estis devigitaj konvertiĝi al kristanismo por eviti persekutadon kaj morton. Tiuj konvertitaj judoj, konataj kiel "novkristanoj" aŭ "konversoj", ofte vivis duoblan vivon: publike sin montrante kiel kristanoj, sed sekrete konservante sian judan identecon kaj praktikojn.

La situacio pligraviĝis en aprilo 1506, kiam en Lisbono okazis pogromo, kiu iĝis konata kiel "La Masakro de Lisbono." Ĉi tiu evento estis kaŭzita de okazaĵo en preĝejo, kiam lumo trafis sanktan bildon, kio estis erare interpretita kiel dia miraklo. Homamaso, jam en stato de timo kaj superstiĉo, estis facile instigebla. Onidiroj, ke la judoj mokis la miraklon, rapide disvastiĝis.

Sekvis tri tagoj de nespirebla perforto kaj brutaleco. Judoj, ĉu konvertitaj aŭ ne, estis persekutitaj, torturitaj kaj mortigitaj. La stratoj de Lisbono fariĝis scenejo de perforto, kaj la amplekso de la tragedio estis ŝoka. Familioj estis disŝiritaj, kaj multaj estis devigitaj elekti inter morto kaj trudita konvertiĝo al kristanismo.

Ĉi tiu malhela ĉapitro en la historio de Lisbono ne nur atestas pri la kruelaĵoj kaj superstiĉoj de tiu tempo, sed ankaŭ servas kiel avertanta ekzemplo pri la konsekvencoj de netoleremo kaj malamo. La eventoj de 1506 lasis profundajn cikatrojn en la historio de la juda komunumo en Portugalio kaj antaŭsignis pliajn persekutojn, kiuj sekvus en la venontaj jardekoj.

La Lasta Lumo de Lisbono

Nenio Nova Sub la Suno

En la mallarĝaj, viglaj stratoj de Lisbono, meze de la sonoj de la ĉiutaga vivo, troviĝis la malgranda laborejo de Samuel, juda metiisto konata pro siaj fajne ĉizitaj lignaj skulptaĵoj. La milda frapado de lia ĉizilo kontraŭ la ligno estis konstanta akompano por la komercistoj kaj preterpasantoj. Samuel, viro en siaj mezaj jaroj, laboris kun tia precizeco kaj sindediĉo, ke tio reflektis lian profundan ligitecon al sia metio.

Lia hejmo, modesta sed amore aranĝita domo, estis dividita kun lia edzino Miriam kaj iliaj tri infanoj. Ĝi estis loko plena de varmo kaj ridado, sekura rifuĝejo en mondo ĉiam pli markita de nesekureco kaj timo. La familio festis la Ŝabaton kaj festotagojn laŭ antikvaj tradicioj, kaj ilia hejmo ofte estis kunvenejo por la loka juda komunumo.

La engaĝiĝo de Samuel en la komunumo iris multe pli foren ol la simpla observado de religiaj praktikoj. Li estis konata pro sia malavareco kaj subteno al tiuj en bezono. Lia laborejo ne estis nur loko de metio, sed ankaŭ spaco por konversacioj kaj diskutoj pri temoj, kiuj koncernis la komunumon.

Tamen, en la lastaj monatoj, malhelaj nuboj kolektiĝis super la paca vivo de Samuel kaj lia familio. Onidiroj pri ĉiam pli malamika sinteno kontraŭ la judoj en Lisbono disvastiĝis. Sur la stratoj, bazaroj, kaj eĉ en la preĝejoj, oni aŭdis flustrojn pri baldaŭaj ribeloj kaj religiaj tensioj.

"Ĉu vi aŭdis, kion ili diras?" demandis Miriam unu vesperon, kiam ŝi kaj Samuel sidis sub la malforta lumo de oleolampo. Ŝia voĉo estis plena de zorgo.

Samuel profunde elspiris. "Jes, mi aŭdis la onidirojn. Sed ni ne devas vivi en timo. Ni jam travivis tiom multe. Dio ankaŭ ĉi-foje subtenos nin."

La infanoj, ankoraŭ tro junaj por kompreni la gravecon de la situacio, lude ĝojis en la fono. Samuel rigardis ilin kaj sentis profundan, doloran zorgon en sia koro. Li pasigis sian vivon en ĉi tiu urbo, ĉi tie li fondis sian familion. La penso, ke ĉi tiu paca ekzisto povus esti minacata, estis por li preskaŭ neeltenebla.

En la sekvaj tagoj, la signoj de maltrankvilo intensiĝis. Foje Samuel vidis grupon da viroj insultantaj maljunan virinon, ĉar ŝi rifuzis kisi krucon. Alifoje li aŭdis, kiel en taverno oni malkaŝe parolis pri perforto kontraŭ la "nekredantoj."

La aero en Lisbono, iam plena de la aromoj de spicoj kaj la maro, nun ŝajnis saturita de maltrankvila silento. Estis kvazaŭ la urbo retenus sian spiron, atendante tion, kio povus okazi.

Unu vesperon, kiam Samuel revenis hejmen post longa tago en la laborejo, lia amiko Benjamin, saĝulo de la komunumo, alparolis lin. "Samuel, ni devas paroli. Estas onidiroj, ke io terura estas antaŭvidebla. La situacio ŝajnas esti pli serioza ol ni supozis."

Samuel sentis glacian malvarmon interne. "Kion ni faru, Benjamin? Ni ne povas simple forlasi nian vivon, nian hejmon."

"Ni devas esti atentaj kaj resti kune. Nuntempe, ni ne povas fari pli," respondis Benjamin per voĉo, kiu malgraŭ liaj vortoj ne povis trankviligi Samuelon.

Tiun nokton, Samuel apenaŭ trovis dormon. La zorgoj kaj timoj, kiujn li ĝis nun provis subpremi, leviĝis en li kiel malhelaj ondoj. Li pensis pri sia familio, pri sia komunumo, pri la vivo, kiun li tiel amis. La necerteco de tio, kio venos, pezis peze sur li.

Kiam la sekva mateno venis, Samuel malfermis sian laborejon kiel kutime, sed la frapado de lia ĉizilo sonis malsame en liaj oreloj. Ĝi ne estis plu nur la sono de metiisto ĉe sia laboro, sed la obstina, esperplena frapado de viro, kiu malgraŭ ĉio provis kredi je la lumo en la mallumo.

La Pogromo Komenciĝas

La sorto de la juda komunumo en Lisbono prenis dramplenan turnon, kiam en unu el la ĉefaj preĝejoj de la urbo okazis mistera fenomeno. Simpla kruco, kiu dum jardekoj pendis nerimarkite sur muro, subite komencis briladi en neklarigebla maniero. Ĉi tiu evento, rapide interpretita kiel miraklo, ekbruligis ŝtormon de religia fervoro en la jam streĉita loĝantaro.

La novaĵo pri la "miraklo" disvastiĝis fulmrapide tra la urbo. Baldaŭ amasoj da homoj alfluis al la preĝejo por atesti la fenomenon. Meze de ĉi tiu ekscito, onidiroj pri la judoj trovis fekundan grundon. Sovaĝaj spekuladoj disvastiĝis, kaj baldaŭ aperis akuzoj, ke la judoj supernature provis malhelpi aŭ profani la miraklon.

Samuel eksciis pri ĉi tiu okazaĵo dum li laboris en sia laborejo. Amika kristana komercisto, kiu preterpasis, serioze avertis lin. "Samuel, vi devas esti singarda. La homoj parolas sensencaĵojn pri la miraklo en la preĝejo kaj kulpigas la judojn. La etoso estas ekscitita."

"Dankon pro la averto, Tomaso," respondis Samuel kun maltrankvila esprimo. Li sentis, kiel malgaja antaŭsento disvastiĝis en li. Li fermis sian laborejon pli frue ol kutime kaj rapidis hejmen por averti sian familion.

Hejme, li rakontis al Miriam pri la maltrankviligaj evoluoj. "Ni devas esti singardaj," li diris. "Pli bone, ke ni restu hejme dum iom da tempo, ĝis la situacio trankviliĝos."

Miriam kapjesis kompreneme, kvankam timo brilis en ŝiaj okuloj. Ŝi zorgis pri la sekureco de siaj infanoj. Ili kune decidis teni la pordojn kaj fenestrojn ŝlositaj kaj eliri el la domo nur en kazo de urĝa neceso.

Tamen, la situacio eskaladis pli rapide ol ili atendis. La sekvan tagon homamasoj formiĝis en la stratoj de Lisbono, instigitaj de religia fervoro kaj furiozaj onidiroj. La kolera amaso serĉis propekan kapron por siaj timoj kaj frustriĝoj, kaj ili trovis ĝin en la juda komunumo.

La homamaso vagis tra la stratoj, kaj ilia vojo estis markita per detruo kaj perforto. Judaj vendejoj kaj domoj estis prirabitaj, sinagogoj profanigitaj. La krioj kaj kaoso ekstere plenigis la aeron, dum Samuel kaj lia familio kaŝiĝis en sia domo, iliaj koroj plenaj de timo kaj teruro.

"Kio okazos al ni, Paĉjo?" flustris la plej aĝa filino de Samuel, dum ŝi firme tenis lin.

"Ni restos kune kaj preĝos, ke Dio protektu nin," respondis Samuel, provante kaŝi sian propran timon.

La horoj pasis, kaj la sonoj de la detruo ekstere ne ĉesis. Ili aŭdis kriojn, vitron rompiĝantan, kaj la frakason de brulantaj konstruaĵoj. Samuel kaj lia familio preĝis en sia kaŝejo, ĉirkaŭitaj de mallumo kaj malfortiĝanta espero.

Kiam la nokto falis, la perforto atingis sian kulminon. La pordo de ilia domo estis furioze frakasita malfermita. Grupo de kolerigitaj homoj sturmis enen, iliaj vizaĝoj torditaj de malamo.

Samuel staris protekte antaŭ sia familio, lia koro batante furioze pro timo. "Bonvolu, ni nenion malbonan faris al vi," li petegis. Sed liaj vortoj restis nesciataj.

La atakantoj traserĉis la domon, ŝtelis tion, kion ili povis, kaj detruis la reston. Samuel kaj lia familio estis brutale flankenpuŝitaj, senpovaj kontraŭ la krueleco kaj malamo.

Meze de la kaoso kaj malespero, Samuel sentis profundan malĝojon kaj senpovecon. Lia hejmo, iam loko de amo kaj paco, nun kuŝis en ruinoj. Li firme brakumis sian familion, dum ili estis ĉirkaŭitaj de la larmoj kaj teruro de la nokto.

La eventoj de tiu nokto profunde gravuriĝis en iliaj memoroj kaj markis la komencon de nova, malhela epoko por la juda komunumo en Lisbono—epoko karakterizita de timo, perdo, kaj senkompata lukto por supervivo.

Perdo kaj Perfido

En la stratoj de Lisbono regis atmosfero de hororo. La juda komunumo, iam integra parto de la diversa vivo de la urbo, nun alfrontis ondon de perforto kaj malamo. Ĉie aŭdiĝis krioj, domoj brulis, kaj la malesperaj vizaĝoj de homoj spegulis timon kaj teruron.

Samuel, kies domo estis detruita la antaŭan nokton, apenaŭ havis tempon por prilabori la perdon. Nun li devis trovi manieron savi sian familion. Li konis la stratojn de Lisbono kiel sian propran poŝon, sed nun tiuj konataj vojoj fariĝis labirinto de teroro.

"Ni devas foriri de ĉi tie," li flustris al Miriam, dum ili kaŝis sin en mallarĝa strateto. La infanoj kroĉiĝis al siaj gepatroj, iliaj okuloj larĝe malfermitaj pro timo.

La str   estis danĝeraj, kaj Samuel sciis, ke ili devis resti nerimarkitaj. Ili ŝteliris tra mallarĝaj stratetoj kaj evitis la ĉefajn vojojn, kie la perforto estis plej intensa. La krioj kaj kaoso resonis en iliaj oreloj, dum ili penis trovi vojon tra la urbo.

En tiu nokto de teruro, ili ankaŭ spertis la perfidon de tiuj, kiujn ili iam nomis amikoj. Kiam ili provis trovi rifuĝon ĉe ne-juda najbaro, viro, kiun Samuel konsideris amiko dum jaroj, ili estis malvarme forpuŝitaj.

"Samuel, mi ne povas helpi vin," diris la viro haste, nervoze rigardante al la strato. "Estas tro danĝere. Se ili ekscios, ke mi gastigas judojn... Mi ne povas meti mian familion en danĝeron."

Samuel rigardis la viron, kiun li iam konsideris amiko, nun per aliaj okuloj. La doloro de perfido estis profunda, sed ne estis tempo por pripensi ĝin. Ili devis pluiri.

La nokto alportis pliajn danĝerojn. Samuel kaj lia familio estis devigitaj kaŝi sin en forlasita magazeno. Tie ili aŭdis la ploron de aliaj judaj familioj, kiuj ankaŭ serĉis rifuĝon. En la mallumo ili flustris unu al la alia novaĵojn kaj planojn por eskapo.

La sekvan matenon, kiam la suno leviĝis super la detruitaj stratoj, Samuel elpensis malesperan planon. Ili provus forlasi la urbon kaj iri al malgranda vilaĝo, pri kiu li aŭdis, ke ĝi estas pli amika al la judoj.

Kun la malmulto, kion ili povis savi, ili ekiris. La stratoj de Lisbono, iam plenaj de vivo kaj komerco, nun kuŝis en ruinoj. Ĉie estis videblaj la spuroj de la nokta perforto – rompitaj fenestroj, bruligitaj ruinoj, kaj la sango de senkulpuloj sur la stratoj.

Ĉiu paŝo estis riska, kaj ili moviĝis kun ekstrema singardemo. Samuel gvidis sian familion tra kaŝitaj vojoj kaj mallumaj stratetoj, ĉiam atentante subitajn atakojn.

La vojaĝo estis elĉerpa, kaj la infanoj suferis pro malsato kaj soifo. Sed Samuel instigis ilin daŭrigi, pelite de la espero pri sekureco. Ili evitis ajnan kontakton kun aliaj, ĉar malfido kaj timo jam profunde radikiĝis.

Kiam ili atingis la urbajn limojn, ili alfrontis novan defion. La vojoj estis gardataj de soldatoj, kiuj serĉis fuĝantajn judojn. Samuel sciis, ke ili devas resti nerimarkitaj por ne esti malkovritaj.

Kun lerta kaŝiĝo kaj per la helpo de kelkaj kompatemaj animoj, ili finfine sukcesis forlasi la urbon. La pejzaĝo ekster Lisbono estis akra kontrasto al la kaoso, kiun ili postlasis. Sed la malpeziĝo estis nur mallongdaŭra, ĉar la vojaĝo estis ankoraŭ malproksima de sia fino.

La streĉoj kaj timoj de la lastaj tagoj lasis profundajn spurojn. Samuel rigardis en la lacajn okulojn de sia familio kaj sentis la pezon de respondeco sur siaj ŝultroj. Sed en liaj okuloj briletis ankaŭ eta espero. Ili sukcesis eskapi, almenaŭ provizore. Sed la batalo por supervivo kaj la serĉado de sekura rifuĝejo ankoraŭ estis longdaŭra.

Deviga Konvertiĝo

La fuĝo el Lisbono elĉerpis Samuelon kaj lian familion. Ili apenaŭ manĝis aŭ dormis en la lastaj tagoj, ĉiam atentaj pri la danĝeroj ĉirkaŭantaj ilin. La plano estis kaŝi sin en fora vilaĝo, sed la sorto havis aliajn planojn por ili.

Unu matenon, tuj post sunleviĝo, dum la familio silente marŝis tra densa arbaro, ili estis kaptitaj de patrola grupo. La viroj estis kruelaj kaj ne toleris kontraŭdiron. Samuel, Miriam, kaj la infanoj estis katenitaj kaj devigitaj reveni al la urbo.

Alveninte en Lisbonon, ili estis ĵetitaj en malgrandan, malhelan ĉelon. La familio kaŭris kune, ĉirkaŭitaj de malvarmo kaj malespero. Ili pasigis horojn, kroĉiĝante unu al la alia, turmentataj de timo kaj necerteco.

Fine, ili estis kondukitaj antaŭ altranga ekleziulo. La ĉambro, en kiu ili estis alportitaj, estis granda kaj timiga, kun altaj plafonoj kaj religiaj simboloj ĉie.

"Vi havas elekton," komencis la ekleziulo per severa voĉo. "Konvertiĝu al kristanismo aŭ suferu la konsekvencojn de via kredo."

Samuel sentis, kiel Miriam tremis apud li. La infanoj rigardis siajn gepatrojn per timoplenaj okuloj, ne komprenante, kio okazis. La ĉambro estis silenta, krom la milda plorado de unu el la infanoj.

"Ni ne povas..." komencis Samuel, lia voĉo tremis pro emocio. "Nia kredo estas ĉio, kion ni havas."

La ekleziulo rigardis Samuelon per malvarmaj okuloj. "Tiam vi suferos la konsekvencojn. Vi kaj via familio."

Reen en sia ĉelo, la familio baraktis kun sia decido. Miriam ploris silente, dum ŝi firme brakumis siajn infanojn.

"Eble... eble ni devus fari tion," ŝi flustris. "Nur por postvivi."

Sed Samuel skuis la kapon. "Kiel ni povas nei nian kredon? Ĉion, en kion ni kredas kaj kio estas sankta por ni?"

La infanoj ne plene komprenis, kio okazis, sed ili sentis la streĉon kaj timon de siaj gepatroj. La plej aĝa filo, David, kiu ĵus fariĝis dekdujara, rigardis sian patron per seriozaj okuloj.

"Paĉjo, mi ne volas morti," li diris mallaŭte. "Mi timas."

La koro de Samuel rompiĝis ĉe tiuj vortoj. Li volis protekti sian familion, sed kiel li povus peti ilin rezigni pri sia kredo?

La sekvan nokton, la decido fariĝis eĉ pli malfacila. Gardisto venis al ilia ĉelo kaj informis ilin, ke ili devos fari sian decidon la venontan matenon.

La nokto estis longa kaj plena de larmoj kaj preĝoj. Samuel kaj Miriam diskutis senĉese, interne disŝiritaj inter la deziro postvivi kaj la lojaleco al sia kredo.

La sekvan matenon, ili denove estis kondukitaj antaŭ la ekleziulo. La ĉambro ŝajnis eĉ pli subprema ol la antaŭan tagon.

"Ĉu vi faris vian decidon?" demandis la ekleziulo.

Samuel, kun esprimo de profunda rezigno, finfine parolis: "Ni... ni faros, kion vi postulas. Ni konvertiĝos."

La ekleziulo kapjesis, sen videbla reago. "Vi faris saĝan decidon. Vi vivos."

Reveninte al sia ĉelo, la decido pezis sur ili kiel ŝarĝo. Dum ili atendis sian liberigon, ili baraktis kun la sento de perfido al sia kredo kaj la malpeziĝo, ke ili postvivis. Ĝi estis dolĉamara venko, kiu forprenis ilian estontecon kaj identecon, sed donis al ili la plej valoran havaĵon, kiun ili havis – la vivon.

Post la Ŝtormo

En la tagoj post la ŝoka decido konvertiĝi al kristanismo, Samuel sentis sin en mondo, kiu ŝajnis fremda kaj timiga. Ili estis liberigitaj, sed je kia kosto? Ilia identeco, ilia kredo, la fundamento de ilia ekzisto, ŝajnis esti forŝovita de sub iliaj piedoj.

Samuel, Miriam, kaj la infanoj perdis sian hejmon, sian komunumon, sian lokon en la mondo. Ili fariĝis "novkristanoj," nomo, kiu sentiĝis kiel brulvundo sur iliaj fruntoj. Ili nun vivis kaŝitan vivon, ekzistante en konstanta timo esti malkovritaj.

Samuel provis adaptiĝi al ĉi tiu nova vivo. Li trovis laboron kiel metiisto, sed la renkontoj kun iamaj konatoj estis markitaj de malvarma distanco kaj malkonfidaj rigardoj. Estis kvazaŭ li kaj lia familio fariĝis nevideblaj, fantomoj vagantaj tra mondo, kiu ne plu rekonis ilin kiel siajn.

Tamen, en kaŝiteco, ili firme tenis sin al siaj judaj radikoj. Sekrete, ili celebris la Ŝabaton, flustris preĝojn, kaj konservis la rakontojn kaj tradiciojn de siaj prauloj. Tiuj sekretaj ritoj estis kiel oazo en la dezerto de ilia ekzisto, fajrero de espero en la mallumo de ilia ĉiutaga vivo.

La infanoj suferis plej multe pro la subita ŝanĝo. La plej aĝa filo, David, iam plena de ĝojo kaj scivolemo, fariĝis silenta kaj pripensema. La pli juna filino, Sarah, ne tute komprenis, kial ŝi ne plu povis vidi siajn amikojn kaj kial ili subite festis aliajn festojn.

"Kial ni ne povas esti kiel antaŭe, Paĉjo?" demandis Sarah unuvespere, ŝiaj okuloj grandaj kaj demandoplenaj.

Samuel rigardis sian filinon, lia koro peza pro ĉagreno. "Foje, mia kara, ni devas fari malfacilajn decidojn por postvivi. Sed profunde en nia koro, ni restas tiuj, kiuj ni estas. Ni neniam forgesu, de kie ni venis."

La monatoj pasis, kaj Samuel kaj lia familio provis adaptiĝi al sia nova vivo. Ili faris kontaktojn kun aliaj novkristanoj, kiuj suferis similajn sortojn. Sub la surfaco de ĉi tiu nova identeco pulsis reto de rezisto kaj sekreta konservado de la juda identeco.

Unu tagon, Samuel aŭdis pri grupo, kiu planis fuĝi el Portugalio kaj vojaĝi al lando, kie ili povus libere praktiki sian religion. Ĉi tiu novaĵo vekis fajreron de espero en lia koro. Eble ankoraŭ estis ŝanco por vivo en libero kaj digno.

En la silentaj noktoj, kiam li kaj Miriam kuŝis maldormaj, pripensante sian estontecon, kreskis la penso pri fuĝo. Estus danĝere, jes, eble eĉ mortige, se ili estus kaptitaj. Sed la vivo, kiun ili nun vivis, ne estis vera vivo. Ĝi estis ombro, duon-ekzisto.

"Eble ni devus riski," flustris Miriam unuvespere. "Por la infanoj, por estonteco, en kiu ili ne devos nei, kiuj ili estas."

Samuel kapjesis malrapide. La penso pri fuĝo estis riskoplena, sed eble la risko valoris la ŝancon vivi en libero kaj vero.

En la sekvaj semajnoj, ili sekrete prepariĝis. Ili kolektis informojn, ŝparis monon, kaj serĉis aliancanojn. La timo esti malkovritaj estis ĉiam ĉeestanta, sed ili estis pelataj de la espero pri pli bona estonteco.

La tago de ilia planita fuĝo alvenis pli rapide ol ili atendis. Sub la kovro de la nokto, ili ŝteliris el sia domo, lasta rigardo al la vivo, kiun ili lasis malantaŭe. Ĉiu paŝo estis plena de timo kaj espero.

Dum ili rapidis tra la mallumaj stratoj de Lisbono, ili sentis la pezon de sia decido. Ili lasis ĉion malantaŭe – sian hejmon, sian pasintecon, sian falsan identecon. Antaŭ ili kuŝis necerteco, sed ankaŭ la ŝanco por nova vivo.

En tiu momento, kiam ili eniris en la mallumon de la nokto, ili sciis, ke malgraŭ ĉiuj spertoj de teruro kaj sufero, ili ne perdis la esperon kaj la kredon je pli bona estonteco. Ili portis sian judan identecon en siaj koroj, nevidebla sed neŝancelebla ligo, kiu gvidus ilin tra la plej mallumaj horoj de ilia vivo.

La Ĥmelnicki-ribelo en Pollando, 1648–1656

En la 17-a jarcento, la teritorio de la hodiaŭa Ukrainio kaj partoj de Pollando estis sub la regado de la Pola-Litova Nobela Respubliko. Tiu periodo estis karakterizita de sociaj tensioj kaj politikaj renversoj, kiuj fine kondukis al unu el la plej detruaj eventoj en la historio de la orient-eŭropaj judoj: la Ĥmelnicki-ribelo.

La sociaj kaj ekonomiaj diferencoj inter la diversaj loĝantargrupoj estis enormaj. La polaj nobeloj kaj grandbienuloj dominis la kamparanojn kaj servutulojn, inter kiuj multaj ukrainaj kozakoj estis inkluzivitaj. La judoj, ofte en la rolo de "arendatoroj," administris la bienojn de la nobeloj kaj kolektis la luon de la kamparanoj. Tiu ĉi pozicio kaŭzis kreskantan malamon kontraŭ la judoj, kiuj estis rigardataj kiel helpantoj de la nobelaj subpremantoj.

Sub la gvidado de Bogdan Ĥmelnicki, en 1648 komenciĝis ribelo de la kozakoj kontraŭ la pola regado. La kozakoj vidis en la judoj aliancanojn de la polaj nobeloj kaj, sekve, siajn malamikojn. Tio kondukis al ondo de pogromoj — organizitaj masakroj kontraŭ la juda loĝantaro.

La perfortoj estis markitaj de ekstrema krueleco. Miloj da judoj estis mortigitaj, kaj multaj komunumoj tute detruitaj. La raportoj el tiu tempo priskribas ŝokajn scenojn: familioj estis disŝiritaj, homoj brutale murditaj antaŭ la okuloj de siaj karuloj, kaj tutaj vilaĝoj estis komplete detruitaj. Krom la fizika teroro, la juda loĝantaro ankaŭ suferis sub psikologia premo: la konstanta timo kaj nesekureco, la perdo de hejmo, amikoj kaj familio.

La efikoj de la Ĥmelnicki-ribelo estis devastaj. La juda loĝantaro en la trafitaj areoj estis draste reduktita. Multaj pluvivintaj judoj fuĝis, kio kondukis al ŝanĝo de la judaj loĝantarcentroj en Eŭropo. La eventoj ankaŭ lasis profundajn cikatrojn en la kolektiva memoro de la juda komunumo kaj influis estontajn generaciojn.

La Ĥmelnicki-ribelo estas malhela ĉapitro en la historio de la judoj en Orienta Eŭropo. Ĝi montras la vundeblecon kaj la danĝerojn, al kiuj minoritatoj povas esti submetitaj, precipe en tempoj de politikaj kaj sociaj tumultoj. Samtempe, ĝi estas rakonto pri la rezisteco kaj superviva volo de komunumo, kiu, malgraŭ enormaj perdoj kaj suferoj, konservis sian identecon kaj kredon.

La Flustranta Cindro de Pollando

Paca Vivo

Efraim leviĝis frue, ankoraŭ antaŭ ol la matenruĝo forpelis la mallumon. Li ĝuis la silenton de la frua mateno, kiam la mondo ankoraŭ kuŝis en profunda dormo. Lia eta domo troviĝis ĉe la rando de idilia vilaĝo en Pollando, ĉirkaŭita de densaj arbaroj kaj vastaj kampoj.

Li loĝis tie kun sia edzino Ĉava kaj ilia filino Rivka, vigla knabino kun kastanbrunaj bukloj kaj nesatigebla soifo je scio. Ĉava estis mildanima virino, kies rideto alportis lumon eĉ en la plej mallumaj tagoj. Ŝi zorgeme prizorgis la domon kaj subtenis Efraimon en lia laboro.

Efraim mem estis instruisto, profunde radikiĝinta en la juda tradicio kaj kulturo. Li instruis la infanojn de la vilaĝo en la malgranda sinagogo, kiu ankaŭ servis kiel lernejo. Lia instruado ne limiĝis al religiaj studoj; li ankaŭ instruis legadon, skribadon kaj la bazojn de matematiko. La gepatroj estimis lin pro lia pacienco kaj engaĝiĝo, la infanoj pro liaj varmaj rakontoj kaj lia milda karaktero.

Malgraŭ la trankvilo de la kampara vivo, Efraim ne povis ignori la kreskantajn politikajn tensiojn. La novaĵoj pri tumultoj kaj konfliktoj atingis eĉ tiun ĉi izolitan vilaĝon, kaj ofte li diskutis kun aliaj vilaĝanoj pri la estonteco. Foje, malfrue en la nokto, kiam Ĉava kaj Rivka dormis, Efraim sidis ĉe la fenestro, rigardante la stelnuban ĉielon kaj zorgante pri la nesekura estonteco.

"Kio okazos al ni, se tiuj konfliktoj atingos nian vilaĝon?" li ofte demandis sin. Sed poste li forpuŝis tiujn pensojn kaj refoje koncentriĝis pri sia ĉiutaga vivo, pri sia familio kaj siaj lernantoj.

La tagoj plejparte pasis trankvile kaj egale. Matene Efraim instruis la infanojn, posttagmeze li dediĉis sin al la studado de la sanktaj skriboj, kaj vespere li pasigis tempon kun sia familio. Ĉava preparis la vespermanĝon, dum Rivka bombadis sian patron per demandoj pri la steloj, la naturo kaj la rakontoj de la Torao.

Unu el tiuj pacaj vesperoj, kiam la vespermanĝo estis preskaŭ preta, subite frapeto aŭdiĝis ĉe la pordo. Estis Moŝe, maljuna amiko de la familio kaj membro de la Aĝula Konsilantaro de la vilaĝo. Lia vizaĝo estis serioza kaj maltrankvila.

"Efraim, ni devas paroli," li diris per tremanta voĉo. "Estas novaĵoj, kiujn vi devas aŭdi."

Efraim sentis, kiel malvarma tremeto kuris laŭ lia dorso. Li invitis Moŝen enen, dum Ĉava kaj Rivka rigardis maltrankvile.

"Moŝe, kio okazis?" demandis Efraim, proponante al sia amiko seĝon.

"Temas pri la ribelo," komencis Moŝe mallaŭte. "La kozakoj sub Ĥmelnicki... ili atakis plurajn judajn komunumojn. Estas raportoj pri terurajoj... Familioj estis disigitaj, domoj bruligitaj, homoj brutale murditaj."

La koro de Efraim ekbatis pli rapide. Li pensis pri siaj lernantoj, pri la vizaĝoj de la homoj en la vilaĝo, pri sia propra familio.

"Kaj nia vilaĝo?" li demandis per tremanta voĉo.

"Ĝis nun ni estas sekuraj, sed... neniu scias, kiom longe ankoraŭ. Ni devas esti pretaj, Efraim. Ni devas komenci diskuti pri protektaj rimedoj, eble eĉ pri fuĝo."

Efraim sentis sin paralizita. La ideo forlasi sian hejmon, sian komunumon, estis netolerebla. Sed la sekureco de lia familio kaj liaj lernantoj estis lia ĉefa prioritato.

"Mi... mi komprenas," li balbutis. "Ni devas kunvoki la vilaĝon. Ni devas fari planon."

Moŝe serioze kapjesis. "Jes, ni devas resti unuiĝintaj. En tiaj tempoj, nia unueco estas nia plej granda forto."

Post kiam Moŝe foriris, Efraim sidis ankoraŭ longe, rigardante en la malplenan spacon kaj provante ordigi siajn pensojn. Ĉava sidiĝis apud li, metis sian manon sur lian kaj rigardis lin per malĝojaj okuloj.

"Kio ajn okazos, ni trairu ĝin kune," ŝi flustris.

Efraim kapjesis, dankema pro ŝia forto kaj subteno. Li sciis, ke la venontaj tagoj estos defio, eble la plej granda, kiun ili iam ajn alfrontis. Sed en tiu momento, en la silento de ilia eta domo, kun la milda flamiĝo de la kandeloj kaj la varmo de ŝia proksimeco, Efraim trovis iom da konsolo kaj espero.

La nokto estis kvieta, sed en la koro de Efraim kreskis zorgo kaj decidemo. Li sciis, ke la sekva tago estos la komenco de nova, necerta vojaĝo.

La Ribelo Komenciĝas

La suno subiris sangoruĝa, kiam Efraim iris tra la mallarĝaj stratetoj de sia vilaĝo. La novaĵoj pri la brutalaj kozako-ribeloj kaŭzis senteblan streĉitecon en la aero. Viroj staris en etaj grupoj, iliaj vizaĝoj markitaj de zorgo, dum ili flustris inter si. Virinoj rigardis timeme el la fenestroj de siaj domoj, kaj infanoj, kiuj kutime ludis en la stratoj, estis nenie videblaj.

Efraim sentis la kreskantan timon kaj nesekurecon. Li mem luktis kun la penso pri kiel li povus savi sian familion. Ĉiu paŝo, kiun li faris, ŝajnis peza, ŝarĝita de la timo pri tio, kio povus okazi.

Kiam li revenis hejmen, li vidis Ĉavan kaj Rivkan, kiuj maltrankvile sidis ĉe la tablo. Ĉava havis larmojn en la okuloj, kaj Rivka firme tenis ŝian manon. Efraim sidiĝis apud ili kaj prenis la manon de Ĉava.

"Ni devas resti fortaj," li diris mallaŭte, sed decide. "Mi faros ĉion eblan por protekti vin."

Tiun nokton neniu povis dormi. Ĉiu bruo, ĉiu bloveto de vento igis ilin ekstremi, timante, ke la ribelo povus jam atingi ilian vilaĝon.

La sekvan matenon ili estis vekitaj de la laŭta sonorado de la vilaĝa sonorilo. Efraim rapide eliris por vidi, kio okazis. Sur la vilaĝa placo kolektiĝis granda homamaso. La Aĝula Konsilantaro staris en la mezo, videble streĉita.

"Estas novaĵoj pri la unuaj atakoj kontraŭ najbaraj vilaĝoj," anoncis Moŝe per tremanta voĉo. "La kozakoj ne montras kompaton. Ili forbruligis domojn kaj... kaj murdis la homojn. Viroj, virinoj, infanoj – neniu estis ŝparita."

Murmuros bruetis tra la homamaso. Timo kaj teruro speguliĝis en la vizaĝoj de la vilaĝanoj.

"Ni devas fari ion," kriis iu el la amaso. "Ni ne povas simple atendi, ĝis ili venos ankaŭ al ni!"

Diskutoj ekbruis, kaj ĉiu havis malsaman opinion pri tio, kion oni devus fari. Iuj parolis pri fuĝo, aliaj pri defendo. Efraim staris tie, perdite en siaj pensoj, dum li pensis pri sia familio.

Post la kunveno li revenis hejmen. Ĉava kaj Rivka jam atendis lin, kaj la timo klare legeblis en iliaj vizaĝoj.

"Kion ni faros, Efraim?" demandis Ĉava per tremanta voĉo.

Efraim rigardis en ŝiajn timoplenajn okulojn kaj sciis, ke li devas fari decidon. "Ni devas forlasi la vilaĝon," li diris firme. "Estas tro danĝere resti ĉi tie. Ni aliĝos al aliaj rifuĝintoj kaj iros okcidenten, for de la kozakoj."

La preparoj por la fuĝo komenciĝis tuj. Ili pakis la plej necesajn aferojn – vestojn, iom da manĝaĵo, gravajn dokumentojn kaj kelkajn personajn objektojn. Rivka firme tenis sian malgrandan preĝlibron en la mano, dum larmoj fluis laŭ ŝia vizaĝo.

La nokton antaŭ ol ili devis ekiri, Efraim ne povis dormi. Li iris eksteren kaj rigardis la vilaĝon, en kiu li pasigis sian tutan vivon. La luno brilis super la tegmentoj de la domoj kaj la stratoj, kiuj nun estis malplenaj kaj silentaj.

La Nokto de Teruro

Estis klara nokto, la ĉielo superŝutita de steloj, kiam la katastrofo trafis la vilaĝon de Efraim. La unua signo de la atako estis malproksima tondro, kiu rapide plilaŭtiĝis, ĝis ĝi fariĝis orelŝira bruo. Efraim, kiu ĝuste preparis sian familion por la baldaŭa fuĝo, restis senmova, ŝokita.

La bruo alproksimiĝis, kaj subite flamoj trarompis la noktan ĉielon. Efraim kuris eksteren kaj vidis, kiel la unuaj domoj de la vilaĝo ekbrulis. La aero estis plenigita per la kriegoj de homoj kaj la krakado de brulantaj konstruaĵoj. Sen hezito, li kaptis Ĉavan kaj Rivkan kaj tiris ilin en la direkton de la rando de la arbaro.

"Sed la aliaj!" kriis Ĉava, provante elŝiriĝi el lia teno.

"Ni ne povas helpi ilin! Ni devas foriri nun, alikaze ni ĉiuj mortos!" kriis Efraim, tirante ilin plu.

Ili apenaŭ atingis la arbaron, kiam grupo da kozakoj alrapidis surĉevale. Efraim tiris Ĉavan kaj Rivkan malantaŭ densan arbetaĵon kaj premis siajn manojn sur iliajn buŝojn. Kun haltigita spirado, ili observis, kiel la rajdantoj preterpasis, elingigitaj glavoj pretaj mortigi ĉiun, kiu transirus ilian vojon.

Kiam la danĝero pasis, ili volis daŭrigi sian fuĝon, sed ili aŭdis la ploron de infano. Efraim hezitis nur momenton, poste kuris en la direkton de la plorado. Li trovis etan knabinon, kiu kuŝis apud siaj mortintaj gepatroj. Sen longa pripensado, li prenis la infanon en siajn brakojn kaj revenis al Ĉava kaj Rivka.

Ili daŭrigis sian fuĝon, pelataj de timo kaj la volo postvivi. Sed la destino estis kruela. Subita atako de alia grupo da kozakoj disigis ilin. Efraim estis terenbatita kaj perdis la konscion. Kiam li rekonsciiĝis, Ĉava kaj Rivka estis malaperintaj.

Efraim estis sola, perdita en la malluma, densa arbaro. La krioj el la vilaĝo estis ĉesintaj, restis nur la krakado de la flamoj kaj la terura sento de malespero. Li sciis, ke li devas daŭrigi por postvivi kaj retrovi sian familion.

Tagojn kaj noktojn Efraim pasigis en la arbaro. Li nutris sin per tio, kion la naturo proponis, kaj dormis kaŝita sub arbustoj kaj en kavoj. Ĉiutage li luktis kontraŭ la malespero kaj la espero retrovi Ĉavan kaj Rivkan.

Li renkontis aliajn rifuĝintojn, kiuj ankaŭ forlasis siajn hejmojn. Ili interŝanĝis novaĵojn, sed neniu aŭdis ion pri lia familio. Ĉiu renkontiĝo estis eta radio de espero, kiu rapide estingiĝis.

La tempo en la arbaro fariĝis senfina ĉeno de tagoj kaj noktoj, markitaj de malsato, malvarmo kaj konstanta timo pri malkovro. Efraim maldikiĝis kaj malfortiĝis, sed la volo postvivi kaj retrovi sian familion donis al li forton.

Unu tagon li renkontis grupon de rezistaj batalantoj, kiuj batalis kontraŭ la kozakoj. Ili proponis al li rifuĝon kaj manĝaĵon. Efraim hezitis, sed fine aliĝis al ili, esperante ke ili povus helpi lin trovi sian familion.

La semajnoj kun la rezistantoj estis malfacilaj. Efraim rapide lernis, kiel postvivi en la arbaro, kiel kaŝi sin kaj kiel batali. Ĉiu tago estis batalo por postvivo, ĉiu nokto estis plenigita per koŝmaroj pri tio, kion li perdis.

Malgraŭ ĉio, li neniam rezignis pri espero. Ĉiun matenon, kiam li vekiĝis, lia unua penso estis pri Ĉava kaj Rivka. Li rememoris iliajn vizaĝojn, iliajn voĉojn, ilian amon – kaj tio donis al li la forton pluiri.

En la Ruinoj

Monatoj pasis, de kiam Efraim perdis sian vilaĝon kaj sian familion en tiu fatala nokto. La pejzaĝo ŝanĝiĝis; iam florantaj vilaĝoj fariĝis ruinoj, kaj la tero portis la cikatrojn de la milito. Efraim, ombro de sia iama memo, vagadis tra ĉi tiu detruita mondo, pelata de la neskuigebla espero retrovi sian familion.

Unu matenon, kiam la unuaj sunradioj lumigis la ruinojn, Efraim renkontis grupon da pluvivantoj. Ili estis kiel li: malsataj, lacaj, kaj iliaj okuloj spegulis netolereblajn perdojn. Inter ili estis maljuna virino, kies vizaĝo estis sulkigita, portante la spurojn de ĉiu larmo kaj ĉiu doloro.

"Mi serĉas mian familion, mian edzinon Ĉava kaj mian filinon Rivka," diris Efraim per rompita voĉo.

La virino longe rigardis lin antaŭ ol respondi. "Multaj malaperis, multaj mortis. La milito ne pardonas al neniu."

Efraim sentis pikantan doloron en sia koro. La vortoj de la virino estis eĥo de liaj propraj timoj.

Li aliĝis al la grupo, vojaĝante kun ili de vilaĝo al vilaĝo, ĉiam serĉante, ĉiam esperante. Ili renkontis aliajn pluvivantojn, aŭdis iliajn rakontojn, vidis la larmojn kaj la suferon en iliaj okuloj. Efraim aŭskultis ilin, konsolis kiam li povis, sed interne kreskis nehaltigebla malespero.

En pluva tago ili atingis vilaĝon, kiu estis aparte forte trafita. La domoj estis detruitaj, la stratoj malplenaj. En la ruinoj ili trovis la restaĵojn de homoj, kiuj ne povis fuĝi. Efraim helpis enterigi la mortintojn, kaj kun ĉiu ŝovelado de tero, kiun li movis, kreskis la pezo sur lia animo.

Tiun nokton, sidante ĉe la fajro kaj rigardante en la flamojn, ondo de kulpo superfortis lin. Ĉu li povus savi sian familion, se li forlasintus la vilaĝon pli frue? Kial li postvivis, dum tiom multaj aliaj mortis? Tiuj demandoj turmentis lin, ne lasis lin dormi, kaj manĝis lian prudenton.

Iun tagon ili renkontis viron, kiu rakontis pri proksima vilaĝo, kie multaj judoj trovis rifuĝon. Efraim sentis, kiel espero ekflamis en li. Eble, nur eble, Ĉava kaj Rivka estis tie.

Kun nova decidemo, li daŭrigis sian vojaĝon. La vojo estis danĝera; ĉie embuskis kozakoj, pretaj mortigi ĉiun, kiu kuraĝus stari en ilia vojo. Sed Efraim ne lasis sin haltigi. Li devis pluiri, por Ĉava, por Rivka, por si mem.

Kiam ili atingis la vilaĝon, lin superis sento de krizhelpo. La vilaĝo estis plena de vivo; infanoj ludis en la stratoj, kaj la homoj ŝajnis sekuraj. Efraim demandis ĉiun pri sia familio, montris ilian foton, kiun li zorge konservis. Sed neniu ilin vidis.

La seniluziiĝo estis sufoka, sed Efraim ne rezignis. Li sciis, ke li devas pluiri, ke li ne povos ripozi ĝis li havos certecon.

En la venontaj semajnoj li aliĝis al grupo de serĉantoj. Kune ili trairis la ĉirkaŭajn vilaĝojn, serĉis en la ruinoj, esperante, ke ĉiu nekonata vizaĝo povus esti reenvido.

Dum ĉi tiu tempo, Efraim multe lernis pri si mem. Li malkovris la forton, kiu dormis en li, la kapablon daŭrigi malgraŭ ĉiuj malhelpoj. Sed li ankaŭ ekkonis la mallumon, kiu kreskis en lia animo, la kulposentojn, kiuj turmentis lin.

Efraim staris en la ruinoj de alia detruita vilaĝo, ĉirkaŭita de la ombroj de la pasinteco. La espero retrovi sian familion briletis malforte en la mallumo, sed li sciis, ke li ne rajtas rezigni. Li devas pluiri, devas serĉi, devas esperi – ĉar sen espero ĉio estus perdita.

Nova Komenco el Cindro

Efraim atingis la limojn de homa eltenemo. Dum monatoj li vagadis tra la perfortita pejzaĝo de Pollando, pelata de la malespera espero retrovi sian familion. Tamen, ĉiu spuro kondukis al nenio, kaj ĉiu flustrita onidiro montriĝis malvera. La ombroj de la milito ŝajnis neeviteblaj.

Sed unu tagon, kiam la vintro estis en siaj lastaj momentoj kaj la neĝo komencis malrapide degeli, Efraim aŭdis en eta, preskaŭ forlasita vilaĝo rakonton, kiu por momento haltigis lian koron. Maljuna viro, kies vizaĝo estis markita de la vivo, parolis pri virino kaj knabino, kiuj serĉis rifuĝon en proksima monaĥejo.

Kun tremantaj manoj kaj koro plena de espero, Efraim ekiris al la monaĥejo. La muroj de la abatejo imponis kontraŭ la klara vintra ĉielo, sed Efraim ne lasis sin timigi. Li frapis la pezan lignaĵan pordon, kaj kun ĉiu bato lia espero kreskis.

La pordo malfermiĝis, kaj aperis monaĥo. Efraim priskribis Ĉavan kaj Rivkan, preskaŭ rompante sian voĉon. La monaĥo malrapide kapjesis kaj kondukis Efraimon al malgranda ĉambro en la malantaŭa parto de la monaĥejo.

Tie ŝi sidis – Ĉava, lia amata edzino, kun grizaj fadenoj en la haroj kaj spuroj de malĝojo en la okuloj. Apud ŝi staris Rivka, ne plu la eta knabino, kiun Efraim lasis malantaŭ si, sed juna virino, markita de la spertoj de la pasintaj monatoj.

La momento de ilia revido estis dolĉamara. Larmoj de ĝojo miksiĝis kun la doloro pri tio, kion ili ĉiuj suferis. Efraim eksciis, ke ili estis disigitaj dum la nokto de la atako, sed post kelkaj tagoj retroviĝis kaj serĉis rifuĝon en la monaĥejo.

En la sekvaj semajnoj ili restis en la monaĥejo, travivante strangan pacon meze de la ruinoj de sia vivo. Sed kiam venis la printempo, Efraim decidis, ke estis tempo moviĝi antaŭen. Ili revenis al la restaĵoj de sia vilaĝo, deciditaj konstrui novan vivon el la cindro de la malnova.

Efraim komencis verki la rakontojn de la pluvivantoj, konservante la memorojn pri tio, kio okazis. Li fariĝis la kronikisto de la suferoj de sia komunumo, gardanto de la memoroj pri tempo, kiu neniam forgesiĝu.

Malgraŭ la profundaj cikatroj, kiujn la milito lasis, la vivo en la vilaĝo malrapide rekomenciĝis. Kampoj estis prilaboritaj, domoj rekonstruitaj, kaj la ĉiutaga vivo reprenis sian fluon. Tamen, la memoro pri tio, kio okazis, restis ĉiam ĉeestanta, silenta atestanto de la pasinteco.

Efraim, Ĉava, kaj Rivka trovis konsolon en sia komunumo, en la forto, kiun ili eltiris el sia komuna supervivo. Ili lernis vivi kun siaj perdoj, trovis esperon en la malgrandaj ĝojoj de la ĉiutaga vivo kaj en la certeco, ke, dum ili estas kune, ili povas superi ĉion.

La rusaj pogromoj

La fino de la 19-a kaj la komenco de la 20-a jarcento estis aparte malhela periodo por la juda loĝantaro en la Rusia Imperio. Ĉi tiu epoko estis markita de intensaj ondoj de antisemitismo, kiuj manifestiĝis en brutalaj pogromoj kontraŭ judaj komunumoj.

La judoj en la Rusia Imperio estis konstante submetitaj al premo kaj diskriminacio. Ili estis jure malfavorataj, havis limigitan aliron al edukado kaj profesioj, kaj ofte estis devigitaj loĝi en certaj regionoj, la tiel nomataj setladzonoj. Ĉi tiu sistema diskriminacio kreis klimaton de nesekureco kaj timo.

La pogromoj, kiuj okazis inter 1881-1884 kaj 1903-1906, estis pintoj de malamo kaj perforto kontraŭ judoj. Ili ofte baziĝis sur senbazaj onidiroj kaj konspiraj teorioj, kiel ekzemple la fifama "sangokalumnio," la akuzo ke judoj murdus kristanajn infanojn por uzi ilian sangon en religiaj ritoj. Ĉi tiuj absurdaj akuzoj kondukis al furiozaj kaj nekontrolitaj tumultoj, dum kiuj sennombraj judoj estis mortigitaj, vunditaj kaj rabitaj. Tutaj komunumoj estis detruitaj, kaj multaj judoj perdis ĉion, kion ili havis.

La pogromoj estis ofte markitaj de terura kruelo. Domoj estis rabitaj kaj bruligitaj, familioj disŝiritaj, kaj homoj murditaj antaŭ la okuloj de siaj karuloj. La rusaj aŭtoritatoj faris malmulte aŭ nenion por protekti la judan loĝantaron, kaj en iuj kazoj la perfortagoj estis eĉ subtenataj aŭ almenaŭ tolerataj de oficialaj instancoj.

Ĉi tiuj eventoj lasis profundajn cikatrojn en la juda komunumo kaj kaŭzis ondon de elmigrado, precipe al Usono. Multaj judoj ne vidis estontecon por si en la Rusia Imperio kaj serĉis vivon en sekureco kaj libereco, for de la subpremo kaj perforto, kiuj markis ilian vivon tie.

La pogromoj en la Rusia Imperio estas malhela ĉapitro en la historio de la persekutado de judoj kaj dolora pruvo pri la detrua forto de malamo kaj netoleremo. Ili estas averta ekzemplo pri la graveco de stari kontraŭ diskriminacio kaj por la rajtoj kaj sekureco de ĉiuj minoritatoj.

Flustro en la Vintra Vento

La Vivo en la Ombro

En eta vilaĝo proksime al Kievo loĝis Sofia kun sia familio en modestaj kondiĉoj. Ŝia patro, Misha, estis metiisto, kiu kun sia modesta enspezo apenaŭ povis subteni la familion. Sofia, gaja knabino de nur dek du jaroj, helpis sian patrinon, Dina, kun la ĉiutagaj hejmaj taskoj. Ŝia familio estis parto de la eta juda komunumo en la vilaĝo, kiu, malgraŭ malriĉeco kaj diskriminacio, montris fortan kunligitecon.

La simpla lignodomo de la familio estis malgranda, kun nur unu loĝo- kaj dormoĉambro, sed ĝi ĉiam estis plena de amo kaj varmo. La muroj estis ornamitaj per memfaritaj tapiŝoj, kaj sur eta tablo ĉiam staris brulanta kandelo, kiu disvastigis komfortan lumon. Vespere, kiam Misha revenis hejmen post la laboro, la familio kolektiĝis ĉirkaŭ la tablo por kune manĝi kaj rakonti pri la tago.

Iuvespere, kiam la familio sidis kune kiel kutime, subite aŭdiĝis frapado ĉe la pordo. Ekstere staris Reb Levi, la maljuna rabeno de la vilaĝo, kun serioza kaj maltrankvila esprimo. Misha malfermis la pordon, kaj Reb Levi enpaŝis. "Ŝalom," li salutis mallaŭte.

"Ŝalom, Reb Levi, kio alportas vin al ni?" demandis Dina maltrankvile.

Reb Levi sidiĝis kaj serioze rigardis ĉiun familianon. "Mi havas malbonajn novaĵojn. Onidiroj atingis nian vilaĝon, ke en la najbaraj regionoj okazas pogromoj. Multaj el niaj fratoj kaj fratinoj jam suferis."

Malvarma tremo trakuris la dorson de Sofia. Ŝi jam aŭdis pri pogromoj, sed ne plene komprenis, kion ili signifis. Ŝia patro iam klarigis al ŝi, ke ili estas "atakoj kontraŭ nia popolo, kontraŭ ni, judoj."

Misha aspektis maltrankvila. "Ĉu ni estas en danĝero ĉi tie, Reb Levi?"

"Estas malfacile diri, Misha. Sed ni devas esti atentemaj kaj teni kune. Ni ne perdu esperon."

Post kiam Reb Levi foriris, premita etoso ekregis en la familio de Sofia. La timo antaŭ la nekonato, antaŭ la minaca danĝero, ŝvebis kiel malhela nubo super ili.

En la sekvaj tagoj, Sofia sentis, kiel la etoso en la vilaĝo ŝanĝiĝis. La homoj malpli interparolis, kaj sur la stratoj regis streĉita silento. Ŝiaj amikoj, kun kiuj ŝi kutime ludis, nun ofte estis silentaj kaj timigitaj.

Unu tagon, kiam Sofia revenis hejmen de la vilaĝa lernejo, ŝi renkontis grupon da ne-judaj infanoj el la vilaĝo. Unu el ili, knabo nomata Ivan, kriis al ŝi: "Hej, judino, ĉu vi timas la pogromojn?"

Sofia ne sciis, kion diri. Ŝi sentis miksaĵon de timo kaj malĝojo. Ŝi kuris hejmen kun larmoj en la okuloj.

Kiam ŝi alvenis hejmen, ŝi trovis siajn gepatrojn en konversacio kun kelkaj aliaj vilaĝanoj. "Ni devas fari planojn, se la pogromoj atingos ankaŭ nian vilaĝon," ŝi aŭdis sian patron diri.

"Ĉu ni devus fuĝi?" demandis maltrankvila najbarino.

"Fuĝi? Kien? Ĉi tiu estas nia hejmo," respondis Misha. "Ni devas esti fortaj kaj teni kune. Eble la ŝtormo pasos preter ni."

Sed profunde en sia koro, Sofia sentis, ke ilia paca vivo en la vilaĝo baldaŭ povus finiĝi. La ombroj de la alvenanta malbono fariĝis ĉiam pli longaj, kaj la timo en ŝiaj junaj okuloj reflektis la zorgojn de ŝia komunumo.

La Ŝtormo Ekkrevas

En la sekvaj semajnoj, la onidiroj pri pogromoj en najbaraj vilaĝoj intensiĝis. La timo en la komunumo de Sofia kreskis. Ĉiu tago komenciĝis kaj finiĝis kun maltrankvilaj konversacioj inter la vilaĝanoj. La familio de Sofia klopodis vivi kiel eble plej normale, sed la timo estis konstanta kunulo.

Unu matenon, la patro de Sofia revenis kun zorgoplena esprimo de renkontiĝo kun aliaj viroj de la vilaĝo. "Ĝi estas vera," li diris per tremanta voĉo. "En la vilaĝoj ne malproksime de ĉi tie, okazis pogromoj. Domoj estis forbruligitaj, familioj disŝiritaj, kaj multaj el niaj fratoj kaj fratinoj estis brutale atakitaj."

La familio sidis silente ĉirkaŭ la kuireja tablo. La patrino de Sofia, Dina, flustris: "Kion ni faru, Misha?"

"Mi ne scias, Dina. Sed ni devas esti pretaj. Ni devus trovi kaŝejon, se ili venos ankaŭ al ni."

En la sekvaj tagoj, Sofia helpis, kune kun siaj gepatroj kaj najbaroj, konstrui kaŝejon en la kelo de ilia domo. Ili kaŝis tie manĝaĵojn, akvon, kaj kelkajn kovrilojn. Ĉiu faris sian laboron, sed la zorgo ĉiam ĉeestis.

Iun posttagmezon, kiam Sofia ĵus revenis hejmen de la lernejo, ŝi subite aŭdis laŭtajn voĉojn kaj kriojn de ekstere. Ŝia koro komencis rapide bati. "Panjo, Paĉjo!" ŝi kriis.

La patro de Sofia rigardis tra la fenestro, kaj lia vizaĝo paliĝis. "Ili estas ĉi tie," li diris per tremanta voĉo. "Rapide, en la kelon!"

La familio kuris al la kaŝejo, dum ekstere la kaoso eksplodis. Ili aŭdis homojn krii, vitron rompiĝi, kaj domojn ekflami. Sofia alkroĉiĝis al sia patrino, dum larmoj ruliĝis laŭ ŝia vizaĝo.

En la kelo, estis malhele kaj silente, krom la malproksimaj sonoj de detruo kaj sufero. Horoj pasis, kaj la familio ne kuraĝis moviĝi aŭ paroli. La timo estis paralizanta.

Kiam ekstere fine iĝis kviete, Misha kuraĝis eliri por esplori la situacion. Tio, kion li vidis, estis korŝira. Ilia vilaĝo, iam pacema loko, estis detruita. Domoj ankoraŭ brulis, la stratoj estis kovritaj per ruinoj, kaj ĉi tie kaj tie kuŝis vunditaj aŭ eĉ mortaj vilaĝanoj.

Misha revenis kaj raportis al sia familio pri la detruo. "Ni ne povas plu resti ĉi tie," li diris decide. "Ni devas fuĝi, dum ni ankoraŭ povas."

La familio rapide pakis la plej necesajn aferojn kaj forlasis sian hejmon sub la kovro de mallumo. Sofia lastfoje rigardis ĉirkaŭe kaj vidis sian hejmon, en kiu ŝi vivis tiom da jaroj, nun kiel lokon de teruro kaj malĝojo.

Ili direktiĝis al la venonta vilaĝo, en la espero trovi tie rifuĝon. La vojo estis longa kaj danĝera. Ili devis kaŝiĝi por ne esti rimarkitaj. Sofia sentis la lacecon kaj timon en siaj ostoj, sed ŝi sciis, ke ne ekzistas revenvojo.

La nokto estis malvarma kaj malluma, kaj la luno estis la sola atestanto de ilia fuĝo. Ĉiu sono igis ilin ektremi, en la konstanta timo esti malkovritaj. Sed ili plu iris, paŝo post paŝo, pelataj de la espero trovi sekuran rifuĝejon kaj deziro travivi ĉi tiun nokton de hororo.

Kiam ili fine atingis la sekvan vilaĝon, ili estis elĉerpitaj kaj malesperaj. Sed la helpo, kiun ili atendis, ne venis. Ili estis rigarditaj kun malfido kaj forpuŝitaj. "Ĉi tie ne estas loko por vi," diris maljuna viro malvarme.

La familio estis malespera. Sen manĝo, sen rifuĝo, kaj sen loko por resti, ili estis perditaj. Ili serĉis rifuĝon en proksima arbaro, kie ili pasigis la nokton, kunpremitaj sub arboj, dum ili tremis kaj esperis, ke la sekva tago alportos pli da kompatemo.

Tiun nokton, Sofia ne nur perdis sian hejmon, sed ankaŭ parton de sia senkulpeco. Ŝi nun komprenis, kion signifas esti persekutata kaj malamata, nur pro tio, ke oni estas judo. Kaj dum ŝi kuŝis en la malvarma mallumo, ŝi fermis la okulojn kaj preĝis por miraklo, por radio de espero en ĉi tiu malhela tempo.

Meze de la Mallumo

La nokto, kiun Sofia kaj ŝia familio pasigis en la arbaro, estis nur la komenco de longa vojo de sufero. Ĉiu tago pligravigis ilian situacion. Ili ne trovis sekuran lokon, neniun rifuĝejon. Ĉiu paŝo, kiun ili faris, kondukis ilin pli profunde en mondon de teruro kaj malespero.

Ili esperis trovi rifuĝon en unu el la najbaraj vilaĝoj, sed ĉie ili estis forpuŝitaj aŭ ignoritaj. La homoj, kiuj iam estis amikaj najbaroj, nun fermis siajn pordojn kaj fenestrojn, kiam ili vidis la judan familion. Sofia sentis sin kiel fantomo, nevidebla kaj malbonvena, fremdulo en sia propra lando.

En pluva nokto ili atingis alian vilaĝon, sed antaŭ ol ili povis peti helpon, ili atestis teruran atakon. Grupo de armitaj viroj, kies vizaĝoj estis plenaj de malamo kaj kolero, marŝis tra la vilaĝo. Ili eltiris judajn familiojn el iliaj domoj, batis kaj piedbatis ilin, sen ajna spuro de homeco.

La familio de Sofia kaŝis sin malantaŭ kaduka ŝedo, kun koroj batantaj pro timo. Sofia premis sian manon al la buŝo por ne krii, kiam ŝi vidis junan viron brutale ponarditan. Ŝiaj okuloj pleniĝis de larmoj, sed ŝi ne kuraĝis eligi eĉ sonon.

Kiam la atakantoj foriris, la vilaĝo fariĝis sola bildo de hororo. Domoj brulis, la stratoj estis makulitaj per sango, kaj ĉie oni aŭdis la plorojn de vunditoj kaj plorantaj homoj. La familio de Sofia sciis, ke ili ne povis resti ĉi tie. Ili kolektis siajn lastajn fortojn kaj daŭrigis sian fuĝon.

Tagoj kaj noktoj pasis en senfina ciklo de migrado kaj kaŝado. Manĝaĵo kaj akvo estis malabundaj, kaj la malvarmo de la proksimiĝanta vintro faris la situacion ankoraŭ pli malfacila. Sofia sentis, ke ŝi ĉiutage perdas pli kaj pli el si mem.

Unuvespere, kiam ili trovis rifuĝon en forlasita stalo, ili aŭdis la bruon de hufoj. La patro de Sofia rigardis tra fendo en la lignaĵoj kaj vidis grupon de armitaj rajdantoj alproksimiĝi al la stalo. „Ili estas ĉi tie," li flustris panike. „Ni devas kaŝiĝi."

Ili premis sin en malhelan angulon de la stalo, tremante pro timo. La rajdantoj malsupreniris kaj komencis traserĉi la stalon. Sofia retenis la spiron, ŝiaj okuloj larĝe malfermiĝis pro timo. La minutoj ŝajnis daŭri horojn.

Subite, la pordo de la stalo malfermiĝis, kaj radio de lumo falis sur la familion. Viro kun kruda esprimo sur la vizaĝo eniris. „Kion ni havas ĉi tie?" li diris mokeme. „Kelkajn ratojn, kiuj kaŝiĝas."

La patrino de Sofia firme brakumis ŝin, dum la viroj alproksimiĝis. „Bonvolu, ni nenion faris," petegis ŝia patro. „Lasu nin iri."

La viroj nur ridis. Unu el ili, granda, brutala viro, kaptis la patron de Sofia je la kolumo kaj ĵetis lin teren. „Ĉu vi pensas, ke vi povas eskapi nin, judo?" li mokis. „Ni havas okulojn kaj orelojn ĉie. Viaj similuloj ne povas kaŝi sin."

La sekvaj momentoj estis kirlo de krioj, batoj kaj timo. Sofia sentis, kiel ŝia patrino firme tenas ŝin, ŝiaj larmoj falantaj sur la vangon de Sofia. Tiam ŝi aŭdis laŭtan eksplodon kaj sentis akran doloron en sia ŝultro. Ŝi ekkriis, kaj ĉio ĉirkaŭ ŝi fariĝis nigra.

Kiam Sofia denove malfermis siajn okulojn, ŝi kuŝis en lageto de sango. Ĉirkaŭ ŝi estis la senvivaj korpoj de ŝia familio. Ŝi apenaŭ povis moviĝi, ĉiu spiro estis batalo. Kun la lastaj fortoj, ŝi trenis sin el la stalo en la malvarman nokton.

Sofia ne sciis, kiom longe ŝi kuŝis tie, sed kiam la mateno ekestis, ŝi ekkomprenis, ke ŝi estas sola. Ŝia familio, ŝia hejmo, ŝia tuta mondo estis detruitaj. Ŝi estis rompita knabino, perdita en lando regata de malamo kaj krueleco.

La sekvajn tagojn Sofia pasigis en stato inter konscio kaj deliro. Ŝi nutris sin per tio, kion la naturo ofertis, kaj kaŝis sin de la homoj. Ĉiu tago estis batalo por postvivi, ĉiu spiro triumfo super la morto.

En ĉi tiuj plej mallumaj horoj de sia vivo, Sofia komprenis, kion signifas esti judo en mondo, kiu ŝin malamis kaj malestimis. Ŝi sentis sin kiel ombro, eĥo de pasinta tempo. Tamen, malgraŭ ĉia sufero kaj malĝojo, en ŝi restis flamo, kiu ne estingiĝis — la flamo de espero kaj volo vivi plu. Ĉar meze de la mallumo, tio estis la sola vojo venki la malamon kaj la maljustecon.

Perditaj Vojoj

En la sekvaj tagoj, Sofia vagis sen celo tra la detruita pejzaĝo, pelata de la malespera espero trovi ie ajn sekurecon. Ŝi estis sola, kaj ŝia korpo kaj animo estis egale markitaj de la okazaĵoj de la lastaj tagoj. La memoroj pri ŝia familio estis kiel cikatroj, kiuj ne volis resaniĝi.

La suno senkompate brulis de la ĉielo, kiam Sofia unutage renkontis grupon da rifuĝintoj. Ili estis miksita aro, maljunuloj kaj junuloj, viroj kaj virinoj, ĉiuj markitaj de la sama timo kaj sufero.

Inter ili estis pli aĝa virino nomata Miriam, kiu prenis la manon de Sofia kaj kondukis ŝin al sia eta grupo.

„De kie vi venas, infano?" demandis Miriam per milda voĉo, dum ŝi donis al Sofia iom da pano kaj akvo. Sofia hezite rakontis pri sia vilaĝo, pri sia familio kaj pri la teruraĵoj, kiujn ŝi travivis. Miriam aŭskultis, ŝiaj okuloj plenaj de kompato kaj malĝojo.

„Ni ĉiuj ĉi tie spertis similajn aferojn," diris Miriam mallaŭte. „Ni estas fuĝantoj, sen celo, nur pelataj de la espero trovi ie iom da paco."

En la sekvaj tagoj, Sofia kaj la grupo daŭrigis sian vojon kune. Ili rakontis siajn rakontojn, dividis sian suferon kaj siajn esperojn. Malgraŭ la teruraĵoj, kiujn ili ĉiuj travivis, Sofia trovis konsolon en ĉi tiu komunumo de perdituloj.

Unu tagon ili atingis pli grandan urbon. La stratoj estis plenaj de homoj, bruo kaj fetoro. Sofia sentis miksaĵon de timo kaj scivolemo, kiam ili marŝis tra la stratetoj. Ĉie ŝi vidis spurojn de detruo: frakasitaj fenestroj, bruligitaj domoj, muroj kovritaj de grafitioj insultantaj la judojn.

En la urbo regis kaoso, kiun Sofia neniam antaŭe spertis. Ĉie estis soldatoj, kaj la streĉo en la aero estis preskaŭ palpebla. Sofia kaj ŝiaj akompanantoj serĉis rifuĝon en forlasita konstruaĵo ĉe la rando de la urbo.

Dum la unua nokto en la urbo, ilin vekis krioj kaj eksplodoj ekster la konstruaĵo. Sofia kuŝis en angulo, kunpremita kaj tremanta. Ŝi sentis sin senpova kaj timigita, dum la bildoj de la pasintaj tagoj senĉese turmentis ŝin.

La sekvan tagon, Miriam kaj kelkaj aliaj decidis serĉi helpon en la urbo. Sofia ne volis resti sola kaj aliĝis al ili. Sed kion ili trovis, ne estis la esperata helpo, sed bildo de teruro.

Sur unu el la placoj de la urbo, pluraj judaj viroj kaj virinoj estis publike mistraktataj. La amaso jubilis, dum la viktimoj estis batataj, piedbatataj kaj humiliataj. Sofia staris senmova, ŝia vizaĝo malsekiĝis de larmoj. En tiu momento, ŝi komprenis la plenan kruelecon kaj amplekson de la malamo, kiu trafis ŝian popolon.

Reveninte al la rifuĝejo, Sofia ne povis plu paroli. Ŝi nur sidis, rigardante en la malplenaĵon, provante kompreni tion, kion ŝi vidis. Miriam sidiĝis apud ŝi kaj ĉirkaŭbrakis ŝin. „Ni devas esti fortaj, Sofia," ŝi diris mallaŭte. „Por tiuj, kiuj ne plu estas kun ni, kaj por tiuj, kiuj ankoraŭ havas esperon."

En la sekvaj tagoj, Sofia kaj la aliaj provis postvivi en la urbo laŭeble. Ili kaŝiĝis tage kaj serĉis manĝaĵon kaj akvon nokte. Ĉiu tago estis batalo, ĉiu paŝo estis risko.

Sed malgraŭ ĉiuj danĝeroj kaj teruroj, Sofia trovis en tiu tempo ankaŭ momentojn de homeco kaj kompato. Ŝi helpis etan knabon, kiu perdiĝis, kaj virino donis al ŝi iom da manĝaĵo, kiam ŝi vidis, kiel malsata Sofia estis.

Tiuj malgrandaj gestoj de boneco estis kiel radioj de lumo en la mallumo, memorante al Sofia, ke ne ĉiu espero estis perdita. Ili donis al ŝi la forton pluiri, plu batali, plu esperi. Malgraŭ ĉio, kion ŝi perdis, malgraŭ la teruraĵoj, kiujn ŝi vidis, Sofia trovis en si mem forton, kiun ŝi neniam supozis havi.

„Perditaj vojoj," ŝi pensis, „eble tamen kondukas ien. Al loko, kie la sufero finiĝas kaj la vivo povas denove komenciĝi." Kun tiu kredo kaj la memoro pri sia familio en la koro, Sofia paŝis tra la ruinoj de la urbo, viva atesto de la volo postvivi de turmentita popolo.

Nova Mateno

Sofia staris antaŭ la eta, simpla spegulo en la modesta ĉambro, kiu markis la komencon de ŝia nova vivo. La vasta urba pejzaĝo, kiu iam ŝajnis al ŝi fremda kaj minaca, nun ofertis al ŝi protekton sub siaj larĝaj flugiloj. Ŝi trovis sian lokon en loka bakejo, rifuĝejo, kie ŝia diligento kaj akra inteligento povis flori.

En la bakejo, la vivo disvolviĝis kun rigora ritmo, kaj ĉiu labortago estis provo de eltenemo. Tamen, Sofia akceptis ĉi tiun penon kun silenta, profunda dankemo. Ĉiu bakita pano, ĉiu milda interŝanĝo kun kliento, sentiĝis kiel rekunigo de la disŝiritaj fadenoj de ŝia ekzisto.

Unu trankvila mateno, meze de la zumo de la fornoj kaj la dolĉa aromo de leviĝantaj bulkoj, maljuna virino eniris la bakejon. Ŝia staturo estis markita de la jaroj, sed ŝiaj okuloj konservis briladon de netuŝita forto. Sofia, kun la gracio, kiun ŝi al ĉiuj ofertis, invitis la virinon sidiĝi.

"Ĉu vi estas Sofia?" La voĉo de la virino tremis kun intensa forto. Kapjeso estis la silenta respondo de Sofia. "Mi venas kun novaĵo pri viaj karuloj."

La aero ŝajnis maldensiĝi ĉirkaŭ Sofia. "Mia familio?" La flustro apenaŭ estis aŭdebla, fadeno de sono en la varmo de la bakejo.

"Jes," konfirmis la virino, ŝia rigardo neŝancelebla. "La pogromo ... ne estis pluvivantoj. Mi tre bedaŭras."

Sofia sentis, kiel la ĉambro ekturniĝis, ŝia koro fariĝis abismo de doloro. La malgranda espero, kiun ŝi nutris, ke eble kelkaj evitis la perforton, estingiĝis. La mano de la virino trovis ŝian, savŝnuro en la turbulo de ŝia malĝojo.

Tagoj fariĝis semajnoj, kaj en la ripetado de sia laboro, Sofia trovis kvietan specon de konsolo, ritmon, kiu tenis la ĉirkaŭantan mallumon je distanco.

En ĉi tiu kadro de simplaj rutinoj kaj silenta forto, la semo de maltrankvila penso ekradikis. "Mi ne povas resti," ŝi flustris unu nokton al sia spegulbildo. "Ĉi tie por mi jam nenio restas. Estas tempo serĉi la promeson de nova mateno."

Kun decido, kiu neis la internan tumulton, Sofia akceptis la ideon de Ameriko - lando, kiu por multaj estis lumturo de espero kaj ŝanco.

Navigi la vojon al elmigrado estis herakla entrepreno - atesto pri la necedema spirito de Sofia. Ŝi disiĝis de la malmultaj havaĵoj, kiuj ligis ŝin al pasinteco nun enterigita en malĝojo, kaj ŝi kolektis la modestajn rimedojn necesajn por la vojaĝo.

La tago de la foriro estis saturita de sento de nereala finofareco. Sur la rando de la vasta oceano, sur la ŝipo, kiu devis fariĝi ŝia arkeo al la nekonato, Sofia lastfoje rigardis reen al la malproksimiĝanta marbordo. Rememoroj, dolĉaj kaj amaraj, superfluis - la vivo, kiun ŝi iam konis, la familio, kiun ŝi amis, ĉio nun estis ombroj malantaŭ ŝi.

Dum la ŝipo ekvelis al la lazura vasto, Sofia sentis la ĝermadon de fragila espero. Kun la okuloj firme direktitaj al la horizonto, ŝi imagis la novan vivon, kiu atendis ŝin, ĝiajn defiojn, ĝiajn eblecojn. En la silenta kunuleco kun la maro, ŝi rememoris sian perditan familion, la oferojn faritajn, la amon divivitan.

"Nova mateno," ŝi flustris al la vento, mantro por la vojaĝo de ŝia animo. Rideto, hardita de pasinta doloro sed eltenema pro nova trovita celo, aperis sur ŝiaj lipoj. Sofia, meze de la ondoj de ŝanĝo, direktis sin al la brakumo de nova mondo, ŝia koro batante laŭ la ritmo de komencoj ankoraŭ por esti malkovritaj.

Maroko kaj Irano

En la 19-a jarcento, la judaj komunumoj en Maroko kaj Irano travivis unu el la plej malhelaj periodoj de sia historio. Dum ĉi tiu tempo, ili suferis multajn pogromojn, persekutojn kaj diskriminaciojn, kiuj havis profundajn efikojn sur ilia ĉiutaga vivo kaj kultura heredaĵo.

En Maroko, precipe en urboj kiel Marakeŝo kaj Tetuano, la judoj estis konstante en malplimulta pozicio. Malgraŭ ilia longjara ĉeesto en la regiono kaj ilia kontribuo al la loka kulturo kaj ekonomio, ili ofte estis rigardataj kiel eksteruloj. Ĉi tiu ekskludo ne nur estis socia, sed ankaŭ manifestiĝis per fizika perforto. Pogromoj, ofte spontanaj kaj neplanitaj atakoj kontraŭ la juda komunumo, estis brutalaj kaj lasis multajn mortintojn kaj vunditojn. Ili estis karakterizitaj per la detruo de judaj vendejoj, domoj kaj sinagogoj. Multaj el tiuj atakoj estis kaŭzitaj de onidiroj aŭ falsaj akuzoj kaj estis rekta rezulto de la superrega antisemitismo en la socio.

En Irano, precipe en la urbo Ŝirazo, okazis similaj abomenaĵoj kontraŭ la juda loĝantaro. Tie, kiel en Maroko, la judoj estis historia, sed marĝenigita komunumo. Ili suferis pro diskriminaj leĝoj, kiuj limigis ilian movliberecon, profesian elekton kaj eĉ ilian vestmanieron. La fizika perforto, kiun ili spertis, ofte estis rezulto de profunde enradikiĝintaj antaŭjuĝoj kaj miskomprenoj pri la juda kulturo kaj religio.

Resume, la 19-a jarcento estis periodo de sufero, timo kaj perdo por la judaj komunumoj en Maroko kaj Irano. La konstanta minaco kaj la realaj atakoj, kiujn ili spertis, lasis profundajn cikatrojn en ilia kolektiva memoro. Tiuj traŭmaj spertoj formis ilian historion kaj estas atesto pri la teruro, kiun diskriminacio kaj malamo povas kaŭzi.

Ombroj super Marakeŝo

Pacaj tagoj en Marakeŝo

En la mallarĝaj, viglaj stratetoj de Marakeŝo, kie la odoro de spicoj kaj la bruo de la bazaro plenigis la aeron, vivis David, juna juda komercisto. Lia eta butiko, heredaĵo de lia patro, estis konata pro siaj fajnegaj ŝtofoj kaj spicoj. David, kun siaj akre observantaj okuloj kaj amika rideto, estis same populara inter la lokanoj kaj la malmultaj vojaĝantoj, kiuj vizitis lian vendejon.

La juda komunumo en Marakeŝo estis kvazaŭ aparta mondo. Markita de profundaj tradicioj kaj forta komunumspirito, ili vivis en relativa harmonio kun siaj islamaj najbaroj. La familio de David estis profunde enradikiĝinta en ĉi tiu komunumo. Lia patrino, Sara, decidema virino kun milda voĉo, prizorgis la hejmon kun amo kaj aktive partoprenis en la komunumvivo. Lia patro, Samuel, estis estimata viro, ofte serĉata en la sinagogo pro sia saĝo kaj konsiloj.

Malgraŭ la ŝajna trankvilo, sub la surfaco de la komunumo ekzistis neeldirita streĉiteco. Onidiroj pri tumultoj kaj kreskanta malamikeco kontraŭ la judoj maltrankviligis Davidon. Iun tagon, dum li fermis sian butikon, eniris lia amiko Jusefo, islama komercisto. "David, ĉu vi aŭdis pri la onidiroj en la urbo?" li demandis maltrankvile.

"Jes, Jusefo, tio maltrankviligas min," respondis David. "Sed mi esperas, ke temas nur pri onidiroj. Ni jam de generacioj vivas ĉi tie en paco."

"Mi ankaŭ tion esperas, mia amiko. Sed la tempoj ŝanĝiĝas. Estas homoj, kiuj volas semi malpacon," diris Jusefo penseme.

La tagoj pasis, kaj la streĉitecoj en Marakeŝo pliiĝis. David provis daŭrigi sian normalan vivon, sed la zorgo pri sia familio kaj la komunumo ne forlasis lin. Li rimarkis, kiel la rigardoj de siaj ne-judaj klientoj ŝanĝiĝis – de amika intereso al malfidema distanco.

Iun vesperon, dum li iris hejmen tra la stratoj, li aŭdis kolerajn voĉojn. Grupo da viroj varme diskutis pri la "juda demando." Unu el ili, viro kun laŭta voĉo kaj sovaĝaj gestoj, kriis: "Ili kontrolas la komercon! Ili prenas niajn laborojn! Ni devas fari ion kontraŭ tio!"

David rapidigis siajn paŝojn kaj haste iris hejmen. Lia koro batis pli rapide. La timo, kiun li ĝis nun sentis nur flanke, nun fariĝis subprema realo. Kiam li alvenis hejmen, li trovis sian patrinon en la kuirejo. "David, kio okazas? Vi aspektas tiel zorgoplena," ŝi demandis.

"Panjo, mi kredas, ke malfacilaj tempoj atendas nin," diris David serioze. "Mi aŭdis virojn paroli. Estas homoj, kiuj ne volas nin ĉi tie."

La vizaĝo de Sara malmoliĝis. "Ni jam travivis pli malbonajn aferojn, mia filo. Ni ankaŭ superos ĉi tion," ŝi diris per voĉo, kiu esprimis samtempe fidon kaj profundan zorgon.

En la sekvaj tagoj, David provis daŭrigi sian vivon kiel kutime, sed la atmosfero en Marakeŝo ŝanĝiĝis. La stratoj, iam plenaj de rido kaj vigleco, nun estis plenaj de sentebla streĉo. La juda komunumo ĉiam pli retiriĝis, kaj la sinagogo fariĝis renkontiĝejo por zorgoplenaj konversacioj kaj planoj por la necerteca estonteco.

Iun vesperon, kiam David estis fermonta la butikon, eniris malnova konato, Raŝido. La vizaĝo de Raŝido estis serioza, kaj en liaj okuloj videblis esprimo de zorgo kaj kompato. "David, vi devas esti singarda. Estas planoj por atakoj kontraŭ la judaj kvartaloj. Vi estas en danĝero," li avertis.

Tiuj vortoj frapis Davidon kiel bato. La minacaj onidiroj transformiĝis en realan minacon. Li dankis Raŝidon pro la averto kaj haste iris hejmen por informi sian familion. Ili devis fari decidojn, kaj rapide.

La nokto falis, kaj en la koroj de David kaj lia familio regis profunda maltrankvilo. Ili sciis, ke la venontaj tagoj povus por ĉiam ŝanĝi ilian mondon. La paca vivo, kiun ili konis, staris ĉe la rando de abismo, kaj la mallumo de la venontaj eventoj jam ĵetis siajn ombrojn.

La ekapero de la malbono

En la fruaj matenhoroj, kiam la unuaj sunradioj orumis la pintojn de la moskeoj en Marakeŝo, la urbo ankoraŭ estis droninta en profunda dormo. Sed en la domo de David jam estis vigla agado. La averto de lia amiko Raŝido alarmis la familion. David, liaj gepatroj, kaj lia pli juna fratino Lea, kiu kun grandaj, timoplenaj okuloj rigardis de unu al la alia, diskutis febre pri la sekvaj paŝoj.

„Ni devas foriri de ĉi tie, kaj rapide," diris Samuel, kun vizaĝo streĉita de zorgo. „Mi aŭdis pri sekura loko ekster la urbo, kie ni povus trovi rifuĝon."

Sara kapjesis konsente, dum ŝi pakis kelkajn manĝaĵojn kaj vestaĵojn en sakon. „Sed kio pri nia domo? Nia butiko? Ni ne povas simple lasi ĉion malantaŭ ni," ŝi pridemandis.

„Nia vivo estas pli grava ol posedaĵoj," respondis Samuel per firma voĉo.

Dum ili haste kolektis siajn malmultajn havaĵojn, ili subite aŭdis laŭtajn kriojn kaj la sonon de rompiĝanta vitro de ekstere. David rapidis al la fenestro kaj ekrigardis. Kolera homamaso jam kolektiĝis, kaj ŝtonoj flugis tra la aero. „Ili estas ĉi tie!" li kriis timigite.

La familio kuris al la malantaŭa pordo. Ekstere la kaoso jam eksplodis. Ĉie aŭdiĝis krioj, kaj fumnuboj leviĝis al la ĉielo. Dum ili rapidis tra la mallarĝaj stratetoj, ili vidis siajn najbarojn mistraktataj. Viroj estis batataj, virinoj puŝataj, kaj infanoj kriis pro timo.

En flanka strateto ili trovis maljunan viron kuŝantan sur la tero, ĉirkaŭita de grupo de junaj viroj, kiuj lin mokis kaj piedbatis. David volis interveni, sed lia patro retenis lin. „Ni ne povas helpi lin, filo. Ni devas savi nin mem," li diris per voĉo sufokita de larmoj.

Ili kuris plu, preter brulantaj domoj kaj butikoj, kies flamoj ruĝigis la ĉielon. La odoro de fumo kaj la krioj de malespero plenigis la aeron. La scenaro estis apokalipsa, kvazaŭ el terura koŝmaro.

Fine ili atingis la urbpordegon. Malantaŭ si ili lasis la kaoson kaj detruon, sed la timo restis kun ili. Ili sciis, ke la vivo, kiun ili konis, estis por ĉiam perdita. Ilia hejmo, ilia komunumo, iliaj revoj – ĉio estis detruita en kelkaj horoj.

Dum sia fuĝo, ili renkontis aliajn judojn, kiuj estis same malesperaj kaj timigitaj. Ĉiu portis sur sia vizaĝo la spurojn de perforto kaj teruro. Kelkaj estis vunditaj, aliaj ploris pri perditaj familianoj. Ili ĉiuj dividis la saman sorton – elpelitaj, ĉasataj, kaj persekutataj.

Post horoj de elĉerpa vagado, interrompita de kaŝitaj paŭzoj por eviti malkovron, ili atingis izolitan bienon. La posedanto, malnova konato de Samuel, donis al ili rifuĝon en sia stokejo.

„Vi estas sekuraj ĉi tie," diris la farmisto kun malĝoja mieno. „Sed mi ne scias, kiom longe mi povos kaŝi vin. La etoso en la lando estas kontraŭ vi."

En la stokejo, ĉirkaŭitaj de pajlo kaj la odoro de brutaro, la familio sidis kune, proksime kunpremita. Ili estis elĉerpitaj, timigitaj, kaj necertaj pri sia estonteco.

„Kio nun okazos al ni?" flustris Lea kun larmoj en la okuloj.

„Ni devos pluiri," diris David penseme. „Eble al alia lando, kie ni povos vivi en paco."

„Sed ni releviĝos," aldonis Sara, ŝia voĉo tremanta sed decidema. „Ni estas forta popolo. Ni jam superis multajn ŝtormojn."

La nokto estis longa kaj maltrankvila. Ĉiu sono igis ilin eksalti, konstante timante esti malkovritaj. En ĉi tiuj mallumaj horoj de malespero, la familio restis kune, subtenata de espero pri pli bona morgaŭo, sed plagita de la cikatroj de nokto plena de teruro kaj malĝojo.

Ĉi tio estis nur la komenco de longa, dolora vojaĝo, kiu ankoraŭ estis antaŭ ili. Sed meze de la mallumo, ankoraŭ restis fajrero de espero en iliaj koroj – la espero pri libereco, sekureco, kaj nova hejmo, malproksime de malamo kaj persekuto.

Tagoj de teruro

La suno ĵus leviĝis kiam David kaj lia familio elŝteliĝis el la stokejo de la afabla farmisto. Iliaj vizaĝoj montris la signojn de sendorma nokto: ruĝaj, ŝvelintaj okuloj kaj korpoj markitaj de laco kaj timo. Ili apenaŭ fermis okulojn, ĉar la memoroj pri la abomenaĵoj de la antaŭa tago persekutis ilin eĉ dumdorme.

„Ni ne povas resti ĉi tie plu,” mallaŭte murmuris Samuel. „Estas nur demando de tempo ĝis ili trovos nin.” Li rigardis en la timoplenajn vizaĝojn de sia familio. „Ni devas pluiri. Estas onidiroj pri kampadejo pli sude, kie ni povus trovi rifuĝon.”

Sara kapjesis, kvankam zorgo klare brilis en ŝiaj okuloj. „Ĉie ajn estas pli sekure ol ĉi tie,” ŝi konsentis.

La eta grupo ekiris, forlase kaj perdite en lando, kiu iam estis ilia hejmo. Survoje ili preterpasis vilaĝojn kaj urbojn, kies loĝantoj aŭ rigardis ilin malamike aŭ tute ignoris ilin. Foje ili renkontis aliajn fuĝantajn judojn, kiuj aspektis same teruritaj kaj malesperaj. La rakontoj, kiujn ili aŭdis, estis ŝokaj: pri familioj disŝiritaj, infanoj, kiuj perdis siajn gepatrojn, pri kruda perforto kaj neimagebla sufero.

Malfrue posttagmeze, ili alvenis al eta vilaĝo, kie ili renkontis grupon da judoj kaŝantaj en forlasita stokejo. La streĉo kaj timo en la aero estis preskaŭ palpeblaj dum ili interŝanĝis siajn rakontojn.

„Ili detruis mian tutan butikon,” rakontis maljuna viro, kies manoj tremis dum li parolis. „Ĉio, kion mi konstruis dum mia tuta vivo, estis bruligita en unu nokto.”

Juna virino tenis etan infanon en siaj brakoj, kiu ŝajnis silenta kaj indiferenta. „Mia edzo… ili mortigis lin antaŭ miaj okuloj,” ŝi flustris kun larmoj en la okuloj. „Mi ne scias, kiel pluiri.”

David sentis, kiel lia koro peziĝis pro ĉi tiuj vortoj. La doloro kaj malespero de tiuj homoj spegulis liajn proprajn timojn. Li pensis pri sia hejmo, pri sia antaŭa vivo en Marakeŝo, kiu nun kuŝis en ruinoj.

La nokto falis, kaj la grupo kunvenis por pripensi, kion fari poste. „Ni ne povas resti ĉi tie,” diris Samuel decide. „Ni devas pluiri suden, al la montoj. Tie ni estos pli sekuraj.”

„Sed la vojo tien estas danĝera,” avertis alia viro. „La vojoj estas plenaj de rabistoj kaj soldatoj. Ili ĉasas nin.”

„Estas nia sola ŝanco," diris David. „Ni ne povas rezigni. Ne nun."

La sekvan matenon ili ekiris, longa kolono de viroj, virinoj, kaj infanoj, kiuj lasis ĉion malantaŭ si. La marŝo estis malfacila kaj danĝera. Ili devis esti konstante atentaj por ne esti malkovritaj. Ili transiris montojn kaj vadis riverojn, ĉiam pelataj de la espero trovi ie sekuran rifuĝon.

Iutage, dum ili marŝis tra dense kreskinta areo, ili subite estis atakitaj de grupo da armitaj viroj. „Rabistoj!" iu kriis, kaj paniko ekestis. La homoj kuris en ĉiujn direktojn, kriante kaj faletante unu sur la alia. David vidis, kiel viro estis frapita al la tero, kaj kiel virino malespere provis protekti siajn infanojn. Li mem estis ĵetita al la tero kaj sentis, kiel iu kaptis lian sakon.

Kiam la rabistoj malaperis, ili lasis post si bildon de detruo. Kelkaj el la fuĝantoj estis vunditaj, aliaj kuŝis senmove sur la tero. David leviĝis malrapide, lia korpo doloris, kaj li samtempe sentis sin senhelpa kaj kolera.

„Ni devas pluiri," diris Samuel per laca voĉo. „Ni ne havas alian elekton."

Ili daŭrigis sian vojon, markitaj de la bruteco kaj perdo, kiujn ili spertis. Sed meze de ĉi tiu tuta mallumo, ankoraŭ restis fajrero de espero, kiu brulis en iliaj koroj – la espero pri libereco, pri sekureco, kaj pri nova hejmo, malproksime de malamo kaj persekuto.

Serĉado de rifuĝo

Kiam la tagiĝo komenciĝis, David kaj lia familio ekiris siajn unuajn paŝojn sur la danĝera vojo. Marakeŝo, iam loko de paco kaj komunumo, nun estis nur fora memoro, envolvita en fumo kaj doloro. Ili ne sciis, kio atendas ilin, sed la penso pri tio, kion ili lasis malantaŭ si, pelis ilin antaŭen.

La grupo, konsistanta el David, lia familio, kaj kelkaj aliaj postvivantoj, komencis la penigan vojon tra malebena tereno, trans montojn kaj tra arbaroj. Ili evitis la ĉefajn vojojn kaj urbojn pro timo de pluaj atakoj kaj la kruela perforto, kiun ili jam spertis. Ilia manĝaĵo estis malabunda, kaj ili vivtenis sin per tio, kion ili povis trovi survoje.

„Ni sukcesos," diris David unuvespere, kiam ili kunvenis ĉirkaŭ eta fajro. „Ni nur devas resti kune."

Liaj vortoj estis malforta konsolo por la lacaj kaj elĉerpitaj vojaĝantoj, sed ili firme tenis sin al ĉiu eta fajrero de espero.

En la venontaj tagoj, ili renkontis aliajn rifuĝintojn – judojn, kiuj spertis similajn sortojn. Ili interŝanĝis rakontojn pri perdo kaj sufero, sed ankaŭ pri kuraĝo kaj decidemo.

Iun tagon ili renkontis pli aĝan virinon nomatan Ester, kiu vojaĝis sola. „Ili detruis mian vilaĝon," ŝi rakontis kun larmoplenaj okuloj. „Mia tuta familio estas for. Mi ne scias, kie ili estas aŭ ĉu ili ankoraŭ vivas."

Ŝiaj vortoj tuŝis la korojn de ĉiuj ĉeestantoj. Ĉiu el ili portis siajn proprajn vundojn, sed en tiu momento ili sentis sin pli proksimaj unu al la alia ol iam ajn antaŭe.

La vojaĝo daŭris, tagon post tago, semajnon post semajno. Ili transiris sekajn riverujojn kaj dezertajn pejzaĝojn, ĉiam esperante atingi sekuran celon. Sed la necerteco kaj konstanta timo akompanis ilin ĉe ĉiu paŝo.

Iun nokton, kiam ili serĉis rifuĝon en forlasita kabano, ili aŭdis la malproksiman ululadon de lupoj – malbonŝanca signo, kiu nur plifortigis iliajn timojn.

„Kion ni faros, se ni nenie trovos rifuĝon?" mallaŭte demandis Lea, la pli juna fratino de David.

„Ni devas pluiri suden," respondis David decide. „Estas onidiroj pri kampadejo, rifuĝejo por judoj kiel ni. Ni nur devas resti fortaj kaj daŭrigi."

Liaj vortoj donis al ili novan forton, kaj la sekvan matenon ili denove ekiris, pelataj de la espero pri pli bona vivo.

Dum sia vojaĝo ili renkontis aliajn vojaĝantojn, iuj amikaj, iuj malamikecaj. Ili travivis momentojn de boneco, kiam nekonataj vilaĝanoj donis al ili manĝaĵon kaj akvon, sed ankaŭ momentojn de malespero, kiam ili estis minacataj de armitaj bandoj.

Iun tagon, kiam ili transiris ŝtonan pasejon, ili estis surprizitaj de grupo da armitaj viroj. „Rabistoj!" kriis iu, kaj en momento ekis kaoso. David kaj la aliaj defendis sin tiel bone kiel ili povis, sed la atakantoj estis tro fortaj.

Kiam la rabistoj malaperis, du el iliaj kunuloj kuŝis senmove sur la tero. Larmoj kaj krioj de doloro plenigis la aeron dum ili enterigis la mortintojn. La perdo estis plia peza bato por iliaj rompitaj koroj.

„Ni ne rajtas perdi la esperon," diris David, lia voĉo tremanta pro emocio. „Pro ili kaj pro ĉiuj, kiujn ni perdis, ni devas daŭrigi."

En la sekvaj semajnoj, ili fine atingis la longe atenditan kampadejon. Ĝi estis rifuĝejo, plena de tendoj kaj provizoraj loĝejoj, ĉirkaŭata de aliaj judoj, kiuj spertis similajn sortojn.

Kvankam la kampadejo estis malriĉa kaj superplena, ĝi estis loko de sekureco kaj komunumo. Tie ili trovis konsolon en sia kredo kaj en la proksimeco de aliaj, kiuj dividis ilian suferon.

David kaj lia familio aranĝis sin en eta tendo, dankemaj pro la rifuĝo, kiun ili trovis. Malgraŭ la malfacilaj kondiĉoj, ili sentis sin pli sekuraj ol sur la vojo.

„Ĉi tie ni povas komenci denove," diris David unuvespere al sia familio. „Ni multe perdis, sed ni estas vivantaj. Kaj dum ni spiras, ekzistas espero."

Liaj vortoj resonis en la koroj de lia familio. Ili sciis, ke la vojo estos ankoraŭ longa kaj malfacila, sed ili estis pretaj marŝi ĝin kune, subtenataj de la espero pri pli bona morgaŭo.

Nova komenco en fremda lando

Post monatoj de malriĉeco kaj sufero, akompanataj de necerteca vojaĝo, David kaj lia familio finfine atingis sekuran landon. Ili estis malproksime de sia hejmlando, ĉirkaŭitaj de fremdaj vizaĝoj kaj nekonataj lingvoj. Tamen en siaj koroj ili portis neestingeblan esperon konstrui novan vivon sur la ruinoj de la malnova.

Ili alvenis en malgrandan urbon, konatan pro sia bonveniga sinteno al rifuĝintoj. La konstruaĵoj estis malsamaj ol en Marakeŝo, la stratoj estis plenaj de nekonataj odoroj kaj sonoj. Estis loko, kiu samtempe fascinis kaj timigis.

„Estos bezonata tempo por enloĝiĝi ĉi tie," diris la patro de David, dum ili promenis tra la mallarĝaj stratetoj de la urbo. „Sed ni sukcesos. Ni jam travivis pli malbonajn aferojn."

La unuaj tagoj estis defio. Ĉio estis nova kaj nekutima – la lingvo, la manĝaĵoj, la kutimoj. David kaj lia familio strebis adaptiĝi, sed ofte ili sentis sin perditaj kaj izolitaj.

David trovis laboron en eta metiejo, kie li lernis metiajn kapablojn. La laboro estis malfacila kaj la salajro malalta, sed li estis dankema pro ĉiu ŝanco helpi sian familion. Lia patrino kaj fratino trovis laboron en loka komunuma centro, kiu prizorgis aliajn rifuĝintojn.

Vespere ili revenis hejmen elĉerpitaj, sed kontentaj, ĝojante pri la malgrandaj progresoj, kiujn ili faris ĉiutage.

En la urbo ili renkontis aliajn judojn, kiuj spertis similajn sortojn. Ili interŝanĝis rakontojn kaj trovis konsolon en la komunumo. Dum Ŝabato ili kunvenis en eta sinagogo, kiu rememorigis ilin pri la vivo, kiun ili lasis malantaŭ si.

„Ĉi tie ni povas daŭrigi niajn tradiciojn," diris pli aĝa viro nomata Benjamin, kiu fariĝis grava subteno en la komunumo. „Nia kulturo kaj nia kredo estas tio, kio nin kuntenas, eĉ en ĉi tiuj malfacilaj tempoj."

David lernis la lingvon de la nova lando kaj komencis senti sin pli kaj pli kiel parto de la komunumo. Li helpis aliajn rifuĝintojn enloĝiĝi kaj trovis ĝojon en helpado al aliaj, kiel oni helpis lin.

Kun la tempo, la vundoj de la pasinteco komencis malrapide resaniĝi. La memoroj pri la perdoj kaj la sufero ankoraŭ ĉeestis, sed ili estis akompanataj de novaj esperoj kaj revoj.

David kaj lia familio aranĝis etan hejmon, modesta sed plena de amo kaj varmo. Ili konatiĝis kun novaj amikoj kaj trovis ĝojon en malgrandaj aferoj – komuna vespermanĝo, promenado en la parko, rido inter amikoj.

„Rigardu, kiom malproksimen ni venis," diris Lea, la fratino de David, unu tagon, kiam ili sidis kune sur la urboplaco. „Ni perdis tiom multe, sed ĉi tie ni ankaŭ trovis ion – novan vivon, novan esperon."

David kapjesis. „Jes, ni faris longan vojon. Sed mi kredas, ke la plej malbona estas malantaŭ ni. Nun komenciĝas nova ĉapitro en nia vivo."

Ili rigardis la viglajn stratojn, la homojn, kiuj preterpasis ilin, ĉiu kun sia propra historio. Ili ne plu sentis sin tiel perditaj, tiel fremdaj. En tiu momento, meze de la bruo de nekonata urbo, ili finfine sentis sin denove hejme.

La jaroj pasis, kaj David kaj lia familio konstruis novan vivon. Ili superis malfacilaĵojn kaj defiojn, sed ilia decidemo kaj kredo restis neŝanceleblaj.

David fariĝis respektata membro de la komunumo, konata pro sia afableco kaj helpemo. Lia familio kreskis, kaj ili edukis siajn infanojn laŭ la tradicioj kaj valoroj, kiuj estis tiel gravaj por ili.

En la kvietaj momentoj, kiam David estis sola, li ofte rememoris la pasintecon – la stratojn de Marakeŝo, la amikojn kaj parencojn, kiujn ili perdis. Tamen tiuj memoroj ne plu estis nur markitaj de doloro kaj malĝojo. Ili estis ankaŭ signo de la forto kaj kuraĝo, kiuj gvidis ilin tra la plej malhelaj tempoj de iliaj vivoj.

„Ni spertis tiom multe," li diris unuvespere al sia familio. „Sed ni sukcesis. Ni konstruis novan vivon, vivon plenan de espero kaj amo. Kaj pro tio mi estas dankema."

Kaj tiel David kaj lia familio vivis, ĉirkaŭitaj de novaj amikoj kaj memoroj, fortigitaj de la spertoj, kiuj formis ilin. En mondo, kiu iam ŝajnis tiel fremda, ili trovis lokon, kiun ili povis nomi hejmo. Nova komenco, formita de la pasinteco, sed kun rigardo al esperplena estonteco.

En la Otomana Imperio

En la malfrua 19-a kaj frua 20-a jarcentoj, la Otomana Imperio estis en fazo de ŝanĝiĝo kaj modernigo. Kvankam la imperio tradicie estis konata pro sia relativa religia toleremo, la judaj komunumoj tamen spertis periodojn de diskriminacio kaj teroro dum tiu epoko.

Dhimmia statuso: Judoj, same kiel kristanoj, estis klasifikitaj en la Otomana Imperio kiel "dhimmi" – termino por ne-islamanoj sub islama regado. Kvankam tiu statuso donis al ili certajn protektojn, ĝi ankaŭ alportis multajn limigojn kaj malpli altan socian statuson. Ili devis pagi specialajn impostojn kaj havis limigitajn jurajn rajtojn kompare al islamaj civitanoj.

Diskriminacio: Malgraŭ la ofte pli tolerema sinteno kompare al Eŭropo, judoj en la Otomana Imperio regule alfrontis diskriminacion. Tio inkluzivis limigojn en la profesia vivo kaj arbitrajn impostpostulojn. Ili ofte loĝis en apartaj kvartaloj, kiuj provizis samtempe protekton kaj socian izolitecon.

Ekbrilo de perforto: Dum periodoj de politika kaj ekonomia malstabileco, perfortaj atakoj kontraŭ judaj komunumoj ofte eksplodis. Tiuj pogromoj estis kutime spontanaj, brutalaj, kaj rezultigis perdojn de homaj vivoj, detruon de posedaĵoj, kaj profundan senton de nesekureco inter la judaj komunumoj.

Sekvoj: La spertoj de diskriminacio kaj perforto ofte instigis migradon aŭ deziron transloĝiĝi al pli sekuraj regionoj. Tio markis la historiojn de multaj judaj familioj, kiuj estis devigitaj forlasi siajn hejmojn kaj rekonstrui siajn vivojn aliloke.

Ombra Vivo

La Dhimmioj

La mondo de Hannah estis malgranda, otomana urbo, ĉirkaŭata de mildaj montetoj, trapasata de malvastaj stratetoj, kie la vivo fluadis en kvieta, preskaŭ ritma takto. Tie, kie la profunda bluo de la ĉielo kuniĝis kun la varmaj koloroj de la tero, kreskis Hannah, juda knabino kun viglaj okuloj kaj afabla rideto. Ŝia infanaĝo estis formata de la sonoj de multkultura kunvivado – la alvoko de la muedzino, kiu intermiksiĝis kun la hebreaj preĝoj de ŝia familio.

Ŝia patro, Levi, estis respektata komercisto, konata pro sia saĝo kaj justeco. Ŝia patrino, Esther, mildanima virino, prizorgis la familion kaj regis la hejmon per kvieta mano. Hannah havis du fratojn, Samuel kaj Joseph, kiuj ambaŭ elstaris en la sinagogo kaj lernejo.

En la mondo de Hannah, islamanoj, kristanoj, kaj judoj vivis pordo ĉe pordo, atestante pri la otomana toleremo. La infanoj ludis kune sur la stratoj, sendepende de sia religio. Komercoj estis farataj inter homoj de diversaj kredoj, kaj ŝajnis, ke la komunumo vivis en harmonio.

Sed la mondo ekster ilia malgranda urbo ŝanĝiĝis. Politikaj tumultoj disvastiĝis, kaj la novaĵoj, kiuj atingis la stratetojn kaj bazarojn, parolis pri streĉoj kaj konfliktoj. Levi, kutime trankvila homo, iĝis ĉiam pli maltrankvila. Hannah ofte aŭdis lin paroli kun Esther nokte, iliaj voĉoj mallaŭtaj sed plenaj de zorgo.

Iun tagon, kiam Hannah ludis kun siaj fratoj ĉe la bazaro, ŝi sentis ŝanĝon en la aero. La kutime amikaj babiladoj de la komercistoj ŝajnis estingiĝintaj, kaj ŝi sentis tension en la aero, kiun ŝi ne povis kompreni. Ŝia patro revenis pli frue ol kutime de la bazaro, lia vizaĝo serioza kaj pensema.

"Kio okazas, patro?" demandis Hannah, kiam ili revenis hejmen.

"Nenio, pri kio vi devus zorgi, mia infano," respondis Levi, sed liaj okuloj perfidis lian maltrankvilon.

En la sekvaj semajnoj, onidiroj multiĝis. Oni flustris, ke judaj komercoj estis prirabitaj kaj sinagogoj en aliaj partoj de la imperio estis atakitaj. Levi provis trankviligi sian familion, sed la timo fariĝis silenta gasto en ilia hejmo.

Unu matenon, kiam la suno ĵus kisis la tegmentojn de la urbo, Samuel kuregis hejmen, spirante peze. "Patro, patrino, la soldatoj estas en la urbo!" li ekkriis.

La familio elkuris sur la straton. Ili vidis otomanajn soldatojn marŝantajn tra la stratetoj, iliaj vizaĝoj malmolaj kaj nepenetreblaj. La kutime viva strato nun estis silenta, kvazaŭ la urbo retenus la spiron.

"Ili diras, ke estas tumultoj kaj ke ili estas ĉi tie por restarigi ordon," mallaŭte klarigis najbaro.

En la sekvaj tagoj, la situacio pligraviĝis. La ĉeesto de la soldatoj fariĝis ĉiam pli peza, kaj la suspekto en la komunumo kreskis. La harmonia kunekzistado, kiu iam regis en la stratoj, transformiĝis en klimaton de timo kaj malfido. La juda komunumo, iam parto de la multkolora mozaiko de la urbo, nun sentis sin izolita kaj minacata.

Hannah, kiu iam trairis la stratojn senĝene, nun sentis heziton en siaj paŝoj. Ŝiaj gepatroj ofte parolis mallaŭte kaj serioze, kaj kvankam ili provis kaŝi siajn zorgojn, Hannah povis legi la timon en iliaj okuloj.

Iun vesperon, dum ŝi sidis kun sia familio ĉe vespermanĝo, subite aŭdiĝis frapo ĉe la pordo. Levi leviĝis, liaj manoj iomete tremis. Ekstere staris du soldatoj, iliaj rigardoj malvarmaj kaj traborantaj.

"Ni devas serĉi vian domon," diris unu el la soldatoj malafable. "Estas onidiroj pri malpermesitaj aktivecoj."

Levi kapjesis, lia gorĝo tro streĉita por paroli. La familio sidis silente kaj plena de timo, dum la soldatoj traserĉis ĉiun ĉambron. Nenio estis trovita, sed la sento de vunditeco kaj malfido restis.

Tiun nokton, Hannah ne povis dormi. Ŝi aŭdis siajn gepatrojn paroli, iliaj voĉoj mallaŭtaj kaj malesperaj. Ili parolis pri fuĝo, pri sekura loko, malproksime de la timo kaj teruro, kiuj ĉirkaŭis ilian vivon.

Tiu nokto markis la finon de la infanaĝo de Hannah, la finon de ŝia senkulpeco kaj kredo je mondo, kie homoj de diversaj religioj povis vivi en paco. Ĝi estis la komenco de nova ĉapitro, unu plena de necerteco kaj serĉado de sekureco en mondo, kiu subite fariĝis malamika kaj necedema.

La Aperiĝo de Timo

En la sekvaj semajnoj, peza mallumo disvastiĝis en la urbo de Hannah, signifante multe pli ol nur la vesperkrepuskon. La iam tiel viglaj stratoj nun estis envolvitaj en premega silento. La streĉoj en la otomana socio disvastiĝis kiel nevidebla reto super la ĉiutaga vivo, kaj en tiu reto precipe kaptiĝis la judaj komunumoj.

Antisemitaj sentoj intensiĝis. Onidiroj pri persekutoj kaj atakoj kontraŭ judoj en aliaj urboj atingis la orelojn de Hannah, malhelpante ŝin dormi nokte. Ĉiu ombro ŝajnis kaŝi minacon, ĉiu flustro estis kvazaŭ antaŭsigno de malbono.

La patro de Hannah, Levi, kies iam fiera sinteno nun estis kurbigita de zorgoj, provis daŭrigi siajn komercojn. Sed multaj el liaj islamaj kaj kristanaj klientoj nun evitadis lian butikon, pelataj de timo kaj malfido. "La tempoj ŝanĝiĝis," li suspiris unu vesperon. "Ni ne plu estas parto de ĉi tiu komunumo, kiel ni iam estis. Ni estas nun eksteruloj."

La patrino de Hannah, Esther, malgraŭ ĉio, klopodis konservi senton de normaleco en la domo. Sed eĉ ŝiaj varmaj okuloj ne povis kaŝi la kreskantan timon. "Ni devas resti fortaj," ŝi diris, dum ŝi preparis la vespermanĝon, tamen ŝiaj manoj tremis ĉe ĉiu tranĉo.

La sinagogo, iam loko de paca preĝado kaj kunveno, transformiĝis en lokon de silenta kunestado. La preĝoj nun estis mallaŭtaj, preskaŭ flustraj, kvazaŭ oni timus altiri atenton. La rabeno parolis pri pacienco kaj espero, sed liaj vortoj ŝajnis perdiĝi en la densa aero de timo.

Iun posttagmezon, kiam Hannah promenis tra la urbo por aĉeti provizojn, ŝi rimarkis, ke la rigardoj de la aliaj fiksiĝis sur ŝi – suspektemaj, malakceptemaj, foje eĉ plenaj de malamo. Ŝi streĉis sian ŝalon ĉirkaŭ si kaj mallevis la rigardon, sed ŝi povis senti la brulon de tiuj rigardoj sur sia dorso. Kiam ŝi preterpasis grupon de viroj, ŝi aŭdis la vorton "judino" flustratan, sekvatan de malbela rido. Ŝia koro ekbatis rapide, kaj ŝi akcelis siajn paŝojn, ĝis ŝi estis sekure hejme.

La situacio plimalboniĝis, kiam iu tago novaĵo atingis la urbon, ke juda knabo en najbara vilaĝo estis linĉita pro supozata blasfemo. La novaĵo disvastiĝis kiel sovaĝa fajro, kaj la timo en la komunumo kreskis senlime.

"Ni devas foriri de ĉi tie," diris Levi dum familia kunveno. "Ne estas plu sekure. Mi aŭdis pri loko, malproksime de ĉi tie, kie ni povus vivi en paco."

Sed la demando pri kie estis same turmenta kiel ĉu. Kien ili povus iri, en mondo, kiu ŝajnis tiel malamika al ili? Kaj kiel ili povus vojaĝi, sen perdi la malmulton, kion ili posedis?

Tiun nokton, Hannah aŭdis siajn gepatrojn diskutantajn. "Kiel ni povas forlasi ĉion, kion ni konstruis ĉi tie?" demandis Esther, ŝia voĉo rompita de malespero.

"Kion ni konstruis, oni forprenas de ni ĉi tie," respondis Levi, lia voĉo firma, sed elĉerpita. "Nia vivo, nia sekureco, jen kio nun gravas."

La decido foriri estis farita en nokto de larmoj kaj silenta preĝado. Ili lasus malantaŭ si sian hejmon, siajn amikojn, sian vivon, en la espero pri pli sekura estonteco.

En la sekvaj tagoj, la familio silente pakis siajn havaĵojn. Ĉiu objekto, kiun ili enmetis en la valizojn, estis adiaŭo – al memoraĵoj, revoj, kaj mondo, kiun ili iam konsideris sekura.

La tago de ilia foriro estis malvarma, griza mateno. Ili forlasis sian domon, sian kvartalon, sian urbon – lasta rigardo malantaŭen, plenigita de doloro kaj necerteco.

Kiam ili sidis sur la ĉaro, kiu devis forporti ilin, Hannah forte tenis la manon de sia patrino. Ŝi ne sciis, kio atendis ilin antaŭe, sed ŝi sciis, ke la vivo, kiel ŝi ĝin konis, nun finiĝis. Estis la komenco de vojaĝo en la nekonatan, plena de timo, sed ankaŭ de espero pri nova vivo, libera de malamo kaj persekutado.

Tago de Teruro

La tago, kiu neforigeble ŝanĝos la vivon de Hannah kaj ŝia familio, komenciĝis kiel ajna alia. La matena suno hezite penetris tra la nuboj, kaj la stratoj de la eta otomana urbo malrapide ekviviĝis. Sed sub la surfaco de la ĉiutaga vivo kaŝiĝis subprema streĉo, sento de maltrankvilo, kiu sterniĝis kiel malhela ombro super la komunumo.

Hannah, kiu leviĝis frue por helpi sian patrinon en la kuirejo, sentis ĉi tiun streĉon. Estis kvazaŭ la aero vibrus de elektra ŝargo. "Panjo, ĉu vi pensas, ke hodiaŭ restos trankvile?" ŝi demandis, dum ŝi tranĉis panon.

Esther rigardis sian filinon kun maltrankvilo en la okuloj. "Mi preĝas, ke jes, Hannah. Sed ni devas resti atentaj."

Subite, la bruo de laŭtaj voĉoj kaj rapidaj paŝoj rompis la matenan trankvilon. Hannah kuris al la fenestro kaj vidis koleran homamason moviĝantan tra la stratoj. Ŝia koro ekbatis rapide. "Panjo, io okazas ekstere," ŝi kriis timeme.

Levi, kiu aŭdis la bruon, rapide eniris. "Restu en la domo," li ordonis. "Mi iros vidi, kio okazas."

Ekstere sur la strato, la situacio rapide eskaladis. Grupo da koleraj viroj, pelataj de malamo kaj fanatikaj paroladoj, kuniĝis. Ili kriegis sloganojn, ĵetis ŝtonojn, kaj ekbruligis domojn. Estis pogromo – celita atako kontraŭ la juda komunumo.

Levi, kiu provis kompreni la situacion, rigardis kun hororo, kiel la homamaso proksimiĝis. "Reen!" li kriis kaj rapidis reen en la domon.

"Ni devas kaŝiĝi," li kriis, kiam li enkuris en la domon. Panike, ili kolektis kelkajn havaĵojn kaj kaŝis sin en la kelo, la sola loko, kiu ŝajnis doni etan sekurecon.

La bruoj ekstere fariĝis pli laŭtaj – krioj, rompiĝantaj vitroj, krakado de brulantaj lignaĵoj. Hannah, premita al sia patrino, provis subpremi sian timon, dum larmoj fluis laŭ ŝiaj vangoj.

Tiam, subite, laŭta kraŝo – la pordo de ilia domo estis rompita. Ili aŭdis, kiel la viroj traserĉis la domon, detruis objektojn, malbenis. Ĉiu sono igis la koron de Hannah bati pli rapide. Ŝi preĝis silente, ke ili ne estu trovitaj.

Fine, post horoj, kiuj ŝajnis eternaĵoj, la bruoj ĉesis. Zorge, gvidataj de Levi, ili forlasis sian kaŝejon. Tio, kion ili trovis supre, estis bildo de teruro. Ilia hejmo, iam loko de amo kaj rido, nun estis amaseto da rubaĵoj. Ĉio estis detruita – iliaj mebloj, iliaj memoroj, ilia vivo.

La stratoj de la urbo estis nerecognoskeblaj. Ĉie estis signoj de detruo – bruligitaj domoj, rompitaj fenestroj, disĵetitaj personaj aĵoj sur la stratoj. La aero estis plenigita per la odoro de fumo kaj cindro.

La familio de Hannah staris en ŝoko. "Kion ni faris por meriti ĉi tion?" flustris Hannah, rigardante la ruinojn de sia hejmo.

"Ni faris nenion, mia infano," respondis Esther, kun larmoj en la okuloj. "Ni faris nenion."

La sekvaj tagoj estis lukto por pluvivo. Ili serĉis manĝaĵon, akvon, sekuran lokon por dormi. Ĉie en la urbo similaj scenoj estis videblaj. La juda komunumo estis dekumita, ĝiaj membroj teruritaj, traŭmatizitaj, kelkaj malaperintaj aŭ mortigitaj.

Levi, kiu provis teni sian familion kune, ŝajnis pli maljuna kun ĉiu tago. La pezo de respondeco kaj perdo premis lin peze. "Ni ne povas plu resti ĉi tie," li fine decidis. "Ni devas foriri, ien, kie ni povas vivi en paco."

Tiel komenciĝis ilia vojaĝo, vojaĝo for de la ruinoj de ilia pasinteco, al necerta estonteco. Sed meze de la malespero kaj teruro estis ankaŭ momentoj de homeco – najbaroj, kiuj helpis, fremduloj, kiuj montris kompaton.

Tiuj malgrandaj gestoj de boneco estis kiel lumradioj en la mallumo, kiuj helpis ilin ne perdi esperon. Ili sciis, ke la vojo estos malfacila, sed ili estis deciditaj pluvivi, por ĉiuj, kiuj ne sukcesis, kaj por estonteco, en kiu malamo kaj perforto ne plu havos lokon.

Flustroj en la Mallumo

En la tagoj post la pogromo, peza vualo kuŝis super la eta urbo. La stratoj, iam plenaj de vivo kaj vigleco, nun estis silentaj, kvazaŭ reflektante la funebron de la loĝantoj. Ĉie videblis spuroj de detruo, konstanta kaj dolora memorigilo pri tio, kio okazis. Hannah kaj ŝia familio trovis rifuĝon en forlasita grenejo ĉe la rando de la urbo, provizora hejmo, kiu donis malmulte da protekto, sed almenaŭ tegmenton super la kapo.

Hannah ofte restis veka, rigardante en la mallumon kaj aŭskultante la mildajn flustrojn de la vento. La bildoj de tiu terura tago persekutis ŝin. Ŝi ree vidis la flamojn, aŭdis la kriojn, sentis la timon. Ŝi provis koncentriĝi pri aliaj aferoj, pri sia familio, pri la neceso esti forta, sed la memoroj estis superfortaj.

"Ni travivos ĉi tion," flustris ŝia patrino unuvespere, kiam ŝi sentis, ke Hannah tremas. "Ni estas kune, kaj tio estas la plej grava."

Sed Hannah sciis, ke nenio plu estos kiel antaŭe. Ilia komunumo estis disŝirita, multaj el ŝiaj amikoj kaj parencoj forfuĝis, malaperis aŭ mortis. Estis kvazaŭ malhela ombro falis super ilia vivo.

Dumtage ŝi helpis kie ajn ŝi povis, kolektante manĝaĵon, helpante ripari la grenejon, klopodante alporti iom da normaleco en sian vivon. Sed la timo estis ĉiea, konstanta akompananto, kiu neniam ŝin lasis.

"Kial ili tiom malamas nin?" ŝi demandis unuvespere sian patron, dum ili sidis ĉirkaŭ eta fajro kaj manĝis la modestan vespermanĝon.

Levi rigardis sian filinon malĝojplene. "Mi ne scias, Hannah. Eble pro nescio, eble pro envio. Sed nenio povas pravigi tian malamon."

En ĉi tiuj malhelaj tempoj tamen ankaŭ aperis lumoj de espero. Kelkaj najbaroj, kiuj decidis helpi la judan komunumon malgraŭ la danĝero, alportis manĝaĵon, medicinojn, kaj foje novaĵojn el la urbo. Tiuj etaj agoj de homeco estis por Hannah kaj ŝia familio kiel fajreroj de espero en mondo, kiu ŝajnis tiel malluma.

"Ankoraŭ ekzistas bonaj homoj," diris Hannah unu tagon al sia patrino. "Tio montras al mi, ke ne ĉio estas perdita."

Esther malforte ridetis. "Jes, mia infano. La bono en homoj neniam povas esti tute estingita."

Tamen, la funebro pri tio, kio estis perdita, restis konstanta akompananto. Ili funebris pri siaj perditaj amikoj, pri sia detruita komunumo, pri sia malnova vivo. La demando "kial" restis senresponda, dolora pikilo en iliaj koroj.

Unu vesperon, dum la familio sidis kune ĉe la flamo de eta kandelo, Hannah rompis la silenton. "Ni devas memori, kion ni ankoraŭ havas. Nian familion, nian kredon, niajn esperojn. Tion neniu povas forpreni de ni."

Ŝiaj vortoj havis ion komfortigan, kaj dum momento la familio sentis sin malpli sola, malpli perdita. Ili rakontis rakontojn, kantis kantojn kaj rememoris pli bonajn tempojn. Estis eta ago de rezisto, maniero stari kontraŭ la mallumo.

Kiam la nokto antaŭeniris kaj la kandelo estis preskaŭ elbrulinta, Hannah kaj ŝia familio kuŝiĝis por dormi. Tiun nokton Hannah revis pri vivo sen timo, sen malamo. Vivo, en kiu ŝi povus esti libera, en kiu ŝia familio estus sekura. Estis bela revo, kaj kiam ŝi vekiĝis, ŝi sentis novan decidemon ene de si.

"Iun tagon estos pli bone," ŝi flustris, rigardante en la tagiĝon. "Iun tagon."

Kun ĉiu pasanta tago, kreskis en Hannah kaj ŝia familio la decidemo daŭrigi, pluvivi kaj ne perdi la esperon. Ili sciis, ke la vojo estos malfacila, sed ili estis pretaj iri ĝin, subtenataj de sia nedetruebla kredo kaj la amo unu al la alia.

En ĉi tiu tempo de sufero kaj mallumo, estis ĉi tiuj malgrandaj momentoj de kunestado, de homeco kaj espero, kiuj donis al ili la forton pluiri. Ili perdis multon, sed ili ankaŭ akiris multe – nedetrueblan ligon inter si, profundan dankemon por la vivo kaj nesupereblan esperon pri pli bonaj tagoj.

Kaj tiel finiĝas la rakonto de Hannah kaj ŝia familio, rakonto pri sufero, sed ankaŭ pri pluvivo kaj espero. Ĝi estas rakonto, kiu estas rakontata por memori, por averti, kaj por nutri la esperon pri mondo, en kiu malamo kaj perforto ne plu havos lokon.

La naci-socialistoj

La historio de judismo en Eŭropo estas markita de profunda tragiko kaj nemezurebla sufero, precipe klare videbla en la kunteksto de naci-socialismo kaj la persekutado de judoj.

Jam antaŭ la ekrego de Hitler en 1933, antisemitaj sintenoj estis disvastiĝintaj en parto de la eŭropa socio. Tamen, kun la leviĝo de la naci-socialistoj en Germanio, la diskriminacio kontraŭ la juda loĝantaro akiris novajn, timigajn formojn. La nazioj rigardis la judojn kiel "subhomojn" kaj kiel minacon por la "aria" popolo.

La ekskludo komenciĝis per stigmatizado en la publika vivo. Judoj estis forigitaj el ŝtataj postenoj, kaj judaj vendejoj kaj kuracistoj estis bojkotataj. Kun la Nurenbergaj Leĝoj de 1935, oni forprenis de judoj iliajn civitanrajtojn, kaj ili oficiale estis konsiderataj duaklasaj civitanoj. Ĉi tiuj leĝoj, interalie, malpermesis geedziĝojn inter judoj kaj ne-judoj. Judaj infanoj estis paŝon post paŝo forigitaj el lernejoj – post la Novembraj Pogromoj (ankaŭ konataj kiel Kristalnokto) en 1938, la nazia registaro eldonis dekreton, kiu definitive ekskludis judajn infanojn el germanaj publikaj lernejoj – kaj judoj ne plu rajtis uzi publikajn instalaĵojn.

La nokto de la 9-a de novembro 1938, konata kiel Kristalnokto aŭ Reichspogromnacht, markis turnopunkton en la persekutado de judoj. Sub la preteksto de venĝo pro la murdo de germana diplomato en Parizo fare de juda junulo, la nazioj organizis kunordigitajn atakojn kontraŭ judaj instalaĵoj. Sinagogoj estis bruligitaj, vendejoj detruitaj, loĝejoj prirabitaj, kaj miloj da judoj estis arestitaj kaj enkarcerigitaj en koncentrejoj.

Tiu terura nokto estis ne nur ago de fizika detruo, sed ankaŭ simbola atako kontraŭ la identeco kaj ekzisto de la juda komunumo en Germanio. Ĝi signifis la transiron de diskriminaciaj politikoj al sistema ŝtata perforto kaj la posta sistema ekstermo de la judoj en Eŭropo.

La sufero de la juda loĝantaro dum la Holokaŭsto estas neimagebla. Milionoj da judoj estis murditaj en koncentrejoj kaj ekstermkoncentrejoj. Tiuj, kiuj postvivis, devis vivi kun la traŭmatoj kaj perdoj de neimagebla genocido. La rakontoj de tiu tempo estas ne nur markitaj de hororo kaj teruro, sed ankaŭ de rimarkinda kuraĝo, rezisto, kaj la nedetruebla forto de la homa spirito.

La Pecoj

La Trankvilo antaŭ la Ŝtormo

Mi ankoraŭ tre klare memoras la aŭtunon de 1933. Tiam mi estis juna knabino, kiu loĝis en la juda kvartalo de Berlino. Mia nomo estas Sarah, kaj ĉi tiu rakonto estas la historio de mia familio, mia komunumo, kaj la eventoj, kiuj por ĉiam ŝanĝis nian mondon.

Ni loĝis en modesta apartamento, kiu, kvankam eta, tamen ĉiam estis plena de vivo kaj amo. Miaj gepatroj, Jakob kaj Miriam, prizorgis malgrandan teksaĵan vendejon, dum mi kaj mia pli juna frato Daniel ĝuis nian lernejan edukadon. Nia apartamento estis renkontiĝejo por familio kaj amikoj, kie ĉiam okazis viglaj konversacioj, ofte akompanataj de la sonoj de mia patro, kiu ludis violonon.

La juda kvartalo estis kvazaŭ propra eta mondo ene de la granda urbo Berlino. Ni havis niajn proprajn vendejojn, sinagogojn, kaj lernejojn. Estis sento de komunumo, kiu subtenis nin tra la malfacilaj tempoj.

Tamen jam dum tiu ĉi aŭtuno, ni sentis la ŝanĝojn, kiuj pendis en la aero. La politiko de la nazioj estis veneninta la etoson en Germanio. Ĉie en Berlino oni vidis afiŝojn kaj grafitiojn, kiuj alvokis bojkoti judajn vendejojn. Niaj najbaroj, kun kiuj ni antaŭe vivis en paco, komencis rigardi nin kun malfido kaj timo.

En la lernejo, la ŝanĝoj estis aparte evidentaj. Mi memoras tagon, kiam mi sidis ĉe mia tablo kaj rimarkis, ke la aliaj infanoj tenis distancon de mi. Eĉ miaj iamaj amikinoj flustris kaj ĵetis al mi flugajn rigardojn. La instruistoj, kiuj iam estis afablaj, subite traktis min malvarme kaj distancie.

Mia patro provis trankviligi nin. "Estas malfacilaj tempoj, sed ni devas resti fortaj," li diris. Sed la zorgaj sulkoj sur lia frunto malkaŝis liajn verajn sentojn.

Vespere, ni ofte sidis kune kaj aŭskultis la novaĵojn en la radio, kiuj malofte alportis bonajn informojn. Oni parolis pri novaj leĝoj, kiuj pligravigus nian vivon. Mia patrino tiam speciale forte brakumis min kaj Danielon.

"Ni estas kune, kaj tio estas la plej grava," ŝi flustris al ni.

Malgraŭ la kreskanta timo kaj necerteco, ni provis daŭrigi nian vivon kiel eble plej normale. Sed en niaj koroj ni sciis, ke malhela nubo pendis super ni. Ni estis aŭdintaj pri la koncentrejoj, pri homoj, kiuj subite malaperis. La timo ĉiam ĉeestis, kiel malhela ombro super ĉiu rido kaj ĉiu ĝojo.

Unu vesperon, kiam ni ĵus sidis ĉe la vespermanĝo, ni aŭdis laŭtan frapadon ĉe la pordo. Mia patro leviĝis por esplori, kaj ni aŭdis, kiel li parolis per mallaŭta voĉo. Kiam li revenis, lia vizaĝo estis tute senkolora.

"Estas onidiroj cirkulantaj," li diris mallaŭte. "Oni diras, ke io granda estas antaŭ ni. Io terura."

Mia patrino kaptis lian manon. "Kion ni faru, Jakob?"

Li rigardis nin ĉiujn, liaj okuloj plenaj de zorgo. "Ni devas resti kune," li diris. "Pli ni ne povas fari en ĉi tiu momento."

Tiun nokton mi ne povis dormi. Mi kuŝis maldorme, aŭskultante la sonojn de la urbo kaj demandante min, kio atendos nin. La trankvilo antaŭ la ŝtormo estis preskaŭ palpebla, premega sento de timo kaj necerteco.

Sed nenio povus nin prepari por tio, kio venos.

La Densiĝantaj Ombroj

La semajnoj pasis, kaj kun ĉiu tago ŝajnis, ke la reto de limigoj, kiujn la nazioj ĵetis super ni judoj, pli kaj pli streĉiĝis. Nia ĉiutaga vivo, iam tiel familiara kaj sekura, transformiĝis en obstaklokuradon por pluvivado.

Unu matenon, nova afiŝo pendis sur nia domo. "Ne aĉetu ĉe judoj," estis skribite en grandaj, nigraj literoj. Mia patro furioze deŝiris ĝin, sed liaj okuloj malkaŝis la profundan malesperon, kiun li sentis.

Nia malgranda teksaĵvendejo suferis peze pro la novaj leĝoj. La klientoj ne plu venis, kaj la malmultaj, kiuj ankoraŭ venis, rigardis nin kun miksaĵo de kompato kaj timo. Mia patro klopodis resti optimisma, sed mi vidis, kiel li vespere revenis hejmen, elĉerpita kaj deprimita.

La lernejo fariĝis loko de teruro por mi. Ĉiun tagon aperis novaj humiligoj kaj turmentoj. Iun tagon, ni judaj infanoj estis forpelitaj en angulon de la klasĉambro, apartigitaj de la aliaj. La instruistoj ignoris nin, kvazaŭ ni estus nevideblaj. Mi sentis min tiel izolita, tiel nebonvena.

Tamen, la plej terura evento okazis dum malvarmeta oktobra mateno. Mi estis survoje al la bakisto, kiam mi vidis, kiel la Gestapo eltiris sinjoron Baum, nian najbaron, el lia domo. Lia edzino staris plorante ĉe la pordo, dum iliaj du etaj infanoj timigitaj tiris ŝian robon.

"Paĉjo, paĉjo!" ili kriis, sed la viroj krude enpuŝis sinjoron Baum en aŭton. La najbaroj staris silente, neniu kuraĝis interveni.

Mi kuris hejmen, kun larmoj en la okuloj, kaj rakontis al miaj gepatroj, kio okazis. Mia patrino brakumis min forte, dum mia patro silente rigardis tra la fenestro.

"Kial ili tion faras?" mi ploregis.

"Ne ekzistas kialo, Sarah," mia patro diris mallaŭte. "Nur malamo."

La novaĵo pri la aresto de sinjoro Baum disvastiĝis kiel fajro en la kvartalo. Timo kaj necerteco vastiĝis. Se tio povis okazi al sinjoro Baum, respektata kaj pacema viro, tiam ĝi povus okazi al ĉiu el ni.

La vendejoj en la kvartalo komencis fermiĝi. Unu post la alia, la vitrinoj estis najlitaj per tabuloj, kaj la posedantoj estis devigitaj rezigni pri siaj vivoverkoj. La iam tiel vigla kvartalo transformiĝis en urbon de fantomoj.

Mia frato Daniel, kiu kutime ĉiam havis brilon en la okuloj, fariĝis silenta kaj retiriĝis en sin. Mi ofte trovis lin nokte, staranta ĉe la fenestro, rigardante eksteren al la malhelaj stratoj.

"Ĉu ĉio reboniĝos, Sarah?" li demandis min unu vesperon.

Mi brakumis lin kaj flustris: "Ni nur devas resti fortaj, Daniel. Iam ĉio reboniĝos."

Sed en mia koro, mi ne sciis, ĉu mi vere kredis tion.

Mia patrino provis konservi senton de normaleco. Ŝi bakis kukojn, kvazaŭ ne ekzistus porciigo, kaj kantis kantojn por levi nian humoron. Sed ŝiaj okuloj malkaŝis la profundan zorgon, kiun ŝi sentis.

En la sabatoj, ni kunvenis en nia malgranda sinagogo por preĝi kune. Sed la diservoj estis ombritaj de malgaja etoso. Ĉiufoje kiam la pordo malfermiĝis, ĉiuj tremetis, timante, ke povus esti la nazioj.

"Ni ne devas perdi la kredon," diris la rabeno dum prediko. "Nia kredo portos nin tra ĉi tiuj mallumaj tempoj."

Sed nur la kredo ne povis ŝanĝi la realon. Ĉiun tagon alvenis novaĵoj pri amikoj kaj konatoj, kiuj forfuĝis, estis arestitaj aŭ simple malaperis. La mondo, kiun ni konis, dissolviĝis antaŭ niaj okuloj.

La plej terura estis la necerteco. Ni ne sciis, kion la sekva tago alportos. Ĉiu adiaŭo povus esti la lasta. Ĉiu rido estis trempita en larmoj.

En tiuj mallumaj tagoj, ni kroĉiĝis unu al la alia, serĉante konsolon en la komunumo kaj esperante kontraŭ ĉiu espero, ke la malbono pasos preter ni. Sed profunde en niaj koroj ni sciis, ke la ombroj, kiuj super ni falis, estis nur la komenco.

La Kristalnokto

La 9-a de novembro 1938 komenciĝis kiel ĉiu alia tago, sed antaŭ ol ĝi finiĝis, ĝi enbruliĝus en nian kolektivan memoron – kiel nokto de neimagebla detruo kaj timo. Ĝi estis la nokto, kiam nia mondo definitive dispeciĝis.

Ĉio komenciĝis malfrue posttagmeze. Mi unue aŭdis malproksiman muĝadon de homamaso kaj la frakason de vitro. Timo disvastiĝis en mia brusto, malvarma kaj premega. Mi kuris al miaj gepatroj, kiuj jam staris ĉe la fenestro kaj rigardis eksteren al la strato.

"Kio okazas tie ekstere?" mi demandis, mia voĉo tremis pro timo.

"Restu for de la fenestro, Sarah," diris mia patro, dum li tiris la kurtenojn ferme. Liaj manoj tremis. "Ne estas sekure."

La frakasado kaj kraŝado fariĝis pli laŭtaj. Krioj resonis tra la stratoj, sekvataj de la terura sono de frakasantaj vitroj. Ni restis senmovaj, aŭskultante la kreskantan kaoson kaj detruon.

"Ili venas," flustris mia patrino, kaj mi sentis, kiel ŝia preno ĉirkaŭ mia mano streĉiĝis.

Mia patro rapide ŝlosis ĉiujn pordojn kaj tiris nin en la plej malproksiman angulon de la apartamento. Ni kaŭris, preme algluiĝinte unu al la alia, ĉirkaŭitaj de mallumo kaj nia propra timo.

Ni aŭdis, kiel la mafio ekstere furiozis, kiel vitro frakasiĝis kaj homoj kriis. Estis kvazaŭ la mondo ĉirkaŭ ni disfalus. Mia koro batis rapide pro timo, kaj mi provis reteni miajn larmojn.

Subite, ni aŭdis alian sonon – la susuradon de fajro. La brilo de flamoj lumigis la ĉielon. "La sinagogo," flustris mia patro. "Ili bruligas la sinagogon."

Mia patrino komencis plori, mallaŭte, por ke neniu povu aŭdi nin. "Dio, protektu nin," ŝi flustris ripete.

Mi ne povis kompreni, kial ĉi tio okazis. Kial ili tiel multe malamis nin? Kion ni faris al ili? Larmoj fluis laŭ miaj vangoj, dum mi provis prilabori la timon kaj la konfuzon.

La horoj pasis, kaj la kaoso ekstere ne malpliiĝis. Ni aŭdis, kiel la nazioj iris de domo al domo, forpuŝante pordojn kaj mistraktante judajn familiojn. Ĉiufoje, kiam mi aŭdis paŝojn en la ŝtuparo, mi retenis la spiron, esperante ke ili preterirus nian pordon.

Fine, ie en la fruaj matenhoroj, regis silento. Ni apenaŭ kuraĝis spiri, aŭskultante en la mallumon por ekscii, ĉu la danĝero pasis.

Kiam la suno leviĝis, ni singarde ŝteliris al la fenestro. La stratoj estis kovritaj per frakasita vitro, fumo leviĝis el detruitaj butikoj kaj la bruligita sinagogo. Estis kvazaŭ ni pasigis la nokton en koŝmaro, sed la detruita mondo antaŭ niaj okuloj estis terure reala.

Ni eliris el nia kaŝejo kaj paŝis singarde en la stratojn. Ĉie ni vidis signojn de detruo. Butikoj, kiuj iam havis plenajn bretojn, nun estis prirabitaj kaj detruitaj. La sinagogo, en kiu ni tiom ofte preĝis, estis nenio pli ol fumanta ruinaĵo.

Mia patro, kutime ŝtona sub premo, havis larmojn en la okuloj, kiam li rigardis la restaĵojn de nia sankta loko. "Kiel homoj povas fari tion unu al la alia?" li demandis, pli al si mem ol al ni.

"Kio nun okazos al ni?" demandis mia frato mallaŭte.

Mi volis konsoli lin, diri al li, ke ĉio reboniĝos, sed la vortoj blokis en mia gorĝo. Mi ne sciis la respondon.

En tiu nokto de frakasita vitro, ni definitive komprenis, ke nia vivo en Germanio, kiel ni konis ĝin, finiĝis. Nia sekureco, nia kredo, nia ekzisto – ĉio estis en danĝero. Ni fariĝis ĉasitoj, kaptitaj en lando, kiu jam ne rigardis nin kiel siajn infanojn.

De tiam, ni vivis ĉiutage en la ombro de timo, konsciaj, ke la sekvan fojon, kiam la vitro frakasiĝos, povus esti nia pordo, kiun ili disbatos.

Postefikoj kaj Necerta Estonteco

En la tagoj post Kristalnokto, nia kvartalo fariĝis ombro de si mem. La stratoj, iam viglaj kaj plenaj de aktiveco, nun kuŝis silentaj, kovritaj per la ruinoj de niaj detruitaj vivoj. Fumo pendis en la aero, konstanta, amara akompananto de la detruo.

Nia apartamento ne plu sentis sin kiel hejmo, sed kiel malliberejo, en kiu ni kaŝiĝis, tro timigitaj por eliri eksteren. Ni ofte sidis kune, parolante mallaŭte kaj diskutante niajn eblojn – eblojn tiel limigitajn kaj tamen tiel urĝajn.

„Ni devas forlasi Germanion," diris mia patro unuvespere. Lia voĉo sonis laca, sed decidema. „Ne estas plu estonteco por ni ĉi tie."

„Sed kien ni povas iri? Kiu akceptos nin?” demandis mia patrino. Ŝiaj okuloj estis ruĝaj kaj lacaj pro la konstanta plorado.

„Eble Ameriko aŭ Palestino,” murmuris mia patro. „Iu ajn loko, kie ni povos vivi libere.”

La ideo forlasi nian hejmon, lasi malantaŭ ĉion, kion ni konis kaj amis, estis timiga. Sed la timo pri tio, kio povus okazi se ni restus, estis ankoraŭ pli granda.

La juda komunumo de nia kvartalo kolektiĝis en silenta malĝojo. Ni ne renkontiĝis en la sinagogo – tiu jam ne ekzistis – sed en kaŝitaj loĝejoj, kie ni flustris preĝojn kaj parolis pri tiuj, kiuj perdiĝis. Tiel multaj estis arestitaj, tiel multaj familioj disŝiritaj. Malespero pendis peze en la aero.

Mi memoras konversacion, kiun mi havis kun sinjoro Levi, maljuna viro el nia komunumo. Liaj manoj tremis dum li parolis: „Ili prenis ĉion, Sarah. Niajn butikojn, niajn hejmojn, nian dignon. Kio restas por ni nun?”

Mi ne havis respondon. En liaj okuloj mi vidis la profundan malĝojon, kiu ankaŭ plenigis min.

En la sekvaj tagoj kaj semajnoj, ni provis kolekti informojn pri eblaj fuĝvojoj. Ĉiu konversacio estis saturita de timo kaj la konscio, ke ĉiu vorto povus esti nia lasta. La malfido al niaj iamaj amikoj kaj najbaroj estis granda. Multaj forlasis nin, aŭ pro timo de reprezalioj, aŭ ĉar ili kredis la propagandon de la nazioj.

„Kiel ili povis fari tion al ni?” mi demandis unuvespere, kiam ni sidis kune en la salono. „Ni ja faris nenion malbonan.”

„Temas ne pri praveco aŭ malpraveco, Sarah,” diris mia patro. „Temas pri malamo kaj timo. Kaj kiam homoj timas, ili faras terurajn aferojn.”

La vortoj de mia patro resonis en mi. Mi pensis pri ĉiuj belaj memoroj, kiujn mi havis pri Berlino – pri la ridoj, la amikoj, la lernejo. Ĉio nun estis kovrita de mallumo, kiun mi neniam povintus imagi.

Unu matenon alvenis letero de malproksima kuzo el Anglio. Li ofertis helpi nin fuĝi el Germanio. Mia patro legis la leteron plurfoje, kun larmoj de senpeziĝo en la okuloj.

„Eble ankoraŭ ekzistas espero," li diris mallaŭte.

Ni komencis paki niajn malmultajn restantajn havaĵojn, pretaj lasi ĉion malantaŭe. Ĉiu objekto, ĉiu vestaĵo, kiun ni metis en niajn valizojn, sentiĝis peza – ŝarĝita per memoroj kaj la pezo de nia baldaŭ perdita pasinteco.

En la noktoj antaŭ nia planita foriro, mi apenaŭ dormis. Mi kuŝis maldorma, aŭskultante la sonojn de la urbo, kiu iam estis mia hejmo, kaj pripensante la necertecon, kiu antaŭis nin. Ĉu ni sukcesos? Ĉu ni iam revenos?

Kiam la tago de nia foriro alvenis, mi sentis min kvazaŭ en songo. Ni forlasis nian loĝejon, iris tra la stratoj de Berlino, kiuj nun ŝajnis tiel fremdaj kaj malamikaj. Rigardi reen estis dolora – lasta adiaŭo al vivo, kiu neniam plu estos.

En la trajno, mi sidis ĉe la fenestro, rigardante eksteren la pejzaĝon, kiu preterpasis, kaj pensis pri ĉio, kion ni lasis malantaŭe. Sed meze de la malĝojo kaj timo, estis ankaŭ fajrero de espero – la espero pri nova vivo, ie malproksime de ĉi tiuj terurajoj.

„Ni postvivos, Sarah," diris mia patrino kaj prenis mian manon. „Ni simple devas daŭrigi."

Ŝiaj vortoj donis al mi forton, kaj mi firme tenis ŝian manon. Kio ajn venos, ni havos unu la alian, kaj en tiu mallumo, tio estis nia plej granda lumo.

Diskriminado kaj Teroro kontraŭ Judoj

La historio de judoj en Eŭropo estas profunde enradikiĝinta en longa tradicio de ĉeesto, kontribuo, kaj bedaŭrinde ankaŭ persekutado. Antaŭ la ekrego de la nazioj, judoj estis integra parto de multaj eŭropaj socioj, inkluzive de Germanio. Ili estis aktivaj en arto, kulturo, scienco, kaj ekonomio, kaj faris gravan kontribuon al la evoluo de la moderna socio.

Kun la ascendo de naci-socialismo sub Adolf Hitler ekde 1933, komenciĝis malhela kaj terura epoko por la judoj en Germanio kaj en la okupataj teritorioj. La nazioj, pelataj de ideologia miksaĵo de antisemitismo, rasaj teorioj, kaj aŭtoritara ŝtata koncepto, komencis sisteme ekskludi judojn el la socia vivo. Tiu ĉi diskriminado prenis diversajn formojn:

1. **Leĝa diskriminado:** Kun la Nurenbergaj Leĝoj de 1935, judoj estis laŭleĝe degraditaj al duaklasaj civitanoj. Tiuj leĝoj difinis "judecon" sur rasisma bazo kaj malpermesis geedziĝojn inter judoj kaj ne-judoj.

2. **Ekonomia ekskludo:** Judaj vendejoj kaj entreprenoj estis bojkotitaj, poste arigitaj, tio estas, devigite transdonitaj al ne-judaj posedantoj aŭ fermitaj.

3. **Publikaj humiligoj kaj perforto:** Judoj estis publike humiligataj, iliaj butikoj estis makulitaj, fenestroj rompitaj, kaj ili estis submetitaj al fizikaj atakoj.

4. **Kristalnokto:** Ĉi tiu pogroma nokto de la 9-a ĝis la 10-a de novembro 1938 markis turnopunkton en la persekutado. Sinagogoj estis bruligitaj, vendejoj detruitaj, miloj da judoj arestitaj, kaj multaj murditaj.

5. **Deportadoj kaj la Holokaŭsto:** Kun la komenco de la Dua Mondmilito, la persekutado eskaladis al la sistema murdo de proksimume ses milionoj da judoj, konata kiel la Holokaŭsto. Judoj estis enkaĝigitaj en getoj, deportitaj, kaj murditaj en koncentrejoj kaj ekstermkoncentrejoj.

Ĉi tiu periodo estis markita de neimagebla sufero kaj brutala subpremo. La naci-socialisma ideologio senhomigis la judan loĝantaron, tiel pravigante la plej terurajn agojn kontraŭ ili. La teroro kaj diskriminado havis ne nur fizikajn, sed ankaŭ profundajn psikologiajn sekvojn por la viktimoj kaj iliaj posteuloj.

La Lasta Lumo de la Kino

Pli Pacaj Tagoj

En la koro de Hamburgo, kaŝita en vigla strato, troviĝis malgranda kino, kiu estis pli ol nur distra loko. Ĝi estis renkontiĝejo, vivanta simbolo de komunumo. La familio Rosenbaum, posedanto de la kino, estis profunde enplektita en la socian teksaĵon de la urbo. Jakob, la patriarko, viro kun amika rideto kaj pasio por filmoj, prizorgis la kinon kun fiero. Lia edzino Esther, eleganta virino kun varmo, kiu tuŝis ĉiun koron, zorgis pri la ĉiutagaj aferoj.

Ilia kino estis fama pro sia ekskluziva elekto de filmoj. De hollywoodaj klasikaĵoj ĝis germanaj produktadoj, ĝi estis loko, kie fantazio kaj realo kunfandiĝis. En semajnfinoj, homoj kunvenis por spekti la plej novajn filmojn, ridi, plori, kaj por kelkaj horoj forgesi la malfacilaĵojn de la vivo.

La infanoj de la Rosenbaumoj, David kaj Miriam, kreskis en ĉi tiu mondo de kino. David, vigla junulo, revis fariĝi filmkreinto. Miriam, trankvila, pripensema knabino, amis aŭskulti la rakontojn sur la ekrano kaj kapti ilin en siaj propraj desegnaĵoj.

Sed en la ombro de ĉi tiuj pacaj tagoj, malhelaj nuboj komencis aperi. Kun la ekrego de la naci-socialistoj en 1933, aferoj komencis ŝanĝiĝi. La unuaj signoj estis subtilaj, preskaŭ nerimarkeblaj: malapera rideto de longtempa kliento, flugema rigardo plena de malfido, mallaŭta flustro tra la stratoj.

Unu tagon, kiam Jakob promenis tra la urbo, li sentis, ke la atmosfero ŝanĝiĝis. La afiŝoj sur la muroj kriis siajn incitajn mesaĝojn, kaj la svastikaj flagoj, kiuj flirtis ĉie, estis klara signo de nova epoko. Li sentis kreskantan malvarmon en la rigardoj de la homoj, kiuj renkontis lin.

Hejme, Jakob parolis kun Esther pri siaj timoj. „La tempoj ŝanĝiĝas," li diris mallaŭte. „Mi sentas ĝin en la aero, en la stratoj. Mi maltrankviliĝas pri la infanoj, pri nia kino." Esther metis sian manon sur lian. „Ni travivis ŝtormojn, Jakob. Ni travivos ankaŭ ĉi tion," ŝi diris kun certeco, kiun ŝi mem apenaŭ sentis.

En la sekvaj semajnoj, la ŝanĝoj iĝis pli evidentaj. Afiŝoj kun antisemitaj mesaĝoj aperis en la urbo. Amikoj kaj najbaroj, kiuj iam estis regulaj vizitantoj de la kino, komencis malpli ofte veni. Kelkaj evitis rigardi, kiam ili renkontis la familion Rosenbaum.

Unu vesperon, kiam David fermis la kinon, li vidis, kiel kelkaj junuloj ĵetis ŝtonojn kontraŭ la vitrino de juda butiko. Li rapide rekuris en la kinon, lia koro batis pro timo. „Paĉjo, mi ĵus vidis, kiel...” li komencis, sed Jakob interrompis lin. „Mi scias, mia filo. Teruraj aferoj okazas.”

En la kino, membroj de la juda komunumo kolektiĝis por trovi konsolon kaj subtenon. Ili parolis pri la kreskanta izoliĝo kaj la timo, kiu enŝteliĝis en ilian ĉiutagan vivon. La kino fariĝis rifuĝejo, loko de unueco meze de kreskanta mallumo.

En tiuj konversacioj ofte aperis unu nomo: Adolf Hitler. Liaj paroladoj, plenaj de malamo kaj promesoj de 'pli bona' estonteco, trapenetris la ĉiutagan vivon. La propagando de la reĝimo kreskigis antisemitismon en la socio, kaj kun ĉiu tago fariĝis pli malfacile por la familio Rosenbaum kaj la juda komunumo vivi normalan vivon.

Kiam Sarah, bona amikino de la familio, vizitis la kinon, ŝi alportis novaĵojn, kiuj profunde skuis la familion. „Ili fermis la sinagogon,” ŝi flustris. „Ili diras, ke tio estas nur provizora, sed mi... mi timas la plej malbonan.”

La Rosenbaumoj sidiĝis kune, la lumo de la projekciilo palpebrumis en la malplena kino. En iliaj koroj kreskis la konscio, ke la pli pacaj tagoj finiĝis. Kio komenciĝis kiel tempo de espero kaj revoj, iom post iom transformiĝis en koŝmaron, el kiu ne estis vekiĝo.

Tiel finiĝis la ĉapitro de la paca vivo de la familio Rosenbaum. Kio komenciĝis kiel sonĝo, fariĝis lukto por postvivo, markita de timo, necerteco, kaj la minaca ombro de senkompata reĝimo.

La Ombro de la Milito

La milito ĵetis siajn malhelajn ombrojn super Hamburgo. En la stratoj, iam plenaj de vivo kaj ridado, nun regis premega silento. Por la familio Rosenbaum, la ĉiutaga vivo fariĝis danĝera lukto, markita de timo kaj malfido. La naci-socialisma propagando kreis atmosferon de malamikeco, kiu sterniĝis kiel venena nebulo super la urbo.

La subpremoj kontraŭ la judoj intensiĝis. Ili komenciĝis per etaj limigoj, kiuj rapide transformiĝis en reton de malpermesoj kaj leĝoj, kiuj ĉiam pli premegis la vivon de la familio. Unu matenon, ili trovis la kinon fermita, sigelita kun granda afiŝo: „Juda Butiko!" Jakob staris antaŭ ĝi, lia vizaĝo esprimis la malesperon, kiu kaptis lin kaj lian familion. „Nia kino... nia vivo," li flustris.

La familio kunvenis en sia salono, ĉambro, kiu iam estis plena de varmo kaj ridado, sed nun estis plenigita de peza silento. „Ni devas trovi manieron postvivi," diris Esther kun tremanta voĉo. „Sed kiel? Kien ni povas iri?" demandis Miriam, ŝiaj okuloj larĝe malfermitaj pro timo.

La novaĵoj pri deportadoj fariĝis ĉiam pli oftaj. Unu nokton ili fariĝis kruela realaĵo. Brua frapado ĉe ilia pordo eltiris ilin el la dormo. Antaŭ ili staris soldatoj, kies vizaĝoj estis malvarmaj kaj senkompataj. „Eliru! Rapide!" kriis unu el ili. La familio estis disŝirita. Jakob kaj David estis kondukitaj en unu direkton, Esther kaj Miriam en alian. Iliaj protestoj kaj petegoj restis ne aŭditaj.

La vojaĝo al Jozefow estis longa kaj suferiga. Ili estis enpuŝitaj en plenŝtopitan, sufokan trajnon, ĉirkaŭitaj de aliaj judoj, kies vizaĝoj ankaŭ estis markitaj de timo kaj malespero. La veturo ŝajnis senfina, turmenta miksaĵo de timo, malsato kaj malvarmo.

Kiam ili alvenis al Jozefow, ili estis alfrontitaj de germanaj soldatoj, kies rigardoj estis plenaj de malestimo kaj malamo. La familio Rosenbaum, iam fieraj posedantoj de kino, nun estis traktataj kiel brutoj, pelitaj kaj puŝitaj, sen ajna homa digno.

En la mezo de ĉi tiu kaoso, Miriam renkontis junan germanan soldaton, kies vizaĝtrajtoj montris konflikton kaj necertecon. Li rigardis ŝin, kvazaŭ serĉante ion en ŝia vizaĝo. „Mi konas vin..." li murmuris. „La kino... en Hamburgo. Mi estis tie, multaj fojoj." Lia voĉo estis flustro, preskaŭ sufokita de la pezo de la situacio.

Miriam rigardis lin, larmoj en la okuloj. „Jes, tio estis nia kino," ŝi diris mallaŭte. „Ni alportis ĝojon al multaj homoj. Kial vi faras ĉi tion al ni?"

La soldato mallevis la rigardon, nekapabla rekte rigardi ŝin en la okulojn. „Mi... mi ne scias," li konfesis. „Mi devas sekvi ordonojn. Mi bedaŭras."

Sed liaj vortoj estis malforta konsolo en la mezo de la teruraĵoj, kiuj disvolviĝis ĉirkaŭ ili. Ĉirkaŭ ili oni povis aŭdi kriojn, la ploradon de infanoj, la malesperajn petegojn de la maljunuloj. Estis koŝmaro, sceno el la plej profunda infero.

En Jozefow, la judoj estis loĝigitaj en provizora tendaro, loko sen espero, kie la morto estis konstanta kunulo. La Rosenbaumoj provis resti kune, doni al si reciproke konsolon kaj forton, sed la mallumo ĉirkaŭ ili estis premega.

Jakob, kiu iam tiom fiera estis pri sia kino, nun sidis rompita kaj silenta, lia rigardo malplena kaj perdita. Esther firme tenis lian manon, provante doni al li iom de sia forto, sed ankaŭ ŝia forto komencis malpliiĝi.

David kaj Miriam, la infanoj, kiuj kreskis en mondo de kino kaj revoj, nun troviĝis en mondo, kie koŝmaroj fariĝis realo. Ili tenis unu la alian forte, flustris vortojn de konsolo, kvankam en iliaj koroj la espero komencis formorti.

La ombroj de la milito atingis ilin, englutis ilian vivon, iliajn revojn, iliajn esperojn. Kio restis, estis nur la lukto por nura postvivo, konstanta alfronto al la neimagebla, la abomena. En Jozefow, for de ilia amata Hamburgo, la Rosenbaumoj atendis sian nekonatan sorton, perditaj en maro de timo kaj malespero.

La Alveno de la Bataliono

La tendaro en Jozefow, loko de malespero kaj timo, estis plenigita de premega silento, kiu nur foje estis rompita de la malproksima tintado de armiloj kaj la mallaŭta murmurado de la gardistoj. La suno leviĝis, sed ĝia lumo alportis nenian varmon al la timigitaj animoj kaptitaj malantaŭ dornodrato.

Tiu matenon, la Rezerva Polica Bataliono 101 atingis la tendaron. La soldatoj, multaj el ili pli aĝaj kaj el Hamburgo, eniris kun miksaĵo de necerteco kaj devo. Inter ili estis ankaŭ la juna policano, kiu rekonis Miriam en la trajno. Lia nomo estis Andreas. En sia antaŭa vivo li estis simpla oficeja dungito, sed nun li troviĝis en la nereala rolo de soldato.

La preparoj por la baldaŭaj ekzekutoj komenciĝis. La ordonoj estis donitaj, kaj kvankam la komandanto de la bataliono ofertis al siaj viroj la eblon retiriĝi, plej multaj restis. La pezo de la grupdinamiko kaj obeo premegis iliajn ŝultrojn.

Dum ĉi tiuj preparoj, Andreas denove rimarkis la familion Rosenbaum. Li ne povis kredi, ke la sorto alportis lin ĉi tien, al la homoj, kies kinon li iam tiom ŝatis. Iliaj vizaĝoj restis en lia memoro – la ĝojo, kiun ilia kino disdonis, kontrastis akre kun la hororo, kiu nun minacis.

Dum la aliaj soldatoj pretigis sin, Andreas hezite alproksimiĝis al la familio. „Mi memoras vian kinon," li diris mallaŭte al Jakob. „Ĝi estis magia loko por mi. Mi pasigis tie tiom multajn feliĉajn horojn."

La rigardo de Jakob, kiu antaŭe estis malplena kaj rompita, nun pleniĝis de miksaĵo de surprizo kaj profunda doloro. „Tiu kino estis nia vivo," li respondis per krakanta voĉo. „Ni volis alporti ĝojon. Kaj nun..." Liaj vortoj estingiĝis, sufokitaj de la konscio pri la teruro, kiu atendis ilin.

Andreas sentis, kiel lia propra gorĝo kuntiriĝis. „Mi estas nur simpla viro, devigita obei," li balbutis. „Mi dezirus, ke mi povus ŝanĝi ion."

La familio rigardis lin kun esprimo pli plena de konfuzo ol de malamo. Ili alfrontis la senhomecon de la situacio, sed ankaŭ la homecon de unuopa soldato, kiu estis kaptita en konflikto inter siaj ordonoj kaj sia konscienco.

Kiam la tempo por la ekzekutoj alproksimiĝis, premega silento sterniĝis super la tendaro. La judoj estis starigitaj en vicoj, iliaj vizaĝoj markitaj de neimagebla timo. La soldatoj, inkluzive de Andreas, direktis siajn armilojn al la senkulpaj homoj.

En tiu momento, Andreas spertis internan batalon, kiu skuis lian tutan eston. Li pensis pri la multaj vesperoj en la kino, pri la ridado kaj ĝojo, kiujn nun sufokis la malvarma teno de lia armilo. Lia mano tremis, lia koro batis furioze.

Jakob, kiu nun staris antaŭ li, rigardis rekte en liajn okulojn. „Vi estis parto de niaj memoroj,” li diris mallaŭte. „Kaj nun vi estas parto de nia destino.”

Ĉi tiuj vortoj trafis Andreason kiel bato. Per subita movo, li mallevis sian fusilon kaj paŝis malantaŭen, liaj okuloj plenaj de larmoj. „Mi ne povas fari ĉi tion,” li flustris, pli al si mem ol al iu alia.

Sed lia ago de rifuzo estis nur eta momento de rezisto en ondo de kruelaĵoj. Ĉirkaŭ li, la pafado eksonis, kaj la eĥo de morto plenigis la aeron. La bataliono plenumis sian mortigan ordonon, kaj la vivo de senkalkulaj senkulpaj homoj estis brutale kaj sensence ekstermita.

Por la familio Rosenbaum, tio estis la fino de vivovojo, kiu iam estis markita de espero kaj revoj. La lasta rigardo, kiun ili interŝanĝis, estis adiaŭa, silenta atesto pri la amo kaj unueco, kiuj eĉ en la plej mallumaj momentoj ne povis esti detruitaj.

Kaj por Andreas, kiu nun staris sola, ĉirkaŭita de krioj kaj kaoso, estis momento de profunda interna alfrontiĝo. Li staris kontraŭ la ordono, sed la prezo estis la kompreno, ke homeco en mondo plena de kruelaĵoj estas fragila, facile detruita trezoro.

La Ekzekutoj

La matenkrepusko en Jozefow ne estis kiel ĉiu alia komenco de tago. Ĝi ne alportis la esperon de nova tago, sed la malhelan certecon pri la alvenanta hororo. La Rezerva Polica Bataliono 101, konsistanta el viroj, kiuj antaŭe neniam batalis ĉe la frontlinio, prepariĝis por ordono, kiu superis ĉiun homan imagon – la ekzekuton de senkulpaj homoj, nur ĉar ili estis judoj.

La atmosfero estis peza kaj sufoka, silento nur foje rompita de la kraketado de uniformoj kaj la hazarda klakado de armilsekurecoj. Inter la soldatoj estis Andreas, la juna policano, kies vizaĝo nun portis maskon de sufero. Li memoris la vortojn de Jakob, kiun li konis el la kino, vortoj kiuj nun resonis en liaj oreloj kiel riproĉo.

Kiam la judoj estis elkondukitaj el la tendaro, ili estis dividitaj en grupojn. Viroj, virinoj kaj infanoj, ĉiuj staris nun ĉe la rando de preparita komuna tombo. Iliaj okuloj spegulis miksaĵon de timo, malespero kaj nekredema teruro. Inter ili estis ankaŭ la familio Rosenbaum, kiu iam posedis kinon en Hamburgo.

Jakob Rosenbaum firme premis sian edzinon kaj siajn du infanojn al si. Lia edzino, Esther, silente flustris preĝojn, dum iliaj infanoj, kiuj ne povis plene kompreni la gravecon de la okazantaĵo, algluiĝis al ŝi. Iliaj okuloj serĉis en la amaso signon de homeco, fajreron de espero en ĉi tiu senelira situacio.

Andreas, kies mano tremis ĉirkaŭ la fusilo, luktis kun si mem. Li neniam en sia vivo vundis iun ajn kaj ne povis imagi, ke li nun mortigos homon. Sed tie li staris, alfrontita de la neesprimebla. „Mi ne povas fari tion," li murmuris, sed lia voĉo perdiĝis en la laŭtaj ordonoj de liaj superuloj.

Subite, la unua pafo rompis la silenton. Devastra sono, kiu markis la komencon de la masakro. Unu post la alia, la korpoj falis teren, kelkaj tuj mortintaj, kelkaj ankoraŭ ĝemis en siaj lastaj momentoj. La pafado ne estis nur la sono de morto, ĝi estis simfonio de hororo, kiu gravuriĝis en la memorojn de ĉiuj ĉeestantoj.

En ĉi tiu kaoso, Andreas serĉis eliron, iun ajn manieron por ne fariĝi murdisto. Li hezitis, haltis, kaj fine mallevis sian fusilon. Larmoj plenigis liajn okulojn, kiam li komprenis la teruran realecon de tio, kio okazis ĉirkaŭ li. „Mi ne povas..." li ripetis mallaŭte.

Jakob Rosenbaum, kiu pasigis la lastajn momentojn de sia vivo kun sia familio, rigardis por la lasta fojo al la ĉielo. „Dio, gardu niajn animojn," li flustris. Poste, li ĉirkaŭprenis sian familion pli forte, kvazaŭ volus protekti ilin kontraŭ la neevitebla. Lasta ago de amo kaj kuraĝo meze de neesprimebla teruro.

La pafado daŭris, senindulga kaj senkompata. Ĉiu pafo ne nur disŝiris karnon, sed ankaŭ la lastajn restaĵojn de homeco, kiuj restis en ĉi tiu arbaro. La soldatoj de la bataliono, pelitaj de ordono kaj grupo-prema forto, plenumis sian taskon, plej multaj senhezite, kelkaj kun esprimo de sufero en la okuloj.

Kiam la pafado finfine ĉesis, grupo de korpoj kuŝis senmove sur la tero. La familio Rosenbaum, iam feliĉa kaj plena de revoj en Hamburgo, nun estis parto de ĉi tiu tragika pejzaĝo. Ilia vivo, kiu alportis tiom da ĝojo kaj lumo, estis estingita en ago de neimagebla mallumo.

Jozefow nun estis loko de morto, memorigaĵo pri la kruelaĵoj, al kiuj homoj estas kapablaj. La masakro lasis ne nur la kadavrojn de senkulpaj homoj, sed ankaŭ la rompitajn animojn de tiuj, kiuj estis devigitaj partopreni. Ĝi estis atesto pri la plej malhelaj flankoj de la homaro, eĥo de teruro, kiu longe resonos en la koroj kaj pensoj de la postvivantoj kaj la venontaj generacioj.

La faŝisma Italio

Antaŭ la Dua Mondmilito, judoj en Italio ĝenerale vivis en paca kunekzistado kun siaj ne-judaj najbaroj. Kvankam Italio, sub la gvido de Benito Mussolini, akceptis faŝismajn regformojn, la antisemita retoriko kaj politiko, kiuj superregis en nazia Germanio, estis dum longa tempo malpli evidentaj en Italio. La juda komunumo estis integrita en la italan socion kaj kontribuis multmaniere al la kulturo, scienco, kaj ekonomio de la lando.

Tamen, tiu relativa normaleco kaj sekureco draste ŝanĝiĝis dum la Dua Mondmilito. En 1938, sekvante la proksimiĝon de Italio al nazia Germanio, estis enkondukitaj la unuaj antisemitaj leĝoj. Tiuj leĝoj, konataj kiel la "Rasaj Leĝoj," komencis per la ekskludo de judoj el la publika vivo kaj kondukis al malrapida, sed konstanta kresko de diskriminacio kaj ekskludo. Tamen, kompare kun la german-okupataj teritorioj, la rekta persekutado en Italio restis pli milda.

La vera turnopunkto por la judoj en Italio okazis post la falo de Mussolini en julio 1943 kaj la sekva okupado de Italio fare de la germanoj. Post la kapitulaco de Italio kaj la armistico kun la Aliancanoj en septembro 1943, la nazioj ekregis grandajn partojn de Italio. Dum tiu nova fazo de regado, la situacio por la juda loĝantaro draste malboniĝis.

La germanoj rapide enkondukis la sisteman persekutadon kaj deportadon de italaj judoj, simile al aliaj partoj de Eŭropo. Judoj estis eltirataj el siaj hejmoj, enmetitaj en koncentrejojn, kaj de tie deportitaj al koncentrejoj kaj ekstermkoncentrejoj en la oriento. Plej multaj el ili estis senditaj al Aŭŝvico, unu el la plej fifamaj tendaroj de la Holokaŭsto.

Tiu subita kaj brutala ŝanĝo estis ŝoko por la italaj judoj. Ili, kiuj iam estis integrita parto de la itala socio, subite troviĝis en realeco, kie ili devis batali por sia simpla supervivo. La Holokaŭsto en Italio atestas la ampleksan naturon de la nazia persekutado kaj reprezentas tragedian ĉapitron en la historio de la lando, kiu ĝis hodiaŭ servas kiel averto pri la danĝeroj de maltoleremo kaj malamo.

La faŝistoj ne faros al ni malbonon

Pacaj tagoj en Italio

En la fruaj 1940-aj jaroj, antaŭ ol la ombroj de la milito kaj la brutalaĵo de la Holokaŭsto atingis Italion, la familio Levi en Florenco spertis vivon en relativa trankvilo kaj sekureco. Ilia loĝejo, vasta hejmo en la koro de la urbo, estis plena je la varmo de ama etoso, la odoroj de bongustaj, memfaritaj manĝaĵoj, kaj la sonoj de klasika muziko, kiuj ofte resonis el la malnova gramofono en la salono.

La patro Samuel, respektata profesoro pri filozofio, estis konata pro sia erudicio kaj sia sprita ĉarmo. Li amis rakonti historiojn pri la juda kulturo kaj historio, kiuj formis la identecon de lia familio. Lia edzino, Rachel, talenta violonisto, esprimis sian pasion por muziko en la ĉambroj de ilia loĝejo, sorĉante ŝian familion kaj amikojn. Iliaj du infanoj, David kaj Miriam, kreskis en medio markita de edukado, arto kaj profunda sento de familiaj ligoj.

La vivo de la Levis reflektis la bone integritan judan komunumon en Italio. Ili estis parto de la socia vivo, vizitis teatron, ĝuis la florentinan kuirarton en lokaj restoracioj, kaj aktive partoprenis en la kultura interŝanĝo de la urbo. Iliaj ne-judaj amikoj ofte vizitis ilian hejmon, kaj la konversacioj ĉe la manĝotablo estis viglaj kaj plenaj de reciproka respekto.

Malgraŭ la kreskanta milito en aliaj partoj de Eŭropo kaj la pliiĝanta zorgo en la komunumo, la Levis sentis sin sekuraj en Italio. La novaĵoj pri la agresemaj agoj de Germanio kaj la persekutado de judoj en aliaj landoj ja atingis Florencon, sed ili estis perceptataj kiel fora tondrado, kiu ŝajnis ne povus trairi la urbomurojn.

"Ili ne venos ĉi tien; Italio estas malsama," Samuel certigis al sia familio unu vesperon, kiam ili kunvenis post la vespermanĝo. "Mussolini eble estas aŭtokratulo, sed li ne estas Hitlero. Niaj radikoj estas profundaj en ĉi tiu lando, kaj niaj najbaroj subtenas nin."

Rachel kapjesis, sed en ŝiaj okuloj vidiĝis signo de zorgo. Ŝi aŭdis pri la rasaj leĝoj, kiuj estis enkondukitaj, kaj kvankam ili ne estis preskaŭ tiel brutalaj kiel la Nurenbergaj Leĝoj, ili estis signo, ke ankaŭ Italio ŝanĝiĝis.

David, juna viro kun viglaj okuloj kaj akra menso, estis pli politika ol sia pli juna fratino Miriam. "Sed patro, ĉu vi ne aŭdis la novaĵojn? Pri la tendaroj... kaj kion ili faras al la judoj en Germanio kaj Pollando?"

"Tio estas tie, David, ne ĉi tie. Ni havas amikojn, ankaŭ en la registaro. Fidu min, nia vivo ĉi tie ne ŝanĝiĝos," respondis Samuel, kvankam en lia voĉo estis mallaŭta noto de necerteco.

La tempo pasis, kaj la vivo de la familio Levi daŭris kiel kutime, sed la novaĵoj el eksterlando fariĝis pli malhelaj. La konversacioj inter amikoj mildiĝis, la zorgoj pligrandiĝis. La stratoj de Florenco, iam tiel viglaj kaj buntaj, komencis porti tension, kiun oni ne povis pretervidi.

Unu matenon, kiam Samuel ĝuste prepariĝis iri al la universitato, lin haltigis lia najbaro, sinjoro Bianchi. "Samuel, mi aŭdis, ke Mussolini estis arestita," li flustris.

Samuel sentis, kiel lia koro haltis por momento. "Kio? Kiel...?"

"La Aliancanoj surteriĝis en Sicilio. Estas onidiroj, ke nun venos la germanoj," klarigis Bianchi serioze.

Tiumomente Samuel sciis, ke ĉio ŝanĝiĝos. La sekureco kaj paco, kiujn ili tiel longe ĝuis, estis minacataj. Li rapidis hejmen, la vortoj de lia najbaro resonante en lia kapo. Alveninte hejmen, li vidis la zorgoplenajn vizaĝojn de sia familio kaj sciis, ke li ne plu povis oferti al ili la saman trankvilon kiel antaŭe.

En la sekvaj semajnoj, la vivo en Florenco rapide ŝanĝiĝis. Germanaj trupoj enmarŝis en la urbon, kaj la atmosfero estis plena de timo kaj necerteco. La juda komunumo, iam tiel vigla kaj integra, retiriĝis, kaj la familio Levi trovis sin en mondo, kiun ili ne plu rekonis.

Estis la komenco de malhela tempo, periodo, en kiu la familio Levi – kiel tiom multaj aliaj judaj familioj en Italio – devis alfronti defiojn kaj terurojn, kiujn ili neniam povus imagi.

La Turnopunkto

La vivo de la familio Levi en Florenco iam estis markita de kultura riĉeco kaj paca kunekzistado. Tamen, kun la kapitulaco de Italio en septembro 1943 kaj la posta enmarŝo de la nazioj, disfalis la mondo, kiun Samuel kaj Rachel volis konservi por siaj infanoj. La koŝmaro komenciĝis kun la alveno de la germanaj trupoj en Florencon, kiuj alportis kun si reĝimon de timo kaj subpremo.

Iun malvarmetan aŭtunan matenon, mallonge post la kapitulaco, la familio Levi trovis sin, ĉirkaŭata de najbaroj kaj amikoj, en haste kunvokita kunveno en la komunuma centro. La novaĵo, ke la judaj loĝantoj devus registriĝi, disvastiĝis kiel fajro. "Tio estas nur provizora," flustris Rachel, dum ŝi firme tenis la manon de David, kiu staris apud ŝi. Miriam, klare timigita, kroĉiĝis al sia patro.

En la sekvaj semajnoj, la situacio draste plimalboniĝis. La vivo en Florenco, iam tiel vigla kaj bunta, nun estis ombrita de konstanta timo kaj necerteco. Judaj vendejoj estis fermitaj, iliaj posedantoj arestitaj, kaj la publika vivo, kiun la Levis tiom ĝuis, nun estis markita de malfido kaj timo.

"Ni devas foriri ĉi tie," diris Samuel unuvespere, post kiam li sekrete parolis kun kelkaj aliaj membroj de la komunumo. "Estas onidiroj pri tendaroj... kaj pri kion ili faras al la judoj."

Sed antaŭ ol ili povis plani sian fuĝon, okazis la neimagebla. Frue en la mateno ili estis vekitaj de pezaj paŝoj kaj laŭtaj voĉoj antaŭ ilia pordo. Germanaj soldatoj staris antaŭ ili, malvarmaj kaj senkompataj. "Vi venos kun ni. Tuj!" ordonis unu el la soldatoj. La familio Levi, iam tiel sekura en sia hejmo, estis arestita kaj ŝarĝita en kamionojn.

La vojaĝo estis longa kaj turmenta. Ili estis kondukitaj al koncentrejo ekster la urbo, kie ili renkontis centojn da aliaj judoj el la regiono, kiuj ankaŭ estis arestitaj. Tie ili atendis dum tagoj, en necerteco kaj timo, dum la onidiroj pri deportadoj fariĝis ĉiam pli laŭtaj.

Tiam, iun matenon, ilia plej terura timo fariĝis realo. Ili estis enpremitaj en brutvagonojn, sen manĝaĵo, akvo, aŭ sanitaraj instalaĵoj. La sekva vojaĝo estis unu el la plej teruraj spertoj, kiujn la familio Levi iam spertis. Premataj unu kontraŭ la alia, turmentataj de malsato, soifo, kaj malespero, multaj homoj perdis sian esperon kaj sian menson.

Kiam la trajno fine alvenis al Aŭŝvico, ili estis alfrontitaj kun la kruela realo de la koncentrejo. La scenoj, kiuj disvolviĝis antaŭ ili, estis preter ĉiu imago – krioj, pafado, la senĉesa bojado de hundoj kaj la konstanta ĉeesto de morto.

Alveno en Aŭŝvico

Kiam la trajno, kiu transportis la familion Levi kaj centojn da aliaj judoj, fine haltis en Aŭŝvico, estis kvazaŭ la pordego al infero malfermiĝus. La pordoj de la brutvagonoj estis furioze malfermitaj, kaj tuj ilin trafis ondo de krioj, ordonoj, kaj la akra odoro de fumo kaj putriĝo.

"Eksteren! Rapide!" kriis la SS-gardistoj, dum ili batis la elĉerpitajn kaptitojn per la pafilkolboj. Samuel kaj Rachel firme tenis la manojn de siaj infanoj, kiam ili elpaŝis el la vagono, ĉirkaŭataj de kaoso kaj malespero.

La familio Levi rapide alfrontis la kruelan realecon de la tendarvivo. Ene de kelkaj minutoj ili estis disigitaj – viroj al unu flanko, virinoj kaj infanoj al la alia. Samuel forte brakumis Rachel, Miriam, kaj David, kvazaŭ estus la lasta fojo. "Prizorgu vin," li flustris kun larmoj en la okuloj. "Ni trovos unu la alian, mi promesas."

Dum Samuel kaj David estis gviditaj al la viroj, ili vidis Rachel kaj Miriam foriri en alian direkton, akompanate de krioj kaj la senĉesa bojado de hundoj. Ili ne sciis, ke ĉi tio estis la lasta fojo, kiam ili vidus siajn karajn.

En la viroj-grupo, Samuel kaj David devis senvestiĝi kaj fordoni ĉiujn siajn posedaĵojn. Ili estis razitaj, desinfektitaj, kaj devigitaj surmeti striajn kaptitajn uniformojn. La sento de senhomiĝo estis superforta. Ĉirkaŭ ili regis konstanta bruo – iuj preĝis, aliaj ploris, kelkaj nur staris silente, ŝokitaj.

Dume, Rachel kaj Miriam estis kondukitaj kun aliaj virinoj kaj infanoj al aparta sekcio de la tendaro. Ili aŭdis onidirojn pri gasĉambroj, sed ne povis kredi, ke tiaj kruelaĵoj vere ekzistis. Tamen, kiam ili alvenis al konstruaĵo, el kies kamentuboj densa fumo leviĝis, ili terure komprenis sian sorton.

Rachel forte premis Miriam al si, flustrante konsolajn vortojn kaj provante doni al ŝi tiom da amo kaj varmo, kiom eblis en iliaj lastaj momentoj. "Dio estos kun ni," ŝi flustris, dum larmoj falis laŭ ŝiaj vangoj. Ili ĉiuj malsupreniris ŝtuparon en grandan ĉambron. Ili devis demeti siajn vestojn kaj estis rapide puŝitaj en la sekvan ĉambron. La pordoj fermiĝis post ili. En la plafono de la troloĝata ĉambro subite malfermiĝis malgranda klapo, kaj io stranga falis malsupren. Krioj eksonis tra la ĉambro, kaj la homoj sufokiĝis kun terurplenaj okuloj. Minutojn poste, ili ĉiuj estis mortintaj.

Ree ĉe la viroj, la SS-gardistoj kondukis Samuel kaj David al barako, kiun ili devis dividi kun dekoj da aliaj kaptitoj. Dume, aliaj kaptitoj ĵus ĵetis la korpojn de Rachel kaj Miriam en la krematorion. La kondiĉoj estis mizeregaj – dense kunpremitaj, kun apenaŭ spaco por spiri, dormante sur lignaj bretoj sen matracoj aŭ kovriloj. La odoro estis superforta, kaj la atmosfero estis plenigita de timo kaj malĝojo.

En la sekvaj tagoj, Samuel kaj David rapide lernis la kruelan rutinon de la tendarvivo. Ili estis devigitaj fari nehumanan laboron, apenaŭ ricevis manĝaĵon, kaj konstante estis sub la minaco de perforto kaj arbitraj punoj.

Samuel, iam akademiulo, trovis sin en mondo, kie nur fizika forto gravis. Ĉiutage li vidis, kiel viroj ĉirkaŭ li kolapsis, ĉu el laceco pro laboro aŭ mortigitaj de la gardistoj. La perdo de lia edzino kaj filino turmentis lin, kaj la necerteco pri ilia sorto estis preskaŭ neeltenebla.

David, aliflanke, kies juneco kaj forto helpis lin elteni la suferojn, malespere klopodis konservi esperon. En la longaj noktoj, kiam la barako estis dronigita en mallumon, li flustris al sia patro rakontojn kaj rememorojn, malforta provo konservi ilian spiriton viva.

La vivo en Aŭŝvico estis ĉiutaga batalo por simpla supervivo. La konstanta ĉeesto de morto, la kruelaĵoj de la gardistoj, kaj la neimagebla malhomeco ĉirkaŭanta ilin lasis profundajn psikajn cikatrojn ĉe Samuel kaj David. Meze de ĉi tiu infero sur la tero, ili luktis por konservi sian homecon kaj ne perdi la kredon je estonteco, en kiu ili estus liberaj.

Batalo por Supervivo

En la ombroj de Aŭŝvico, ĉiu tago estis batalo kontraŭ morto. David, la plej aĝa filo de la familio Levi, evoluigis instinkton por supervivo en ĉi tiu koŝmaro. Li, kiu iam estis juna viro plena de revoj kaj esperoj, nun estis ĉiutage devigita labori en mondo, kie kompato estis nekonata vorto.

La suno ankoraŭ ne leviĝis, kiam la gardistoj vekis la kaptitojn per laŭtaj krioj kaj batoj. David kaj lia patro Samuel, kies korpoj jam estis markitaj de konstanta malsato kaj elĉerpa laboro, leviĝis de siaj malmolaj litoj. Ĉirkaŭ ili, la aliaj kaptitoj tusis kaj ĝemis, ĉiu kaptita en sia propra mizero.

La matenmanĝo, se oni povis nomi ĝin tiel, konsistis el maldika akva supo, kiu apenaŭ kontentigis la malsaton. Poste, ili estis kondukitaj al la apelplaco, kie ili devis stari dum horoj en la malvarmo, kalkulataj kaj rekalkulataj, ĝis la SS-oficiroj estis kontentaj.

David estis elektita, kune kun aliaj junaj kaj fortaj viroj, por labori en unu el la fabrikoj, kiuj produktis militmaterialon por la nazioj. Ĉiutage li estis atestanto de tio, kiel viroj ĉirkaŭ li kolapsis, nekapablaj plenumi la nehumanajn postulojn. Sed David eltenis, pelata de la malfortiĝanta espero, ke li kaj lia patro iam povus esti liberigitaj.

La laboro estis senkompata. La gardistoj kontrolis ĉiun ilian movon, kaj la plej eta eraro povis esti punita per brutala puno. David memoris la rakontojn de sia patro pri la itala Renesanco, akra kontrasto al la mallumo, kiu nun ĉirkaŭis lin. Li revis pri esti denove libera, promeni tra la stratoj de Florenco, vivi vivon plenan de kulturo kaj beleco, ne de kruelaĵo kaj morto.

La brutaleco en la tendaro estis ĉiea. Estis tagoj, kiam okazis publikaj ekzekutoj, por instrui la kaptitojn per lecionoj de timo kaj submetiĝo. David devigis sin ne rigardi, sed la krioj de la viktimoj persekutis lin ĝis en liaj sonĝoj.

Ankaŭ la medicinaj eksperimentoj, kiujn la nazioj faris al kelkaj kaptitoj, estis kruela pruvo de la senhomeco, kiu regis en Aŭŝvico. David aŭdis rakontojn pri teruraj operacioj, faritaj sen anestezo, kaj pri homoj misuzitaj por sensencaj sciencaj eksperimentoj.

En ĉi tiu infero, David trovis konsolon ĉe sia patro. Samuel, kiu ĉiutage fariĝis pli malforta, kroĉiĝis al la amo por sia filo kiel lasta fonto de forto. En la maloftaj momentoj de trankvilo, ili rakontis unu al la alia historiojn el sia antaŭa vivo, konservante la memorojn pri sia familio kaj hejmo vivaj. Tiuj momentoj, kvankam mallongaj, donis al ili la forton daŭrigi la batalon.

La noktoj en Aŭŝvico estis plenaj de la krioj de la turmentatoj kaj de la konstanta atento kontraŭ pliaj misuzoj. Dormo estis rara lukso, kaj kiam ĝi venis, ĝi ofte estis ĝenata de koŝmaroj. David ofte kuŝis veka, rigardante en la mallumon kaj pensante pri sia vivo, pri tio, kio estis kaj kio ankoraŭ povus veni.

Malgraŭ ĉiuj kruelaĵoj, kiujn li suferis, David neniam tute perdis la esperon. En la plej profundaj momentoj de sia malespero, li memoris la vortojn de sia patrino: "Kredo estas la lumo, kiu brilas en la mallumo." Tiuj vortoj estis kiel lumturo por li, fajrero de espero en mondo plena de teruro.

Tamen, kun ĉiu tago, kiu pasis en Aŭŝvico, la batalo por supervivo fariĝis pli malfacila. La senhomeco, kiu ĉirkaŭis Davidon kaj Samuelon, minacis rompi iliajn spiritojn kaj korpojn. Sed ili daŭrigis la batalon, pelataj de la memoro pri siaj karaj homoj kaj de la espero pri libereco, kiu en iliaj koroj neniam tute estingiĝis.

La Fino Proksimiĝas

La tagoj en Aŭŝvico ŝajnis senfinaj, ĉiu pli longa kaj pli malluma ol la antaŭa. Tamen, en la tendaro disvastiĝis onidiro, kiu ekbruligis etan fajreron de espero: la Aliancanoj alproksimiĝis. David kaj lia patro Samuel, ambaŭ nur ombroj de siaj iamaj memoj, apenaŭ kuraĝis kredi tion. Sed kiam la bruo de malproksimaj kanonoj fariĝis ĉiam pli laŭta, ilia espero kreskis.

En la lastaj monatoj de la milito, la etoso en la tendaro estis miksaĵo de timo kaj streĉa atendado. La nazioj pligrandigis sian brutalon, kvazaŭ ili estus decidintaj forporti kiel eble plej multajn kaptitojn en sian pereon. La vivkondiĉoj rapide malboniĝis. La jam malabundaj manĝoprovizoj plue reduktiĝis, kaj malsanoj senhalte disvastiĝis.

Unu matenon, David, Samuel, kaj centoj da aliaj kaptitoj estis kunigitaj. La sciigo venis kiel fulmo: la tendaro devis esti evakuita. La Aliancanoj estis pli proksime ol la nazioj pretis konfesi. Kun la lasta spuro de forto, patro kaj filo ekiris sur vojon, kiu enirus en la historion kiel unu el la fifamaj mortomarŝoj.

La marŝo al Bergen-Belsen estis neimagebla martirado. Pelitaj de vipoj kaj pafilkolboj, ili devis marŝi dum horoj tra neĝo kaj malvarmo. Kiu ne povis teni la ritmon, estis senkompate lasita malantaŭe aŭ pafita. David subtenis sian patron kiel eble plej bone, sed ankaŭ liaj fortoj rapide elĉerpiĝis.

La alveno en Bergen-Belsen estis ankoraŭ unu bato por la jam disrompitaj homoj. La tendaro estis trologata, la kondiĉoj eĉ pli teruraj ol en Aŭŝvico. Malsato, malsano, kaj morto estis ĉieaj. La kadavroj ofte restis tagojn neforigitaj, antaŭ ol oni ilin forportis. En ĉi tiu apokalipsa pejzaĝo, David kaj Samuel batalis por simpla supervivo.

Malgraŭ la teruraj cirkonstancoj, ili klopodis fortigi unu la alian. Iliaj konversacioj, iam plenaj de memoroj pri pli bonaj tempoj, nun temis pri la simpla neceso kuraĝigi unu la alian. Samuel, kies korpo kaj menso estis tute elĉerpitaj, flustris unu nokton al David: "Vi devas elteni, mia filo. Por ĉiuj ni, kiujn ni perdis."

La lastaj monatoj de la milito estis laciga batalo kontraŭ la tempo. Ĉiu tago povis esti la lasta, ĉiu horo povis alporti la novaĵon pri la liberigo. Sed la morto estis ĉiea, kaj kun ĉiu minuto, kiu pasis, la espero iom post iom malfortiĝis.

En la mezo de ĉi tiu kaoso okazis malgranda miraklo. Iun tagon, David aŭdis onidirojn, ke britaj trupoj estas proksime. La tendaro fariĝis maltrankvila, kaj inter la nazioj ekestis paniko. Tiam, frue en la mateno, malproksimaj voĉoj kaj motorbruo rompis la nebulon. La pordegoj de Bergen-Belsen malfermiĝis, kaj britaj soldatoj eniris la tendaron.

La liberigo de Bergen-Belsen ne estis momento de ĝojo, sed de korŝira realeco. La britaj soldatoj, alfrontitaj kun la amplekso de la teruro, estis senparolaj. Ĉie kuŝis kadavroj, kaj la postvivintoj estis piedirantaj skeletoj, markitaj de malsato kaj malsano.

Liberigo kaj Nova Komenco

La matena suno ĵetis siajn unuajn radiojn super la tendaron Bergen-Belsen, kiam la britaj trupoj alvenis. David kaj lia patro Samuel, du rompitaj animoj, apenaŭ povis kredi tion. Ili estis liberaj. Tamen ilia libero estis ombrita de doloro kaj perdo. Ĉirkaŭ ili kuŝis la atestantoj de la kruelecoj: montoj da kadavroj, la mutaj krioj de tiuj, kiuj ne pluvivis.

La britaj soldatoj, alfrontitaj kun ĉi tiu bildo de teruro, estis ŝokitaj. Neniam antaŭe ili vidis ion similan. Inter ili estis ankaŭ serĝento John Miller, juna viro el Manĉestro, kiu kun siaj kamaradoj iris tra la tendaro. Lia rigardo renkontis Davidon kaj Samuelon. En iliaj okuloj li vidis miksaĵon de tristeco kaj trankvilo, silenta peto pri helpo.

La unuaj tagoj post la liberigo estis konfuzo de agadoj. Kuracistoj kaj sanitaristoj senlace laboris por zorgi pri la postvivintoj. David kaj Samuel, kiuj apenaŭ povis piediri, estis alportitaj al provizora kampohospitalo. Tie ili ricevis la urĝe bezonatan medicinan helpon. Estis longa vojo al resaniĝo, kaj fizike kaj mense.

En la sekvaj semajnoj, David kaj Samuel komencis singarde alfronti la demandojn pri la estonteco. Kie estis la aliaj familianoj? Ĉu iu alia pluvivis? La serĉo de respondoj kondukis ilin tra diversaj tendaroj kaj hospitaloj. Ili aŭdis multajn rakontojn, rakontojn pri perdo, sed ankaŭ pri nekredebla forto kaj espero. Tamen pri sia propra familio, ili trovis nenian spuron.

Serĝento Miller, kiu ne povis forigi ilin el siaj pensoj, regule vizitis ilin. Inter ili disvolviĝis silenta amikeco. Li aŭskultis ilin, dividis iliajn zorgojn kaj helpis kien li povis. Iun tagon li alportis novaĵojn: kelkaj judaj organizoj komencis subteni postvivintojn kaj reunuigi familiojn. Eble ankoraŭ ekzistis espero.

La monatoj pasis, kaj kun ĉiu tago kreskis la forto de David kaj Samuel. Ili lernis denove ridi, eĉ se la rido ofte estis akompanata de larmoj. La tendaro Bergen-Belsen estis fermita, kaj la postvivintoj estis loĝigitaj en transiraj tendaroj. Tie ili renkontis aliajn postvivintojn, aŭdis iliajn rakontojn, kaj komencis malrapide formi la penson pri nova vivo.

Serĝento Miller, kiu fariĝis fidela amiko, subtenis ilin en iliaj planoj. Li rakontis al ili pri Anglio, pri la eblo komenci novan vivon tie. La ideo vivi en lando, kiu donis al ili liberecon, ŝajnis kiel fora revo.

Fine, post multaj pripensoj, David kaj Samuel decidis akcepti la oferton. Kun la subteno de judaj organizoj kaj la brita armeo, ili komencis sian vojaĝon al Anglio. Estis nova komenco, paŝo en necerta estonteco, sed ili estis pretaj fari ĝin.

La alveno en Anglion estis superforta. Ĉio estis tiel malsama, tiel fremda, kaj tamen ili sentis profundan dankemon pro ĉi tiu nova ŝanco. Serĝento Miller kaj lia familio varme akceptis ilin, helpis ilin integriĝi, kaj montris al ili landon, kiu, malgraŭ la cikatroj de la milito, elradias esperon kaj pacon.

En la sekvaj jaroj, David kaj Samuel konstruis novan vivon. Ili trovis laboron, lernis la lingvon, kaj integriĝis en la komunumo.

Sed ili neniam plene lasis la pasintecon malantaŭ si. Ili ofte parolis pri siaj spertoj, faris prelegojn, kaj engaĝiĝis en la konsciigo pri la Holokaŭsto. Ili volis certigi, ke la mondo neniam forgesos tion, kio okazis.

Ilia rakonto estis unu el multaj, ĉiu unika, ĉiu formita de doloro kaj perdo. Sed ĝi estis ankaŭ rakonto pri nevenkebla homa spirito, pri la kapablo konservi esperon malgraŭ ĉiuj malfacilaĵoj. David kaj Samuel travivis la neimageblan kaj trovis vojon por komenci denove.

Juda ĉeesto en Palestino

Post la Dua Mondmilito kaj la fondiĝo de Israelo en 1948, judoj en multaj arabaj landoj fariĝis celoj de persekuto kaj diskriminacio. Tamen, ĉi tiu evoluo ne estis nur reago al la kreo de la israela ŝtato, sed ankaŭ rezulto de jarcentaĵaj tensioj. Judaj komunumoj jam de longe ekzistis en tiuj regionoj, kaj ilia historio estis markita de ŝanĝiĝantaj periodoj de toleremo kaj subpremo.

La juda enmigrado al Palestino antaŭ la Dua Mondmilito kaj la fondiĝo de la ŝtato Israelo okazis plejparte laŭleĝe kaj ofte estis karakterizita per la aĉeto de tero. Dum la brita mandato en Palestino, kiu estis legitima laŭ la Ligo de Nacioj post la Unua Mondmilito, ekzistis laŭleĝaj kadroj por enmigrado kaj teraĉeto.

Grava aspekto de la juda setlado estis la akiro de tero. Multaj judoj aĉetis teron de arabaj terposedantoj, ofte en areoj tiam maldense loĝataj aŭ agrikulture subuzataj. Tiuj transakcioj ĝenerale estis laŭleĝaj kaj okazis per financaj interkonsentoj inter aĉetantoj kaj vendantoj. Organizaĵoj kiel la Juda Nacia Funduso ludis ŝlosilan rolon en la aĉeto kaj evoluigo de la tero.

La judaj enmigrintoj alportis kapitalon, sperton kaj fortan volon por agrikulturo kaj ekonomia disvolviĝo. Per iliaj klopodoj, neuzataj terenoj estis kultivitaj, industrioj starigitaj, kaj infrastrukturo disvolvita. Ĉi tiuj agadoj kontribuis al la ekonomia revivigo de la regiono.

Tamen, indas noti, ke la brita mandata registaro en la 1930-aj jaroj enkondukis enmigradajn limigojn por judoj per la tiel nomataj "Blankaj Libroj". Tiuj agoj, parte kiel respondo al araba opozicio, limigis la eblecojn por laŭleĝa enmigrado, ĝuste en momento kiam la persekuto de judoj en Eŭropo pliiĝis.

Resume, la juda ĉeesto en Palestino antaŭ 1948 estis karakterizita de kombino de laŭleĝa enmigrado, teraĉeto, kaj la konstruado de daŭripova komunumo. Tiu historia realo estas grava por kompreni la kompleksan fonon de la posta fondo de la ŝtato Israelo kaj la akompanaj regionaj konfliktoj.

En la malfruaj 1940-aj jaroj, precipe post la fondiĝo de la ŝtato Israelo en 1948, judoj en multaj arabaj landoj spertis dramecan pliiĝon de diskriminacio, perforto, kaj teroro. Ĉi tiu periodo markis klaran malboniĝon de la jam streĉitaj rilatoj inter judaj komunumoj kaj iliaj arabaj najbaroj.

Antaŭ 1948

Antaŭ la ŝtatiĝo de Israelo, judoj en diversaj arabaj landoj havis malsamajn spertojn. En kelkaj regionoj, kiel Maroko kaj Egiptio, ili vivis relative pace dum jarcentoj, kvankam alfrontante diversajn limigojn kaj diskriminacion. En aliaj regionoj, precipe en Irako, ili jam spertis perfortajn pogromojn antaŭ 1948, kiel la Farhud-masakron en Bagdado en 1941.

La dispartigo de Palestino kaj la sekva sendependecdeklaro de Israelo kaŭzis ondon de kolero en la araba mondo. En multaj landoj, judoj estis rigardataj kiel kapraj oferbuloj kaj asociitaj kun Israelo, kvankam multaj el ili ne havis rektajn ligilojn al la politikaj eventoj.

Judaj komunumoj ĉiam pli spertis ŝtate subtenatan diskriminacion, inkluzive konfiskon de posedaĵoj, profesiajn malpermesojn, kaj vojaĝlimigojn. En kelkaj landoj estis enkondukitaj specialaj "judaj impostoj," kaj judoj estis forigitaj el la publika sektoro kaj akademiaj profesioj.

La streĉoj kondukis al perfortaj tumultoj kontraŭ judoj. Tiuj pogromoj ofte estis spontanaj kaj brutalaj, kun atakoj kontraŭ homoj, butikoj, kaj sinagogoj. Multaj judoj estis mortigitaj aŭ severe vunditaj, kaj okazis ampleksaj detruoj de posedaĵoj.

Rezulte de ĉi tiuj eventoj, multaj judoj estis devigitaj forlasi siajn hejmlandojn. Ili rifuĝis plejparte en Israelo, Eŭropo, aŭ Nordameriko. Por multaj, ĉi tio signifis forlasi sian tutan vivon, inkluzive de siaj hejmoj, butikoj, kaj la tombejoj de siaj antaŭuloj.

La forpelo kaj persekutado de judoj el arabaj landoj estas ofte preteratentita ĉapitro en la historio de la Proksima Oriento. La judaj komunumoj, kiuj iam floris en tiuj landoj, apenaŭ plu ekzistas hodiaŭ. La spertoj de tiu tempo lasis profundajn cikatrojn ĉe la pluvivantoj kaj iliaj posteuloj.

Ĉi tiuj eventoj formas la fonon de nia historio kaj montras tragedian periodon, en kiu miloj da homoj suferis kaj devis forlasi siajn hejmojn pro sia kredo.

Reveno al la nova, malnova hejmlando

La vivo antaŭ la ŝtormo

En la kurbaj stratoj de Bagdado, ĉirkaŭita de la varmo de la Proksima Oriento kaj la aromo de freŝa pita pano kaj spicoj, vivis David, juna juda viro. Lia vivo estis profunde enradikiĝinta en la bunta kaj vigla juda komunumo de la urbo.

David estis konata figuro en la sinagogo kaj diligenta komercisto en la loka bazaro. Lia tagordo estis markita de pieco, laboro, kaj profundaj rilatoj ene de lia komunumo. Lia familio estis mozaiko de generacioj vivantaj sub unu tegmento: liaj saĝaj geavoj, liaj gepatroj, kiuj prizorgis la familiajn entreprenojn, kaj liaj pli junaj gefratoj, kiuj ludis en la stratoj de Bagdado.

La juda komunumo en Bagdado estis kalidoskopo de tradicioj kaj modernaj influoj. Dum la maljunuloj ofte restis fidelaj al la antikvaj kutimoj, la junuloj, kiel David, estis malfermitaj al la influoj de la ŝanĝiĝanta mondo. Ili renkontiĝis en kafejoj, diskutis pri literaturo, politiko, kaj la plej novaj novaĵoj. Malgraŭ la kreskanta ekstera premo, multaj en la komunumo sentis sin sekuraj en sia firme teksita reto de familiaj ligiloj kaj amikecoj.

La familio de David estis spegulo de ĉi tiu diversa kaj proksima komunumo. Lia patrino preparis tradiciajn judajn manĝaĵojn, dum lia patro kombinis rakontojn el la Torao kun modernaj saĝaĵoj. La vesperoj estis plenaj de ridoj, konversacioj, kaj komuna kantado de kantoj, transdonitaj de generacio al generacio.

Sed la idilio estis trompa. La novaĵoj pri la dividado de Palestino en 1947 kaj la sekvaj politikaj tumultoj alportis senteblan streĉitecon en la komunumon. David rememoris la konversaciojn de sia patro kun aliaj viroj de la komunumo. Iliaj voĉoj, iam plenaj de la varmo de anekdotoj kaj komercaj rakontoj, nun estis mallaŭtaj kaj seriozaj, ŝarĝitaj de zorgo kaj timo.

En la stratoj de Bagdado, la etoso komencis ŝanĝiĝi. Arabaj najbaroj, kun kiuj oni iam havis amikajn rilatojn, fariĝis rezervitaj, kelkfoje eĉ malamemaj. Onidiroj pri kolizioj kaj persekutoj en aliaj arabaj landoj plifortigis la timon. David sentis, kiel la konataj stratoj de lia infanaĝo perdis sian senkulpecon.

Unu tagon, dum li promenis tra la bazaro, David renkontis malnovan amikon, Karim, islamano, kun kiu li estis amiko ekde infanaĝo. "David, ĉu vi aŭdis la novaĵojn?" demandis Karim zorgoplene. "Mi zorgas pri vi kaj via familio. Aferoj ŝanĝiĝas... kaj mi timas, ke ili ne estos bonaj."

Ĉi tiuj vortoj frapis Davidon kiel bato. La realo, kiu ĝis nun estis nur malhela ombro sur la horizonto, fariĝis nun neevitebla vero. Li sentis, kiel la fadenoj de fido kaj amikeco, kiuj tiel longe kuntenis lian komunumon, komencis disŝiriĝi.

Hejmenveninte, David sidigis sin kun sia familio. Lia patro, viro de forto kaj trankvilo, rigardis la zorgoplenajn vizaĝojn de siaj karuloj. "Ni jam eltenis multajn ŝtormojn," li diris kun miksaĵo de espero kaj zorgo en sia voĉo. "Kaj ankaŭ ĉi tiun ni eltenos. Niaj radikoj ĉi tie estas profundaj, kaj nia komunumo estas forta. Sed ni devas esti atentaj kaj ne preteratenti la signojn de la tempo."

Tiun nokton, David kuŝis longe veka, la lunlumo ludis sur la muroj de lia ĉambro. La konversacioj de la tago resonis en liaj pensoj. Li pensis pri sia infanaĝo, pri la stratoj, kiujn li tiel bone konis, kaj pri la homoj, kiujn li konsideris siaj najbaroj kaj amikoj. Profunda malĝojo superis lin ĉe la penso, ke ĉio ĉi baldaŭ povus aparteni al la pasinteco.

La ĉapitro fermiĝas per sceno, en kiu David kaj lia familio preĝas en la sinagogo. Iliaj voĉoj unuiĝas en antikva preĝo, petego pri protekto kaj paco en mondo, kiu ŝajnas ĉiam pli neantaŭvidebla. Estas momento de komuneco kaj kredo, silenta atesto pri ilia rezisto kaj espero meze de la kreskanta mallumo.

La vento de ŝanĝo

La novaĵoj pri perfortaj eksplodoj kaj tumultoj kontraŭ judoj en aliaj arabaj landoj atingis la komunumon en Bagdado kiel malhelaj nuboj. Ĉiutage la gazetoj alportis novajn raportojn pri atakoj kaj persekutoj. La etoso en la urbo rimarkeble ŝanĝiĝis. Malkonfido kaj timo plenigis la aeron, venena miksaĵo, kiu komencis infesti la ĉiutagan vivon de la juda komunumo.

David sentis, kiel lia mondo ĉirkaŭ li ŝanĝiĝis. La bazaro, iam loko de komerco kaj renkontiĝoj, nun ŝajnis minaca. La rigardoj de la homoj estis malsamaj, plenaj de malkonfido kaj kaŝitaj akuzoj. Kiam unu matenon venis la novaĵo, ke judaj vendejoj en najbara urbo estis rabitaj, David sentis, kiel frosta tremo kuris laŭ lia dorso. Li vidis, kiel lia patro legis la novaĵojn; la sulkoj sur lia frunto profundigis sin, kaj lia kutime tiel trankvila mano iomete tremis.

„Kion ni faru, patro?", demandis David unuvespere, kiam la familio kunvenis post vespermanĝo. La silento en la ĉambro estis premega. Lia patrino rigardis la plankon, dum lia patro serĉis vortojn. „Ni ne povas simple fermeti la okulojn," li fine diris. „Ni devas resti kune, pli fortaj ol iam ajn. Sed ni devas ankaŭ esti singardaj. Tio, kio okazis en aliaj urboj, povus okazi ankaŭ ĉi tie."

La tagoj pasis, kaj la streĉo en Bagdado pliiĝis. David aŭdis pri la unuaj atakoj kontraŭ judaj vendejoj en la proksimeco. La fenestroj de librovendejo, kiun li bone konis, estis frakasitaj, kaj la libroj estis disĵetitaj kaj disŝiritaj sur la strato. Kiam li vidis la ruinaĵojn, li sentis, kiel kolero kaj senpoveco ekflamis en li. Estis kvazaŭ parto de lia propra identeco estus atakita.

En la familio de David komenciĝis furioza debato. „Ni devas foriri de ĉi tie," diris lia pli aĝa fratino Sara, kies okuloj estis plenaj de timo. „Ni ne plu estas sekuraj ĉi tie. Mi timas pri la infanoj." Ŝia voĉo tremis pro zorgo. Ŝia edzo, trankvila viro, kiu malofte montris siajn emociojn, silente kapjesis. Li sekvis la novaĵojn el aliaj landoj kaj sciis, ke la danĝero estas reala.

David ne volis kredi, ke ne ekzistas alia elekto. „Ĉi tie estas nia hejmo," li diris, lia voĉo firma sed plena de emocioj. „Ni ne povas simple rezigni pri ĉio, kion ni konas kaj amas. Kiel ni povus forlasi nian kredon, niajn tradiciojn, nian historion?"

Sed kiam venis pliaj novaĵoj pri atakoj, kiam amikoj kaj najbaroj raportis pri perfortaj alfrontoj kaj arbitraj arestoj, eĉ David komencis dubi. La mondo, kiun li konis, ŝajnis diseriĝi. La stratoj, kiuj iam proponis sekurecon kaj familiarecon, nun fariĝis lokoj de malkonfido kaj timo.

Unu vesperon lia amiko Karim venis al li. „David, mi tiel bedaŭras tion, kio okazas ĉi tie," diris li, lia voĉo plena de malĝojo. „Mi volus povi fari ion por ĉesigi tion." David rigardis en la okulojn de Karim, kiuj estis plenaj de sincera zorgo, kaj sentis, kiel lia propra malĝojo kaj seniluziiĝo superfortas lin.

„Mi ne scias, kion ni faru, Karim," konfesis David. „Mia familio estas disŝirita inter la deziro resti kaj la timo foriri. Sed ŝajnas, ke baldaŭ ni ne plu havos elekton."

La sekvaj tagoj estis tornado de konversacioj kaj decidoj. La familio de David ofte sidis kune ĝis malfrue en la nokto, diskutante kaj planante. Fine, la decido estis neevitebla. La raportoj pri perforto kaj malamo, kiuj senĉese inundis ilin, lasis neniun alian eliron.

Kun peza koro ili komencis prepari sin por la foriro. Ĉiu objekto, kiun ili pakis, ĉiu libro, ĉiu vestaĵo, estis peco de ilia pasinteco, parto de ilia identeco. David vidis sian patrinon, kiel ŝi foliumis malnovan fotaron, larmoj en ŝiaj okuloj. „Tiel multaj memoroj," ŝi flustris. „Tiel multe, kion ni devas lasi malantaŭ ni."

La tago de ilia foriro estis tago plena de adiaŭoj. Amikoj kaj najbaroj venis por diri adiaŭon, multaj kun larmoj en la okuloj. Kiam David lastfoje promenis tra la stratoj de Bagdado, li sentis, kiel parto de lia koro restas ĉi tie. Li sciis, ke nenio plu estos kiel antaŭe.

En la lasta sceno de la ĉapitro, ni vidas Davidon kaj lian familion, kiel ili sidas en malnova aŭto, ŝarĝita kun iliaj malmultaj restantaj posedaĵoj. Ili ĵetas lastan rigardon al la urbo, kiu iam estis ilia hejmo, dum ili ekveturas al nesekura estonteco, markita de espero pri nova vivo, malproksime de la perforto kaj malamo, kiuj detruis ilian malnovan vivon.

La Nokto de Longaj Ombroj

En la fruaj matenhoroj, kiam la ĉielo super Bagdado ankoraŭ estis malluma, komenciĝis tumultoj. Surdaŭdiga bruo ŝiris Davidon el lia maltrankvila dormo. Krioj, la frakasado de rompiĝanta vitro, kaj la malproksima bruego de eksplodoj trapenetris la silenton de la nokto. Lia koro komencis frapi furioze dum li rigardis tra la fenestro kaj vidis, kiel flamoj lumigis la ĉielon.

„Rapide, ni devas foriri de ĉi tie!", kriis la patro de David, dum li hastis enpakante kelkajn aferojn en sakon. La familio kolektiĝis en la salono, iliaj vizaĝoj palaj pro timo. Ekstere ili aŭdis la kolerajn kriojn de la homamaso, kiu alproksimiĝis.

„Sed kien ni iru?", demandis la patrino de David per tremanta voĉo. Ŝia edzo rigardis ŝin firme. „Al Onklo Ahmed. Li helpos nin."

Kiam ili forlasis la domon, David sentis, kiel la varmo de la proksimaj fajroj bruligis lian vizaĝon. Ili kaŝe marŝis tra mallumaj stratetoj, evitante la ĉefstratojn, kie la krioj kaj la kaoso pli kaj pli laŭtiĝis. Ĉie ĉirkaŭ ili aŭdiĝis la bruo de frakasitaj fenestroj, la krakado de brulanta ligno, kaj la metala sono de armiloj.

Ili atingis la domon de Onklo Ahmed ĝuste antaŭ sunleviĝo. La maljunulo akceptis ilin kun larmoj en la okuloj. „Estas terure, kio okazas," li diris, dum li enkondukis ilin en la domon. „La tuta urbo estas en ribelo. Ili atakas ĉiujn, kiuj estas judoj."

En la domo, la familianoj kolektiĝis en la salono. La infanoj, konfuzitaj kaj timigitaj, firme alkroĉiĝis al siaj gepatroj. David rigardis en la okulojn de sia patrino kaj rekonis profundan, neesprimeblan malĝojon.

„Ni devas forlasi Bagdadon," diris lia patro decide. „Ĉi tie ne plu estas sekure por ni. Ni ne havas alian elekton."

La decido forlasi sian hejmon estis korŝira. Ĉiuj en la ĉambro sciis, ke tio, kion ili lasas malantaŭe, estas pli ol nur ilia hejmo. Estis ilia historio, ilia kulturo, iliaj memoroj. David sentis sin kvazaŭ en malbona sonĝo, nekapabla kompreni, ke ĉi tiu povus esti ilia lasta nokto en la urbo.

Ili pasigis la tagon ĉe Onklo Ahmed, dum ekstere la bruo kaj kaoso daŭris. David iris al la fenestro kaj rigardis eksteren sur la stratojn, kie nuboj da fumo leviĝis al la ĉielo. Li pensis pri siaj amikoj, siaj najbaroj, kaj demandis sin, kiom da ili estas sekuraj.

Kiam nokto venis, ili komencis prepari sin por la fuĝo. Ili povis kunporti nur la plej necesajn aferojn—kelkajn vestaĵojn, iom da manĝaĵo, kaj kelkajn gravajn dokumentojn. Ĉion alian—ilian hejmon, iliajn havaĵojn—ili devis lasi malantaŭe.

La adiaŭo al Onklo Ahmed estis plena de larmoj. „Estu singardaj," li diris, dum li brakumis ĉiun el ili. „Dio protektu vin."

La vojaĝo estis danĝera. Ili moviĝis en la mallumo, evitante ĉefstratojn kaj tenante sin for de homamasoj. Ĉie ĉirkaŭ ili estis la bruo de kaoso kaj detruo. Ili aŭdis pafojn en la malproksimo, la ploron de infanoj, la ĝemadon de vunditoj.

En forlasita magazeno ĉe la urborando ili haltis por ripozi. David sidis tie, ĉirkaŭita de sia familio, kaj sentis profundan lacecon. Li pensis pri la multaj noktoj, kiujn li pasigis en Bagdado, pri la vizaĝoj de la homoj, kiujn li konis, pri la stratoj, kiujn li amis. Ĉio tio nun estis perdita, disŝirita de malamo kaj perforto.

En la fruaj matenhoroj ili daŭrigis sian vojaĝon. Kiam ili lasis la lastajn domojn de Bagdado malantaŭ si, David ankoraŭfoje turnis sin kaj rigardis la urbon, kiu iam estis lia hejmo. Li vidis la flamojn, kiuj ankoraŭ brulis en la malproksimo, kaj sentis profundan malĝojon en sia koro.

Ili vojaĝis dum tagoj, plejparte nokte, por eviti malkovron. Ĉiun tagon la vojaĝo fariĝis pli malfacila, la necerteco pli granda. Sed ne estis vojo reen. Ilia malnova mondo jam ne ekzistis; ĝi estis englutita en la flamoj de la Nokto de Longaj Ombroj.

Kiam ili fine atingis la limon, estis kvazaŭ ili transpaŝis nevideblan sojlon. Malantaŭ ili restis ilia pasinteco, antaŭ ili estis nesekura estonteco. Sed ili postvivis, sukcesis eskapi la mallumon.

Tamen la prezo, kiun ili pagis, estis alta: ilia hejmo, la komunumo, kiun ili konis kaj amis, estis por ĉiam perdita.

Novaj Bordoj, Malnovaj Cikatroj

Kiam David kaj lia familio, post longa kaj malfacila vojaĝo, atingis la landon de sia espero, Israelon, la sento, kiu ĉirkaŭis ilin, estis stranga miksaĵo de trankviliĝo kaj necerteco. La lando, kiu devis servi kiel ilia nova hejmo, estis samtempe fremda kaj konata – loko vivanta en la rakontoj de iliaj antaŭuloj, sed kiun ili mem neniam antaŭe vizitis.

La alveno estis markita de laciga burokratio. Ili estis kondukitaj al ricevejo, kie centoj da aliaj rifuĝintoj atendis sian eniron. La varmego estis sufoka, kaj la provizoraj loĝejoj apenaŭ provizis ŝirmon kontraŭ la bruliga suno.

„Ĝi estas tiel malsama ol mi imagis,” flustris la fratino de David, Sara, dum ŝi rigardis la tendojn kaj barakojn, kiuj etendiĝis antaŭ ili. David silente kapjesis. Li imagis Israelon kiel landon fluantan per lakto kaj mielo, sed la realo estis malmola kaj senkompata.

En la unuaj semajnoj ili provis orientiĝi en sia nova vivo. David trovis laboron en oranĝarbarejo. La fizika laboro estis malfacila, sed ĝi helpis lin forgesi la terurojn de la pasinteco. Ankaŭ liaj gepatroj kaj gefratoj trovis malgrandajn laborojn, per kiuj ili kontribuis al la vivtenado.

Tamen, la traŭmo, kiun ili travivis, ne foriĝis tiel facile. Nokte, David estis turmentata de koŝmaroj, en kiuj la krioj kaj kaoso de Bagdado reviviĝis. Li ofte vekiĝis ŝvitanta, kun la koro rapide batanta pro timo. Li sciis, ke ankaŭ lia familio suferis, kvankam ili malofte parolis pri tio.

La komunumo de rifuĝintoj en la kampo estis miksaĵo de diversaj kulturoj kaj tradicioj. David ofte sentis sin kaptita inter du mondoj – ne plu tute iraka, sed ankaŭ ankoraŭ ne tute israela. Estis momentoj, kiam li demandis sin, ĉu li iam vere apartenos ie.

Tamen, kun la tempo, ili komencis konstrui novan vivon. Ili lernis la hebrean, ekis kontaktojn kun aliaj enmigrintoj, kaj komencis adaptiĝi al la nova ĉirkaŭaĵo. Estis momentoj de feliĉo, malgrandaj venkoj en la ĉiutaga vivo, kiuj donis al ili esperon.

Sed la cikatroj de la pasinteco estis profundaj. David ofte renkontis nekomprenon kaj antaŭjuĝojn, kaj de israelaj civitanoj, kaj de aliaj enmigrintoj. La historio de ilia fuĝo kaj la perdo de ilia hejmo ŝajnis al multaj neimagebla. David ofte sentis sin soleca kaj nekomprenata, kaptita en sia propra historio.

En tiaj momentoj, li trovis konsolon en leteroj, kiujn li skribis al malnova amiko en Bagdado, eĉ se li sciis, ke ili verŝajne neniam atingos sian celon. Li skribis pri siaj esperoj kaj timoj, pri la doloro de perdo kaj la sopiro al loko, kie li povus vere senti sin hejme.

Unu tagon, la familio ricevis la sciigon, ke ili rajtas transloĝiĝi en permanentan loĝejon. Estis malgranda domo en nove fondita kibuco. La domo estis modesta, sed ĝi estis loko, kiun ili povis nomi sia propra.

Kiam ili portis siajn malmultajn havaĵojn en la novan hejmon, David sentis profundan dankemon. Ili estis spertintaj tiom multe, perdis tiom multe, sed ili ankoraŭ estis kune. Li vidis, kiel lia patrino aranĝis la kuirejon, lia patro laboris en la ĝardeno, kaj liaj gefratoj ludis en la korto, kaj li ekkomprenis, ke ĉi tio estis la komenco de io nova.

En la sekvaj jaroj, David laboris forte por ebligi pli bonan vivon al si kaj sia familio. Li edziĝis, havis infanojn, kaj vidis, kiel liaj propraj infanoj kreskas en lando, kiun ili konsideris sia hejmo.

Tamen, la ombroj de la pasinteco restis. En silentaj momentoj, kiam li rigardis la montetojn de Israelo, li pensis pri Bagdado, pri la stratoj de sia infanaĝo, pri la homoj, kiujn li lasis malantaŭe. Tiuj rememoroj estis kiel malnovaj cikatroj – doloraj, sed parto de li.

David sciis, ke li neniam forgesos tion, kion li perdis. Sed li ankaŭ sciis, ke li devas rigardi antaŭen por konstrui estontecon por si kaj sia familio. Meze de la malnovaj cikatroj, ekĝermis espero, delikata kaj fragila, sed nehaltigebla.

Antisemitismo ĝis hodiaŭ

Bedaŭrinde, antisemitismo—la malkaŝa aŭ kaŝita malamo kontraŭ judoj—ne finiĝis kun la Holokaŭsto, sed daŭris ankaŭ post la milito en diversaj formoj.

Antisemitismo en socialismaj landoj

Antisemitismo en socialismaj ŝtatoj, precipe en Sovetunio, Orienta Eŭropo, kaj Ĉinio, manifestiĝis en diversaj manieroj kaj ofte estis instigita de ŝtataj kampanjoj kaj ideologioj. Ĉi tiu artikolo donas superrigardon pri la diversaj aspektoj de ĉi tiu fenomeno.

Sovetunio

1. **Kontraŭreligiaj kampanjoj**: Sub la komunisma ideologio, kiu antaŭenigis ateismon, religiaj praktikoj estis subpremataj. Tio ankaŭ influis la judan religian vivon. Sinagogoj kaj jeŝivoj estis fermitaj, kaj rabenoj kaj judaj religiaj gvidantoj estis arestitaj.

2. **La reĝimo de Stalin**: Sub Josif Stalin, antisemitismo fariĝis precipe agresema. Fine de la 1940-aj kaj komence de la 1950-aj jaroj okazis la „Kontraŭkosmopolitisma" kampanjo, kiu esence estis antisemita kaj celis judojn en la kampoj de kulturo kaj scienco.

3. **Kuracista komploto**: En 1952-1953, Stalin enscenigis la „Kuracistan komploton", fabrikitan konspiron, kiu akuzis judajn kuracistojn pri planado de atencoj kontraŭ sovetiaj gvidantoj. Tio rezultigis arestojn kaj torturojn de multaj judoj kaj supozeble celis pli grandan purigon aŭ deportadon, kiu estis haltigita post la morto de Stalin en 1953.

4. **Kultura kaj lingva subpremo**: La juda kulturo kaj lingvoj, kiel jida, estis subpremataj. Judaj lernejoj, teatroj, kaj publikaĵoj ofte estis fermitaj.

5. **Cionismo kiel malamika ideologio**: Post la fondo de Israelo kaj precipe dum la Malvarma Milito, sovetia propagando ofte egaligis cionismon kun faŝismo kaj

imperialismo, kio kondukis al ampleksaj antisemitaj kampanjoj kaj diskriminacio.

6. **Malpermeso de elmigro**: Judoj, kiuj deziris elmigri, precipe al Israelo, ofte ricevis rifuzon pri elmigraj permesiloj. Tio kaŭzis la movadon de „rifuzenikoj". Petintoj ofte alfrontis ĉikanojn, perdon de siaj laborlokoj, kaj foje enprizonigon.

Orienta Eŭropo

1. **Postmilita antisemitismo**: Malgraŭ la hororoj de la Holokaŭsto, antisemitaj sentoj kaj agoj daŭris en kelkaj komunisme regataj orient-eŭropaj landoj.

2. **La kontraŭcionisma kampanjo en Pollando**: En 1968, Pollando spertis ŝtate subtenatan „kontraŭcionisman" kampanjon, kiu esence estis antisemita purigado kaj kondukis al deviga elmigro de miloj da judoj.

3. **Diskriminacio en aliaj landoj**: Ankaŭ en aliaj landoj de la Orienta Bloko, kiel Ĉeĥoslovakio, Hungario, kaj Rumanio, judoj spertis diversajn formojn de diskriminacio kaj subpremon de sia religia kaj kultura vivo.

4. **Cenzuro kaj propagando**: En tiuj landoj, komunistaj reĝimoj ofte cenzuris la judan historion kaj kulturon kaj foje, sub la preteksto de kontraŭcionismo, antaŭenigis antisemitajn propagandojn.

Ĉinio

- **Kultura Revolucio**: Dum la Kultura Revolucio en Ĉinio, kvankam judoj estis tre malgranda minoritato, judaj praktikoj kune kun aliaj religiaj agadoj estis subpremataj. Sinagogoj estis fermitaj, kaj religiaj observoj estis malpermesitaj.

Ĉi tiu superrigardo montras, ke antisemitismo en socialismaj landoj estis kompleksa kaj plurfaceta fenomeno, kiu estis influita de politikaj, ideologiaj, kaj sociaj faktoroj.

Antisemitismo en arabaj landoj kaj ĝiaj efikoj sur Israelo

Antisemitismo en arabaj landoj havas longan kaj kompleksan historion, kiu estas proksime ligita al la konflikto pri Israelo. Tiuj malamikecoj kondukis al multaj atakoj kaj militoj kontraŭ Israelo kaj daŭre influas la rilatojn en la regiono ĝis hodiaŭ.

Antisemitismo en arabaj landoj havas profunde radikitajn historiajn kaj politikajn kaŭzojn. Ĝi precipe intensiĝis post la fondo de la ŝtato Israelo en 1948. Tiu evento estis konsiderata de multaj arabaj ŝtatoj kiel tuja minaco al ilia suvereneco kaj kiel neleĝa kreo de "fremda" ŝtato en la regiono.

Kun la apero de Israelo, judoj en arabaj landoj spertis kreskantan malamikecon. Okazis pogromoj, eksproprietigoj, kaj elpeladoj, kiuj kondukis al amasa juda migrado, ĉefe al Israelo kaj okcidentaj landoj. La judaj komunumoj, kiuj iam prosperis en landoj kiel Irako, Egiptio, kaj Maroko, preskaŭ tute malaperis.

La historio de la militaj konfliktoj inter Israelo kaj ĝiaj arabaj najbaroj estas karakterizita de serio de gravaj militoj, kiuj estis decidaj por la formado de la politika pejzaĝo de la Proksima Oriento:

1. **La milito de 1948 (Israela Sendependiĝa Milito)**: Tuj post la proklamo de la sendependeco de Israelo la 14-an de majo 1948, pluraj arabaj ŝtatoj—Egiptio, Sirio, Jordanio, Libano, kaj Irako—atakis la novan ŝtaton. Tiu milito, instigita de la malakcepto de la UN-plano por la divido de Palestino fare de la arabaj ŝtatoj, kaŭzis signifajn teritoriajn ŝanĝojn kaj kreon de la rifuĝinta problemo.

2. **La Sestaga Milito de 1967**: Pro eskalado de streĉoj, la blokado de la Ruĝa Maro fare de Egiptio, kaj la mobilizo de arabaj armeoj laŭlonge de la israelaj landlimoj, Israelo entreprenis preventajn atakojn kontraŭ Egiptio, kaj poste kontraŭ Sirio kaj Jordanio. Israelo konkeris signifajn teritoriojn, inkluzive de la Sinaja Duoninsulo, la Golan-altaĵoj, la Okcidenta Jordanlando, kaj Orienta Jerusalemo.

3. **La Jom-Kipura Milito de 1973**: Dum Jom Kipur, la plej sankta juda festotago, Egiptio kaj Sirio lanĉis kunordigitan

surprizatakon kontraŭ Israelo por rekapti la teritoriojn perditajn en la Sestaga Milito. Malgraŭ komencaj sukcesoj de la atakantoj, Israelo povis rebati la atakojn kaj finfine intertrakti batalhalton.

Tiuj militoj havis vastajn sekvojn por la regiono kaj kontribuis al la plifirmiĝo de la konfliktoj. Ili kaŭzis grandajn homajn, militajn, kaj ekonomiajn perdojn por ĉiuj flankoj kaj pligravigis la palestinan rifuĝintan problemon, parte ĉar arabaj ŝtatoj ĝis hodiaŭ rifuzas akcepti arabajn palestinanojn, dum Israelo akceptis judajn rifuĝintojn el arabaj landoj.

La konfliktoj estis ankaŭ influitaj de internaciaj faktoroj, ĉar grandpotencoj, precipe Usono kaj Sovetunio, subtenis malsamajn flankojn. La daŭra milita konfrontiĝo kontribuis al fari la Proksiman Orienton fokuso de la Malvarma Milito.

Resume, ĉi tiuj militoj estis rezulto de profunde radikinta kaj kompleksa miksaĵo de teritoriaj, politikaj, religiaj, kaj historiaj konfliktoj, kiuj daŭre formas la Proksiman Orienton ĝis hodiaŭ. Iliaj efikoj estas klare videblaj en la daŭra politika malstabileco de la regiono kaj en la senĉesa israela-palestina konflikto.

Antisemitaj propagando kaj retoriko ofte estis uzataj en multaj arabaj landoj por mobilizi la publikan opinion kaj politikon kontraŭ Israelo. Tiu propagando ofte estas saturita per konspiraj teorioj kaj historiaj misprezentoj, kaj ĝi ofte celas ne nur detrui la ŝtaton Israelon, sed ankaŭ ekstermi judojn ĝenerale.

La daŭra malamikeco devigis Israelon konservi fortan militan ĉeeston kaj sekurecpolitikon. La konstanta minaco de atakoj profunde influis la israelan socion kaj ludas centran rolon en la nacia identeco kaj politiko.

Esperanto Graded Readers

For more books and E-book options visit:

www.briansmith.de